普通高等教育"十一五"国家级规划教材

Online Payment and Settlement (Second Edition)

网上支付与结算
（第二版）

汪 蕾 ◎主编

郑杰慧 彭希羡 陈发动 ◎副主编

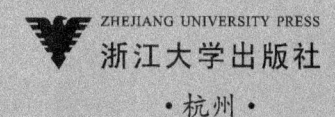

浙江大学出版社
·杭州·

前　言

网络给我们的生活和工作带来了前所未有的变化。电子商务的出现,极大地改变了社会经济的运作模式,同时也不断地创造着新的社会价值。资金流的处理是电子商务的重要环节,使用网上支付与结算是电子商务走向成功的关键因素。人们只有在完整认识和建立可行的电子支付系统的基础上,才能真正地开展电子商务活动。

作者自2002年在浙江大学开设"网上支付与结算"课程以来,一直在寻找一本合适、专业性强的教材。当时已有的相关教材,虽然各具特色,但其主要内容大多视角单一,或侧重于支付本身,如支付技术、安全和过程,或侧重于与支付相关的网络金融领域。而前者,尽管从支付展开,但却较少涉及支付中的重要问题,如支付环境、支付系统、支付方法和应用等。为此,作者在多年教学研究的基础上,希望能从技术和管理相结合的角度,编写一本以支付环境为背景,从支付一般原理入手,来系统阐述支付与结算的体系结构、支付过程和方法、支付工具及应用,以及网络金融发展的较为全面的教材。历时三年,本书第一版于2007年出版。

本书第一版出版后的十余年,正是我国互联网产业蓬勃发展的十余年。根据中国互联网络信息中心(CNNIC)发布的第46次《中国互联网络发展状况统计报告》,截至2020年6月,我国网民规模达到9.40亿,互联网普及率达67.0%;手机网民规模达到9.32亿,网民使用手机上网的比例达99.2%;网络支付用户规模达8.05亿,占网民整体的85.7%;手机网络支付用户规模达8.02亿,占手机网民的86.0%。这期间,受电子商务平台的推动,支付产业不断发展并逐步走向完善。同时,随着互联网技术,尤其是移动互联网技术的发展和普及,大量的前沿技术,如5G、云计算、大数据、人工智能、区块链等,不断应用于支付产业,使得支付应用场景呈现出越来越多样化的特征;而在支付方式层面,也出现了大量的基于技术迭代驱动的创新。

本次再版,在互联网和支付行业迅猛发展的背景下,对行业目前的最新进展、技术应用和未来发展趋势进行了补充,力图在系统阐述支付与结算的体系结构、支付过程和方法的基础上,反映新技术驱动下支付平台、工具、方法的不断发展及应用变化;同时,本次再版还针对网络金融的发展,结合网上支付和结算的最新应用,较为全面地论述了网络金融服务中的相关系统及其运行和管理方面的内容,对区块链等技术在网络金融中的应用也进行了介绍。本书力图在互联网发展的背景下,将支付与结算的一般原理和方法与实际应用结合起来,使读者能够全面系统地了解网络支付与结算的相关知识、发展现状及应用。

本书共分为七章。第一章从支付系统开始,系统地介绍了支付系统的基本概念、分类和结构,中国现代化支付系统,以及支付风险的定义、产生的原因及防范措施;第二章进一步对我国现行支付系统中的各类应用系统及其功能进行了较为详细的介绍;第三章着重介绍了支付工具的概念、类型、特点和功能,并对我国现行的主要支付工具及银行卡进行了阐述;第四章围绕网上支付,系统阐述了网上支付的概念、特征及发展,在此基础上,对常用的网上支付工具和平台,以及国内外相关领域及移动支付的最新发展情况做了介绍,并介绍了支付效应的理论机制和影响因素;第五章以信息化在银行的应用及发展为背景,介绍了网络银行的概念、特点和基本模式,同时分别阐述了境内外网络银行及手机银行的发展历程、业务类别和特色等;第六章从安全体系、加密系统、防火墙、中国的金融CA建设和体系结构、网上支付活动参与者(消费者、商家和金融机构)的安全管理等多方面,对网上支付的安全问题进行了较为全面的分析和阐述;第七章主要介绍网络金融的相关内容,以证券业和保险业为对象,系统地介绍了网上证券交易和网上保险交易的内容、特点、发展、经营模式、系统构建及资金结算等相关问题,并对区块链技术的特性及其在金融服务中的应用进行了阐述,指出其面临的挑战;最后,本书还在附录部分对电子交易法律法规进行了综述,并介绍了我国的相关法律法规和管理办法。此外,为了使读者能更好地理解相关概念和知识并将其运用于实际,本书还在有关章节之后特别增加了阅读材料,这些阅读材料,有些是对相关背景和理论的进一步介绍,有些是对实际运用的指引。

本书是普通高等教育"十一五"国家级规划教材,既可以作为高等学校电子商务、信息管理、工商管理、金融等专业本科生及研究生的教材,也可以作为金融电子商务应用软件的开发人员、金融系统相关管理人员、政府部门和其他企事业单位的高级管理与技术人员的参考用书。本书还建有专门的课程配套资源网站,扫描二维码可进行查看。

本书由汪蕾主编,负责全书的整体结构和内容设计,并对全书内容进行统稿和定稿。此次再版相关编写人员具体章节编写情况如下:第一章,郑杰慧、黄雅雯;第二章,郑杰慧、黄雅雯、杨一恺;第三章,郑杰慧、黄雅雯;第四章,彭希羡、于艺凝;第五章,彭希羡、杨一恺;第六章,陈发动、秦靖萱;第七章,陈发动、谭惠中、王其峻;配套资料(电子交易法律法规综述等),陈发动、王晨晓。感谢大家认真细致的工作。本书在再版过程中,得到了浙江大学管理学院和浙江大学出版社有关领导的关心和支持,在此一并表示感谢。

为力求准确地反映十余年来网上支付与结算领域的最新发展和变化情况,作者查阅了大量的文献和资料,力求一丝不苟,但限于作者水平和资料等具体条件限制,书中难免有不妥之处,恳请读者提出宝贵意见。

汪 蕾
2020年冬于浙江大学

配套资源网站　　电子交易法律法规综述

目录

第一章 支付系统

第一节 系统概述 / 1
第二节 支付系统分类 / 5
第三节 中国现代化支付系统 / 10
第四节 支付风险 / 16
本章小结 / 21
关键词汇总 / 22
本章习题 / 22

第二章 我国各类支付系统及其功能

第一节 系统参与者的地位和作用 / 23
第二节 中央银行支付清算系统及其功能 / 24
第三节 其他特许清算机构及其功能 / 29
第四节 金融市场交易系统及其功能 / 35
本章小结 / 40
关键词汇总 / 40
本章习题 / 41

第三章 支付工具

第一节 支付工具 / 42
第二节 我国的支付工具 / 43
第三节 银行卡 / 52
本章小结 / 64
关键词汇总 / 64
本章习题 / 65

第四章 网上支付及网上支付工具

第一节 网上支付的概念和发展 / 66
第二节 信用卡支付方式 / 69
第三节 数字现金支付方式 / 73
第四节 电子支票支付方式 / 76
第五节 卡基质的网上支付工具 / 78
第六节 第三方支付平台 / 83
第七节 移动支付 / 88
第八节 其他支付模式 / 92

第九节　境外常用支付工具及应用系统 / 93

本章小结 / 97

关键词汇总 / 98

本章习题 / 98

第五章　网络银行

第一节　银行信息化的发展 / 99

第二节　银行自动化应用系统 / 100

第三节　银行信息系统管理 / 114

第四节　网络银行概述 / 117

第五节　网络银行实例分析 / 124

第六节　网络银行业务（与传统业务比较） / 130

第七节　手机银行概述 / 131

第八节　全球手机银行发展历程 / 141

第九节　网上支付跨行清算系统概述 / 145

本章小结 / 151

关键词汇总 / 151

本章习题 / 152

第六章　网上支付的安全问题

第一节　安全体系 / 155

第二节　加密系统 / 160

第三节　中国的金融 CA 建设和体系结构 / 181

第四节　个人隐私保护 / 186

第五节　安全管理 / 188

本章小结 / 194

关键词汇总 / 194

本章习题 / 194

第七章　网络金融

第一节　网络金融业的发展 / 195

第二节　网上证券交易 / 198

第三节　网上保险交易 / 215

第四节　区块链简介 / 225

本章小结 / 234

关键词汇总 / 234

本章习题 / 234

参考文献 / 235

第一章

支付系统

第一节 系统概述

支付体系是国家经济金融体系的重要组成部分,是金融业生存、发展、参与竞争的重要基础,受到各国中央银行、商业银行和金融机构的高度重视。支付体系的发展、支付效率的提高具有重要的经济和社会价值,它有利于促进经济发展、提高市场交易效率、维护市场秩序、制定市场规范、防范支付风险、推动金融创新、维护金融稳定等。20世纪80年代以后,经济的全球化促进了金融的全球化和一体化,使各国金融支付体系得到迅速的发展。

一、支付

支付是银行提供的清偿商品交换和劳务活动所引起的债权债务关系的金融服务业务,是围绕银行和客户而产生的资金收付关系。支付活动涉及中央银行、商业银行和客户。

二、支付系统

支付起源于银行客户之间的经济交往活动,但由于银行信用中介的作用,支付演化为银行与客户、银行与银行之间的资金收付关系。而银行之间的资金收付交易,又必须经过中央银行的资金清算才能实现。因此,支付活动除了围绕商业银行和客户之外,还必须有中央银行的参与,才能最终完成支付全过程。而由此构成的完整体系,被称为支付系统。

(一)支付系统的构成

支付系统由银行、客户和中央银行构成,它具体分为两个层次,如图1-1所示。其中,下层支付服务系统针对商业银行与客户之间的资金支付与往来结算,而上层支付资金清算系统针对中央银行和商业银行之间的资金支付与清算。两个层次的支付活动全过程,将经济交往中的各方与商业银行、中央银行维系在一起,构成一个复杂的整体,存在于国民经济大系统中,发挥着重要的宏观经济枢纽作用。

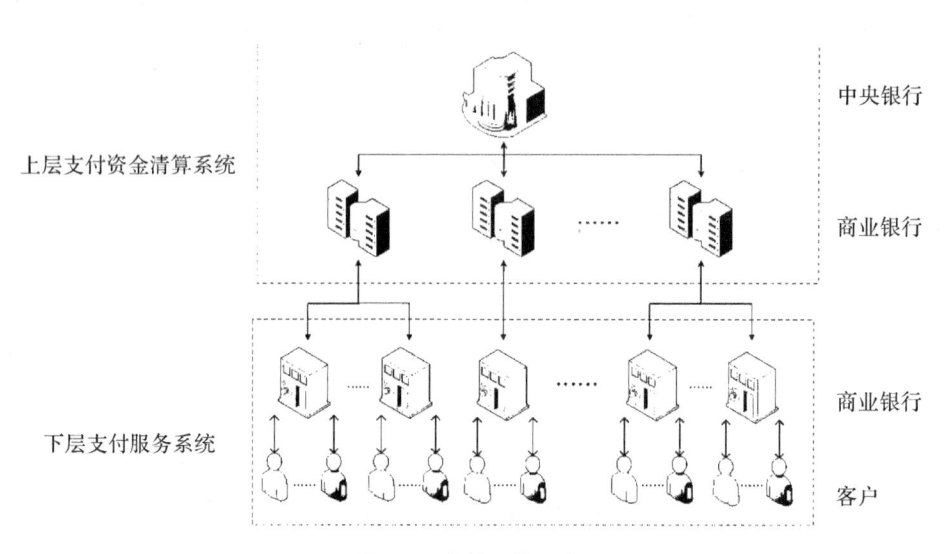

图 1-1　支付系统示意

在两个层次的支付活动中,商业银行和客户之间的支付与结算,是银行为客户提供多种金融服务的窗口,其特点是账户多、业务量大,涉及客户和商业银行双方的权益,是整个支付系统的基础,称为支付服务系统;而中央银行和商业银行之间的支付与清算,是政府授权的中央银行实施货币政策、控制国家货币发行、经理国库、管理外汇的重要手段,称为支付资金清算系统。两个层次的支付系统紧密联系,成为国家稳定货币、稳定经济的重要间接调控手段。

(二)支付系统参与者

整个支付系统的参与者分为直接参与者和间接参与者。

1. 直接参与者

直接参与者主要是各商业银行和中央银行。所有直接参与支付活动的银行分支机构,既是支付交易的最初发起者,也是支付交易的最终接受者。参与支付活动的商业银行以其不同层次的管辖银行在相应层次的人民银行开设清算账户,人民银行的上层支付资金清算系统在整个支付系统中占据核心地位,其清算、结算处理中心集中管理各商业银行的清算账户,进行支付资金的最终清算。

2. 间接参与者

间接参与者包括商业银行的客户和通过商业银行代理,参与支付系统资金清算处理的其他金融机构。

在参与支付系统的活动中,无论是直接参与者还是间接参与者,由于其具体开展的业务特点不同,对于支付系统会有不同的要求。以下分别从个人消费者、工商企业、零售企业、金融部门、外贸部门、政府和公共部门等各方面来做一简单分析。

(1) 个人消费者

对个人消费者而言,由于每天都要进行大量的消费支付活动,虽然每次涉及的金额不大,但支付频繁,因此,这类参与者要求系统具有方便、有效、使用方式灵活的特点。

(2) 工商企业

工商企业在支付业务往来中,通常涉及的支付金额都较大,要求的支付时间也较为紧迫。因此,对此类参与者而言,系统应具有尽可能高的支付效率,从而最大限度地降低企业流动资金的占用额和占用时间。

(3) 零售企业

零售企业根据其经营特点,往往要求资金使用方便灵活,所接受的支付工具具有信用担保。

(4) 金融部门

金融部门包括中央银行、证券交易和外汇交易等部门。这类参与者虽然资金支付笔数少,但金额往往较大,因此,要求支付系统具有时效性,以尽可能减少流动资金占用,同时还对风险防范有较高要求。

(5) 外贸部门

国际贸易的发展要求金融国际化与之相适应,因此,对外贸部门而言,在贸易结算中,要求支付能以最好的方式进入国际支付系统。

(6) 政府和公共部门

政府和公共部门,既是经济活动的买方,又是卖方,因此,它的支付需求与工商企业类似。此外,由于政府部门还有一系列财税、税务收支和债务管理的收支等需要,因此要求支付系统具有多样性。

三、支付系统功能

如前所述,支付系统分为下层支付服务系统和上层支付资金清算系统,它们的功能各不相同。

(一)下层支付服务系统功能

下层支付服务系统功能主要包括如下8个方面。

(1) 存款,包括同城结算、异地结算、存款对账和计息。
(2) 贷款,包括各种类型的贷款。
(3) 现金出纳。
(4) 跨行业务往来。
(5) 系统内资金与财务损益管理。
(6) 会计分析。
(7) 年度决算。
(8) 储蓄。

上述业务功能中,(1)(2)(3)(4)类为对公业务,(5)(6)(7)属于银行内部的经营管理,也常常被归为对公业务,最后一项为对私业务。这些支付服务功能的完成,必须由上层支付资金清算系统最终完成支付资金的清算和划拨。

(二)上层支付资金清算系统功能

中央银行上层支付资金清算系统,以实现商业银行之间支付资金的最终清算为目的,它的功能主要包括以下 6 个方面。

(1) 同城清算。

(2) 大额实时支付业务。

(3) 电子批量支付业务。

(4) 政府债券簿记业务。

(5) 跨行 ATM(Automated Teller Machine,自动取款机)、POS(Point of Sale,销售终端)授权服务。

(6) 金融管理信息系统。

(三) 上层支付资金清算系统的处理过程

上层支付资金清算系统的全部处理过程,由 7 个相互紧密联系的处理步骤实现,并以支付资金的最终清算而结束。这里,我们主要介绍支付资金清算系统的处理过程。具体如图 1-2 所示。

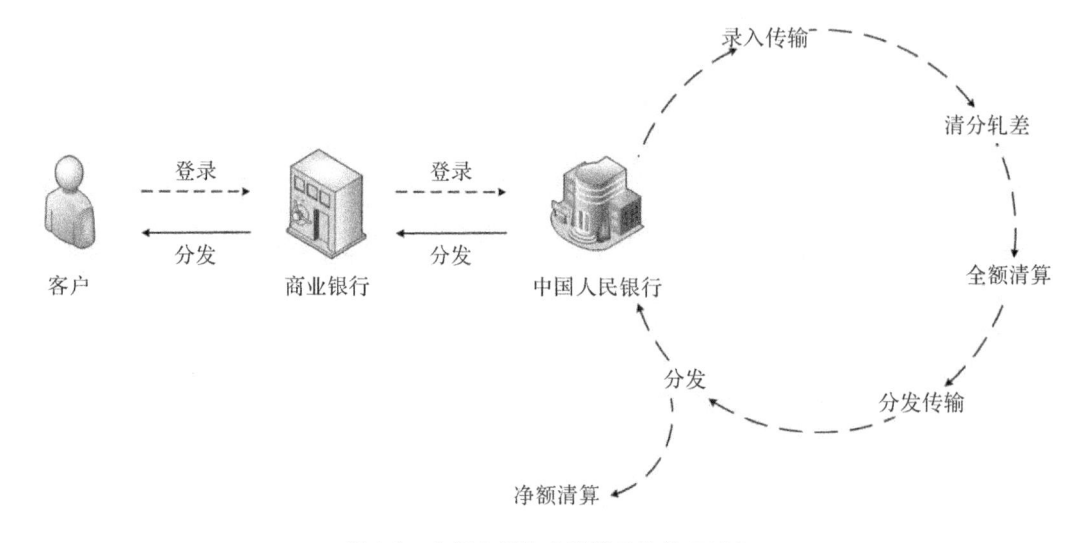

图 1-2 上层支付资金清算系统处理过程

1. 登录

登录是支付资金清算过程的起始,在这里任何形式的支付交易信息,都会被转化为电子信息的形式,并在支付资金清算系统中登记。

2. 录入传输

录入传输是指将电子支付资金清算信息,传送到支付资金清算处理中心的过程。清算处理中心具备将各类支付交易信息按接收银行进行清分轧差并最终进行资金清算等多种功能。因此,中心必须保存有完备的清算账户文件。

3. 清分轧差

清分轧差环节将支付交易信息按照交易接收银行进行清分轧差处理,并确保分发传输的有效实现。

4. 全额清算

全额清算是对于那些必须实时完成支付资金清算的支付交易,按要求账户处理,以确保支付交易最终实现的环节。

5. 分发传输

分发传输是按照支付交易接收方清分分类的支付交易信息,传输给支付信息的接收银行的环节。

6. 分发

分发是将支付信息分发到支付交易的最终接收方的环节。

7. 净额清算

净额清算是为那些小额资金支付,进行批量处理的支付交易所提供的定时资金清算环节,通过安排,使清算在营业日内预先规定的时间点,或者日终进行。

在上述7个动态循环的支付清算过程中,全额、净额清算过程,不仅是上层支付资金清算系统的核心,也是上下层支付服务系统有机结合的基础,对全额、净额清算过程的控制,涉及中央银行和商业银行双方的权益,是支付风险控制的重点。正因为此,早期人们所说的支付系统,往往是特指上层支付资金清算系统,而这实际上是狭义的支付系统;广义的支付系统,应是将上下支付系统包容在一起的支付系统。

第二节 支付系统分类

支付系统的最终用户是广大银行客户,支付系统支付交易过程的最终实现是上层跨行支付资金的转账和清算。因此,本节将着重讨论上层支付资金清算系统。通常,以上层跨行支付资金清算系统为核心,按其特点来划分支付系统的类型,一般可分为同城和异地两类支付系统,而每一类又分为若干专用支付应用系统。

一、同城支付系统

同城支付系统是在某城市范围内的支付系统,通常有以下几类。

(一) 自动化清算所

自动化清算所是以处理支票为主体的自动化票据交换所,并按规定时间轧差结算资金(小额),是批处理支付系统。

(二) 跨行财务系统

跨行财务系统是以处理借记、贷记电子支付(小额)或票据可以截留的电子支付系统。有定期借记、贷记、预先授权借记等多种支付工具。

(三)大额实时支付系统

大额实时支付系统是处理贷记支付的大额实时资金划拨系统。

(四)ATM、POS 授权系统

ATM、POS 授权系统是销售点支付时,卖方能够直接从买方所在银行或其他开设有账户的金融机构,获得有关买方支付能力担保信息的系统。每一个授权请求被送往 ATM 卡、POS 卡发卡者或其指定的代理商,经确定授权后,再返回信息发出者,全部处理过程所用的时间,必须能够被销售点卖方和买方双方接收。

在具体使用上,ATM 授权和 POS 授权有所不同。ATM 发卡者,通常是银行或其代理商,ATM 的设置也很灵活,可以在银行、商店、旅馆、机场等交易支付频繁的地方;对持卡者的识别,采用个人标识码(Personal Identification Number,PIN)。而 POS 系统,通常是装置在商业销售点直接用于销售点支付的系统。对于不具备 PIN 识别能力的 POS 终端,一般采用脱机方式,如对照签名或个人身份证方法进行持卡者的身份识别。

ATM 和 POS 授权系统为客户在销售点的支付提供了极大方便,是实现无票据、无现金电子支付的重要基础,是早期的电子化支付系统。

二、异地支付系统

异地支付系统是在某城市范围外的支付系统。在计算机网络环境支持下的异地支付系统,从使用方式、系统功能和系统整体结构上,都与同城支付系统没有原则性的差别。

(一)小额批量支付系统

该系统运行的原则是,由发起支付交易的系统参与者,对批文件进行分类,借记、贷记交易双方账户,再按批传送给支付交易的接受者。

(二)大额实时支付系统

该系统的基础是每笔支付交易的实时传输和处理。每笔交易信息报文的合法性、完整性是交易支付安全的保证,因此,大额支付系统对于系统的安全性、可靠性有极高要求。

(三)ATM、POS 授权系统

通常,发达国家 POS 系统很少用于异地支付,而 ATM 则广泛用于异地支付。如万事达(MasterCard)卡和维萨(Visa)卡不仅在一个国家,而且在全世界都建立了授权系统。

(四)证券簿记系统

证券簿记系统用于所有形式证券的保管和交易,但在一般原则下,中央银行作为国家财政代理,只提供国库券的发行和清算服务。因此,作为银行支付系统,通常所说的证券簿记系统,是特指政府证券的保管和交易系统。

(五)国际支付系统

随着金融业的国际化发展,国际支付业务量迅速增长。当前进行国际支付的常规方式是通过环球银行金融电信协会(Society for Worldwide Interbank Financial Telecommunication,SWIFT)网络和国际支付电传网络传输支付信息。

三、我国的支付系统

自1979年起,中国的银行体制逐渐由以前中央计划经济下的单一银行体制改变成为现代市场经济条件下的两层结构的银行体制,它包括中国人民银行(中央银行)、四大国有商业银行、股份制商业银行、合作银行、政策性银行,以及外国银行的分行和代表处。

随着两层结构银行体制的建立,中国支付系统也从保存计划经济活动的财务记录手段变化成为与市场经济相适应的支付系统。中国支付系统的演变受到环境、文化、经济条件和基础设施等诸多因素的影响,其中两个最明显的特征是银行结构和中央银行账户结构。

(一)银行结构

中国的银行结构要比其表面情况复杂得多。虽然在中国只有为数不多的大型银行机构,但每一家国有商业银行都有数目众多的分支机构,这些分支机构依据地域范围按照规定的等级进行运作。在许多情况下,每一地域和每一分支机构的运作都可以被看作是独立的实体。因此,即使在一家银行内,各分支机构的业务处理程序和标准也可能依地区不同而有所不同,每一分支机构,甚至是县级支行,都可以在中央银行当地分/支行开设独立的账户。而每一个在中央银行开立账户的分支机构都代表一个独立的支付业务处理单位,这样一来,就形成了十分复杂的被分割了的支付环境。这种现实结构远比想象中只计算为数不多的主要商业银行的数目的情形要复杂得多。

(二)中央银行账户结构

商业银行所持有的中央银行账户结构在支付交易的清算和结算中起着十分重要的作用。国有大商业银行具有和中央银行相类似的多层次式结构,以中央银行为例,其层次结构从1家总行到10家分行、营业部(省、自治区、直辖市)到341家中心支行(城市、地区分行)再到1761家县级支行[①]。每一家国有商业银行的结构也大抵如此,区别是分支机构的数目各不相同。

在每一级中,商业银行必须在相应的中央银行分支机构开设账户。一般来讲,各商业银行之间,同一家商业银行各分行之间,相互不开设账户。当然,也有少数例外情况。商业银行的每一家主要分支机构要在当地人民银行分支机构开设3种账户。

1. 储备金账户

目前法定储备金要求为吸收存款的9.4%。该账户余额是封存资金,不得用于支付清算,通常需要每隔一定时间根据存款数量来进行相应调整。2010—2020年,我国历次存款

---

① 数据来源:《中国人民银行2019年报》,http://www.pbc.gov.cn/chubanwu/114566/115296/4106701/4106565/index.html。

准备金率的调整如表 1-1 所示。

表 1-1　2010—2020 年存款准备金率的历次调整

时间	大型金融机构 调整前	大型金融机构 调整后	幅度	中小金融机构 调整前	中小金融机构 调整后	幅度
2020 年 01 月 06 日	13.00%	12.50%	−0.50%	11.00%	10.50%	−0.50%
2019 年 09 月 16 日	13.50%	13.00%	−0.50%	11.50%	11.00%	−0.50%
2019 年 01 月 25 日	14.00%	13.50%	−0.50%	12.00%	11.50%	−0.50%
2019 年 01 月 15 日	14.50%	14.00%	−0.50%	12.50%	12.00%	−0.50%
2018 年 10 月 15 日	15.50%	14.50%	−1.00%	13.50%	12.50%	−1.00%
2018 年 07 月 05 日	16.00%	15.50%	−0.50%	14.00%	13.50%	−0.50%
2018 年 04 月 25 日	17.00%	16.00%	−1.00%	15.00%	14.00%	−1.00%
2016 年 03 月 01 日	17.50%	17.00%	−0.50%	15.50%	15.00%	−0.50%
2015 年 10 月 24 日	18.00%	17.50%	−0.50%	16.00%	15.50%	−0.50%
2015 年 09 月 06 日	18.50%	18.00%	−0.50%	16.50%	16.00%	−0.50%
2015 年 04 月 20 日	19.50%	18.50%	−1.00%	17.50%	16.50%	−1.00%
2015 年 02 月 05 日	20.00%	19.50%	−0.50%	18.00%	17.50%	−0.50%
2012 年 05 月 18 日	20.50%	20.00%	−0.50%	18.50%	18.00%	−0.50%
2012 年 02 月 24 日	21.00%	20.50%	−0.50%	19.00%	18.50%	−0.50%
2011 年 12 月 05 日	21.50%	21.00%	−0.50%	19.50%	19.00%	−0.50%
2011 年 06 月 20 日	21.00%	21.50%	0.50%	19.00%	19.50%	0.50%
2011 年 05 月 18 日	20.50%	21.00%	0.50%	18.50%	19.00%	0.50%
2011 年 04 月 21 日	20.00%	20.50%	0.50%	18.00%	18.50%	0.50%
2011 年 03 月 25 日	19.50%	20.00%	0.50%	17.00%	18.00%	1.00%
2011 年 02 月 24 日	19.00%	19.50%	0.50%	16.50%	17.00%	0.50%
2011 年 01 月 20 日	18.50%	19.00%	0.50%	16.50%	16.50%	0.00%
2010 年 12 月 20 日	18.00%	18.50%	0.50%	16.00%	16.50%	0.50%
2010 年 11 月 29 日	17.50%	18.00%	0.50%	15.50%	16.00%	0.50%
2010 年 11 月 16 日	17.00%	17.50%	0.50%	15.00%	15.50%	0.50%
2010 年 05 月 10 日	16.50%	17.00%	0.50%	14.50%	15.00%	0.50%
2010 年 02 月 25 日	16.00%	16.50%	0.50%	14.00%	14.50%	0.50%
2010 年 01 月 18 日	15.50%	16.00%	0.50%	13.50%	14.00%	0.50%

资料来源：整理自中国人民银行货币政策司相关文件。

2. 备付金账户

备付金账户主要用于支付的清算和结算、商业银行的缴存款。目前，备付金是指商业银行存在中央银行的超过存款准备金率的那部分存款,一般称为超额准备金。

3. 贷款账户

该账户的建立表明该商业银行分/支行可以从中央银行得到一定的贷款限额。该信贷规模由中央银行和商业银行总行制定后,按地区和机构分配。

对于储备金和超额准备金存款,中央银行支付利息,但利率较市场利率低一些。支付交易的资金结算是通过商业银行分行在中央银行的备付金账户之间的资金转账来实现的。由于在同一管理等级上,各商业银行、各分行相互不开设账户,同一级人民银行分/支行之间也互不开账户,所以支付结算经常需要把资金转账到上一级人民银行机构。这种账户开设、管理方式和商业银行各分支机构的半自治运营特点,决定了在中国目前的情况下,所谓跨行支付结算实际上是一个跨分/支行的支付结算。

(三)支付系统概述

作为支付体系的重要组成部分,支付系统是国家经济金融体系建设的重要基础,是提高国家经济运行效率、维护国家经济金融稳定的重要工具。目前,我国运行的支付系统包括中央银行支付清算系统、银行业金融机构业务系统、非银行支付机构业务系统、其他特许清算机构和金融市场交易系统(见图1-3)。其中,中央银行支付清算系统被称为中国现代化支付系统。

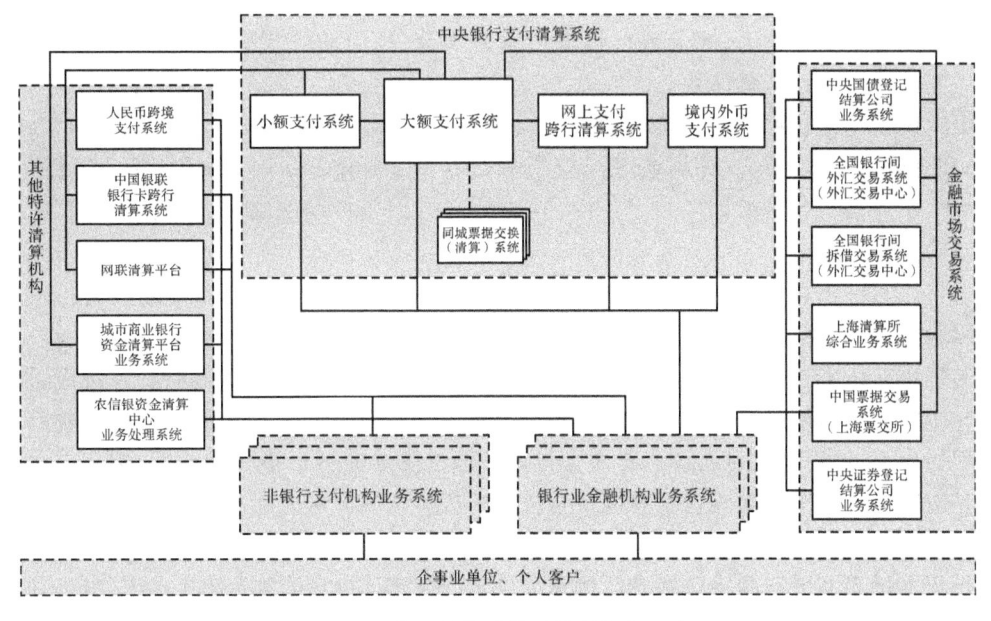

图 1-3 我国支付清算系统总框架示意

资料来源:整理自中国人民银行支付结算司相关文件。

受多层次管理和高度分散式中央银行账户的影响,我国中央银行支付清算系统包括以下几个系统:小额支付系统、大额支付系统、网上支付跨行清算系统、境内外币支付系统、同城票据交换(清算)系统。

2019 年的支付业务统计数据显示,全国支付业务平稳运行、支付业务保持稳步增长。

其中,移动支付增长较快:2019年银行共处理电子支付业务2233.88亿笔,金额2607.04万亿元;非银行支付机构发生网络支付业务7199.98亿笔,金额249.88万亿元。银行卡交易量和电子商业汇票系统业务总量保持增长:银行卡发卡量为84.19亿张,同比增长10.82%;电子商业汇票系统出票1990.21万笔,同比增长24.19%。票据业务总量具有下降趋势:全国共发生票据业务1.90亿笔,同比下降14.46%。此外,截至2019年末,银行卡跨行支付系统联网商户有2362.96万户,联网POS机3089.28万台,ATM机109.77万台。

第三节　中国现代化支付系统

一、体系结构

中国现代化支付系统(China National Advanced Payment System,CNAPS)是指中国人民银行按照我国支付清算需要,并利用现代计算机技术和通信网络自主开发建设的,能够高效、安全处理各银行办理的各种同城、异地支付业务、货币市场交易及它们的资金清算的应用系统。它是各银行和货币市场的公共支付清算平台,是中国人民银行发挥其金融服务职能的重要的核心支持系统。中国人民银行通过建设现代化支付系统,将逐步形成一个以中国现代化支付系统为核心、商业银行行内系统为基础、各地同城票据交换所并存,支撑多种支付工具的中国支付清算体系。

中国现代化支付系统建有两级处理中心,即国家处理中心(National Process Center,NPC)和全国省会(首府)及深圳城市处理中心(City Clearing Processing Center,CCPC)。国家处理中心分别与各城市处理中心连接,其通信网络采用专用网络,以地面通信为主,卫星通信备份。

政策性银行和商业银行是支付系统的重要参与者。各政策性银行、商业银行可利用行内系统通过省会(首府)城市的分支行与所在地的支付系统CCPC连接,也可由其总行与所在地的支付系统CCPC连接。同时,为解决中小金融机构结算和通汇难问题,系统允许农村信用合作社自建通汇系统,比照商业银行与支付系统的连接方式处理;而城市商业银行汇票业务的处理,可以按照支付系统的要求自行开发城市商业银行汇票处理中心,依托支付系统办理其银行汇票资金的移存和兑付的资金清算。

中央银行会计集中核算系统(Central Bank Centralized Accounting Book System,ABS)是现代化支付系统运行的重要基础。为有效支持支付系统的建设和运行,并有利于加强会计管理,提高会计核算的质量和效率,中央银行会计核算也采取了逐步集中的方式,首先将县支行的会计核算集中到地市中心支行,并由地市中心支行的会计集中核算系统与支付系统CCPC远程连接。地市级(含)以上国库部门的国库核算系统(Tresure Book System,TBS)可以直接接入CCPC,通过支付系统办理国库业务资金的汇划。

为有效支持公开市场操作、债券发行及兑付、债券交易的资金清算,公开市场操作系统、债券发行系统、中央债券簿记系统在物理上通过一个接口与支付系统NPC连接,处理其交易的人民币资金清算。为保障外汇交易资金的及时清算,外汇交易中心与支付系统上海

CCPC连接,处理外汇交易人民币资金清算,并下载全国银行间资金拆借和归还业务数据,供中央银行对同业拆借业务的配对管理。

为适应各类支付业务处理的需要,中国现代化支付系统由大额实时支付系统(High Value Payment System,HVPS)、小额批量支付系统(Bulk Electronic Payment System,BEPS)、网上支付跨行清算系统(Internet Banking Payment System,IBPS)、境内外币支付系统(China Foreign Exchange Payment System,CFEPS)、同城票据交换(清算)系统组成。其中以大、小额支付系统为主要的应用系统,下面将着重介绍这两个系统的建设历程和运行情况,并简要介绍其他系统。

(一)小额批量支付系统

小额批量支付系统实行7×24小时的运行机制,在一定时间内对多笔支付业务进行轧差处理,来净额清算资金。建设小额批量支付系统的目的,是为社会提供低成本、大业务量的支付清算服务,以支撑各种支付业务的使用,满足社会各种经济活动的需要。该系统处理同城和异地纸质凭证截留的商业银行跨行之间的定期借记和定期贷记支付业务、中央银行会计和国库部门办理的借记支付业务,以及每笔金额在规定起点以下的小额贷记支付业务。小额批量支付系统采取批量发送支付指令,轧差净额清算资金的方式。小额批量支付系统实现了不同营业网点之间的互联互通,提高了交易的效率,设置了完备的安防体系,来确保资金交易的安全可靠。

2006年2月,北京作为小额批量支付系统第二批试点城市正式上线运行,2013年10月,小额批量支付系统升级为第二代。为更好地为广大企事业单位和居民个人提供支付服务,该系统不断改进。自2015年7月11日起,工作日期间,小额批量支付系统可支持5万元以下的汇兑业务,以及不限金额的实时借记、定期借贷记、集中代收付等特色业务;节假日期间,小额批量的支付系统业务限额上调为50万元。

小额批量支付系统的建成意义非凡,极大地便利了人民的生活。如该系统不仅支持各类贷记与借记业务,而且可以支持多种消费类与商业的电子支付。居民个人可通过该系统方便地实现对日常生活费用(如水费、电费、煤气费等)的缴纳;企事业单位可以委托开户行实现对跨地区、跨行员工工资和养老金的发放。

(二)大额实时支付系统

大额实时支付系统实行逐笔实时处理、全额清算资金的方式。建设大额支付系统的目的,就是给各银行、广大企业单位及金融市场提供快速、高效、安全、可靠的支付清算服务,防范支付风险。同时,该系统对中央银行更加灵活、有效地实施货币政策也具有重要作用。大额支付系统业务范围包括一般大额支付业务、即时转账业务和城市商业银行汇票业务。

2002年10月8日,大额实时支付系统在北京、武汉成功投产试运行,成为中国现代化支付系统建设的重要里程碑。2003年4月,上海等11个城市大额支付系统成功推广上线运行;2003年12月1日,石家庄等19个城市大额支付系统切换上线取得了圆满的成功。至此,大额支付系统已成功推广覆盖到所有省会(首府)城市和深圳市,并与电子联行系统混合运行。香港清算行也于2004年2月接入支付系统办理人民币汇款业务。

为确保大额支付系统的安全稳定运行,中国人民银行发布了系统运行管理和清算风险管理的一系列制度规定,以加大对商业银行流动性情况的监测力度,加强对清算账户头寸的监视和管理力度,有效防范支付清算风险。从运行情况看,大额支付系统业务处理正确,资金清算无误,系统运行稳定。

2004年,中国人民银行确定了全国只建32个支付系统CCPC的布局,同时研究和实施了支付系统运行维护机制和灾难备份方案,以确保大额支付系统的安全稳定运行。计划实现大额支付系统与债券市场的连接,支持券款兑付(Delivery Versus Payment,DVP)和货币政策的实施;开通大额支付系统与城市商业银行汇票处理系统的连接,以畅通中小金融机构的汇路;同时做好各银行地市级(含)以下机构及地市ABS、TBS接入大额实时支付系统工作,取代电子联行;同步开发建设小额批量支付系统,充分发挥金融基础设施的作用,更好地履行中央银行支付清算职能。2005年中,大额支付系统完成了在全国的推广应用。2013年10月,大额支付系统升级为第二代,主要处理大额贷记支付业务和紧急的小额贷记支付业务。2015年大额支付系统参与机构清算、账户归并后,商业银行全面实现了"一点接入,一点清算"①。

(三)网上支付跨行清算系统

网上支付跨行清算系统俗称"超级网银",是人民银行为适应网上支付业务特点组织建设运行的跨行清算平台,是继大额实时支付系统、小额批量支付系统、全国支票影像交换系统、境内外币支付系统、电子商业汇票系统之后,又一重要的跨行支付清算系统,标志着我国金融的信息化、电子化迈入了新阶段。

网上支付跨行清算系统是第二代支付系统率先投产的业务系统,为网上支付等新兴业务的开展建立了重要的桥梁,该系统于2010年8月投入使用,2016年进行优化。2016年后便可实现"实时转发、定时轧差"功能,全天候为客户服务,解决了大业务量用户可能面临的热点账户问题,用户可以足不出户通过网上操作便实现账户管理、资金汇划和归集等多个业务,还可及时获得业务的处理结果,极大地改善了用户体验,提升了办事效率。

(四)境内外币支付系统

境内外币支付系统于2008年4月上线,提高了国与国之间的交易结算效率。具体而言,中国人民银行通过中国银行、中国工商银行、中国建设银行和上海浦东发展银行对境内外币支付进行结算,实现指令逐笔发送,实时全额结算,可代理港币、英镑、欧元、美元、日元等多个币种支付业务结算,满足了国内对多币种支付的需求,也保障了信息的安全性。

(五)同城票据交换(清算)系统

同城票据交换(清算)系统是指同一城市(或者区域)范围内,各商业银行之间将相互代收、代付票据,定时(也可随时)、定点(人民银行建立的票据交换所)进行票据交换和资金清算的业务活动。全国县以上城市建立了同城票据交换所,许多城市还建立了同城清算系统,有力地连接了生产、消费、交易等多个环节,极大地提高了国内交易的处理效率。但同城票据交换业务量一直处于下降趋势。2020年,同城清算系统业务量和交易金额同比下降

---

① 参见中国人民银行清算总中心相关资料,http://www.cncc.cn/zfqszs/zfqsxtjj/201806/t20180611_487.html。

75.11%和89.58%。

总体上看,大额支付系统面向金融机构与金融市场提供基于实时全额支付系统(Real Time Cross Settlement,RTGS)的实时清算与结算业务;而小额支付系统处理批量小额支付,类似于西方国家的自动清算所体系,面向广大的企事业单位与政府机构,尤其与居民的日常生活密切相关的支付业务。以小额支付系统为基础开发的各类电子支付应用已全面改变居民的支付体验,直接存款、直接借记这类支付工具已逐步被消费者所熟悉,工资发放、公用事业收费、税款缴纳、通存通兑等业务已通过该系统进行。中国人民银行发布的《2020年第一季度支付体系运行总体情况》表明,截至2020年第一季度,大额实时支付系统处理业务1.13亿笔,金额1225.80万亿元;日均处理业务191.04万笔,金额20.78万亿元。小额批量支付系统处理业务6.96亿笔,金额31.13万亿元;日均处理业务764.81万笔,金额3420.53亿元。网上支付跨行清算系统处理业务33.98亿笔,金额40.17万亿元;日均处理业务3734.33万笔,金额4414.53亿元。境内外币支付系统处理业务48.69亿笔,金额3134.09万亿元;日均处理业务8064.53万笔,金额52.23亿元。

纵观支付体系建设历程和实践发展可见,我国支付清算体系已实现从手工联行到电子联行,再到现代化支付系统的历史性飞跃,形成以大额支付系统为核心、商业银行行内系统为基础、其他支付结算系统为补充的支付清算网络,并已逐步融入全球支付体系中,成为全球支付体系的重要组成部分。

二、中国中央银行支付清算服务概况

中国人民银行专门执行中央银行职能后,成为各金融机构的支付中介,其对金融体系提供的支付清算服务目前主要体现在同城清算和异地清算上。

(一)同城清算

1. 同城票据交换

票据交换,亦称票据清算,一般指在同一城市或区域内,各金融机构对相互代收、代付的票据,按照规定时间和要求通过票据交换所集中进行交换并清算资金的一种经济活动。它是银行的一项传统业务,票据交换业务不仅涉及银行间票据的交换与清算,而且还牵涉到社会资金的使用效益等。同城票据交换的具体做法主要有以下几种。

(1)同城商业银行系统内票据交换

由同城商业银行的主管行牵头,对辖内各营业机构代收、代付本系统的票据组织交换,通过同城行处的往来科目划转,当日或定期通过联行往来科目进行清算。

(2)同城商业银行间跨系统票据交换

根据各商业银行机构设置和在人民银行开立存款账户的情况,采取3种不同的票据交换方法:第一种是按照当时清算的办法;第二种是各商业银行的所属机构都直接通过人民银行的存款账户进行资金清算;第三种是对业务量不大的县城行的跨系统票据交换,采取直接交换、当时清算资金的办法。

2. 资金清算

参加票据交换的商业银行和其他金融机构,当票据交换所核对轧平当天或当场的票据交换业务后,主要采取下面两种资金清算方法。

(1)全额清算

即参加票据交换的行处,将提出、提入票据的应借和应贷差额分别进行汇总,然后通过人民银行向对方行清算资金。

(2)差额清算

即参加票据交换的行处,将各自提出、提入的票据金额进行轧差,得到应贷差额或应借差额,然后通过人民银行的存款账户进行清算。

(二)异地清算

在我国,异地清算是同现行的联行往来制度相联系的,中央银行和商业银行在联行转汇清算业务中的基本做法如下。

(1)各商业银行全国联行跨系统和系统内大额汇划款项均通过人民银行联行办理转汇并清算资金。

(2)商业银行全国联行跨系统和系统内未达到转汇金额起点的汇划款项、内部资金汇划款项和县以下全国联行通汇机构的汇划款项,仍分别通过商业银行跨系统和本系统联行划转。

(3)商业银行签发的银行汇票和银行承兑汇票,由各商业银行联行划付。

(4)商业银行必须在人民银行存款账户留足备付金,人民银行收到商业银行的汇划凭证时,如其存款不足支付,会通知商业银行于一日之内补足;仍不能补足的,对不足部分退回凭证。这意味着,商业银行不得在人民银行的存款账户透支。

(5)商业银行办理转汇时,汇划金额一般不得转入同城票据交换,可将有关汇划凭证连同转汇清单一并向人民银行提出信件交换或单独提交。但人民银行划拨解付款项,可通过同城票据交换办理。

三、中央银行在支付清算系统中的作用

中央银行是一个国家中最为重要的金融机构,是政府管理国家的特殊机构,是发行的银行、银行的银行和政府的银行。它负责货币的发行与供给,货币信用政策制定;对商业银行和其他金融机构进行影响和监管;为政府筹集资金,代表政府参加金融活动,为政府提供金融政策建议等。

中央银行作为各商业银行的代理行,实际上为中央银行管理商业银行提供了一个货币手段。中央银行要求各商业银行在中央银行持有无息的储备账户存款,而且要保证在储备账户上维持一个最低限额。更重要的是,中央银行为商业银行提供的贴现贷款对商业银行支付的顺利实现至关重要,它也决定了一国的货币市场利率水平。中央银行的贴现窗口是商业银行体系流动性的最后提供者,在全国性的金融危机发生时,整个金融体系将面临流动性不足的压力,这时,中央银行便充当稳定整个金融体系的最后贷款人角色。

各国的中央银行都在其支付体系中起着重要的作用。中国人民银行作为全国统一的权威公正的清算中心,是国务院的组成部门,是全国管理金融活动的银行。在国务院的领导下独立执行货币政策,不受其他外部干扰。还具有化解金融风险、维护金融稳定的职能。

中国人民银行是我国支付体系建设的组织者、推动者和监督者。作为组织者,为各大商

业银行及其分支机构、政府机关、事业团队等提供结算账户服务,与其他银行机构紧密协调,使得支付系统更加高效可靠,还建立了同城票据的交换所、中国电子联行系统等为银行机构提供丰富的交易网络;作为推动者,中国人民银行建设运行了第二代支付系统、全国支票影像交换系统、境内外币支付系统等一系列重要的业务系统,试点运行并向全国推广,极大地推进了我国支付体系的发展和建设。作为监督者,中国人民银行设定了大量的风险防控规则,如账户不允许出现隔夜透支,以维护支付系统的正常运行,还建立了规范的业务条款、处理流程和收费政策等来防控可能出现的金融风险,为支付体系提供管理和计划。

美国联邦储备体系(以下简称美联储)作为美国的中央银行,其组织包括联邦政府机构和非营利性机构,由在华盛顿的政府机构联邦储备局和12个分布在美国各地的非营利性的联邦储备银行组成。美联储服务于美国政府建设和金融发展,服从美国国会监督,但具有财政的独立性。

美联储在美国支付体系中的作用,一方面表现在为私营清算机构,尤其是经营大额支付体系的私营机构制定清算原则,并对这些私营机构进行监管,美联储通过对私营清算组织的组织结构、清算安排、操作规则等加以审查与批准,对私营清算组织达成的诸如双边信贷额度、多方信贷额度、担保、损失分提原则等制度及有关安排加以监管,来保证当日清算活动能及时并最终完成;另一方面,表现在美联储直接经营美国大额支付系统与小额支付系统。

美联储提供的支付服务主要在以下两个方面。

第一,通过联邦储备账户为银行提供清算服务。商业银行为其客户提供银行间的资金转移服务,由于客户账户的开户银行不同,银行需要通过一些特定的安排,来实现客户资金在不同的银行账户间的转移。举例来说,如果付款方和收款方都在同一银行开立账户,此时,资金转移可以简单地通过银行记账方式实现。但如果收款方和付款方在不同的银行拥有账户,资金的转移就要涉及多个金融中介,引起银行同业之间的资金清算。完成这种清算的途径很多,其中,最佳的方式是所有的银行都在一个中央机构设立账户,资金转移通过中央账户进行,这将大大提高支付系统效率。

第二,为私营清算组织提供差额清算服务。美国的私营清算组织众多,在美国的支付体系中发挥着重要作用。目前,美联储约为150家私营清算组织提供差额清算服务,这些私营清算组织包括纽约清算所银行同业支付系统(Clearing House Interbank Payment System, CHIPS)、支票清算所、区域性自动清算所、自动取款机及信用卡网络等。

对在美联储设立的账户进行差额头寸的清算时,私营清算组织首先将在一个营业日中对各清算参加者的净债务或净债权头寸加以计算,然后将各参加者的头寸情况提交美联储,由美联储借记或贷记各参加者在美联储的账户来完成资金的清算。或者,清算组织也可以在美联储建立一个专门账户,在一个营业日结束后,该清算组织通知各产生净债务头寸的参加者通过联邦电子资金划拨体系将资金转入该专门账户,在所有净债务头寸收清后,由清算组织将账户资金转移到产生净债权头寸的参加者的账户上。

第四节　支付风险

支付交易各方都希望完全消除风险,但是完全消除风险,又有着极大的困难,基本上无法实现。因此,认识并控制风险,将支付交易风险限制在交易各方可承受的最低程度,是支付系统安全、可靠完成支付交易的基础。

一、支付风险定义和类型

支付风险是指在支付交易的过程中,由于伪造支付指令、资金头寸不足和支付系统环境失误等原因所造成的支付交易延误和失败。不同的支付工具,其风险程度差别很大,即使同一种支付工具,由于支付处理过程、处理环境和处理方法不同,其支付风险也不同。因此,综合研究支付交易过程中不同支付工具、不同支付处理环境、处理方法和不同支付系统的支付风险,对于采取有效的风险控制运行机制,严格控制支付风险有着极为重要的意义。一般来说,支付风险有如下 6 种。

(一)非法风险

非法风险是指人为的非法活动,如假冒、伪造、盗窃等造成的支付风险。非法活动严重损害了人们对支付系统的信心,阻碍了经济活动的正常开展。对于银行来说,支付命令的发起人所发起的支付命令的真实性和账户资金的可用性,都会带来支付风险。贷记支付,如汇兑、委托收款和定期贷记等,由于支付发起人的开户银行能够确切地了解发起人账户资金的可用性,因此,支付命令的真实性很容易得到证实,银行的支付风险较小。而借记支付,如支票、直接借记、借记卡等,账户资金的可用性及支付命令的真实性需要采用较为麻烦的方法进行证实,银行风险相对较大。以直接借记为例,当一笔直接借记支付交易指令发出以后,如果支付方拒绝支付返送回来,支付发起银行就必须接收返送信息,并且返还至该支付指令发起者。没有完成支付交易,给客户带来损失,这是直接借记支付工具固有风险带来的支付风险,虽然影响较小,但限制了这种支付工具的使用。

(二)清算资金不足

交易支付过程的最终完成,以交易双方银行清算账户资金的划转为标志。无论是净额轧差清算,还是全额逐笔清算,付款行清算账户资金头寸不足,都会造成支付交易过程的延误,带来风险。为了稳定金融市场,确保清算秩序正常,虽然采用非志愿的强制性贷款措施,保证清算完成,但实际上强制性贷款扩大了信贷规模,又滋生出其他的支付风险。清算资金不足造成的风险主要有信用风险和流动性风险。信用风险是支付过程中因一方无法履行债务合同带来的风险。信用风险的发生源于支付过程中的一方陷入清偿力危机,即资不抵债的状况。而流动性风险,是在支付过程中,一方无法如期履行合同所产生的风险。流动性风险与信用风险的区别在于,流动性风险中违约方不一定是清偿力发生危机,而仅仅是在合同规定的时间内无法如期如数履行债务,但如果给予其足够的时间,该方可以通过变卖资产筹措相应资金来满足清算的要求。

(三)银行无力支付

银行无力支付,会给支付发起客户带来损失。作为银行,为客户提供完善、及时、安全可靠的支付服务,是银行赚取利润、参与竞争、赖以生存的基础。任何银行给客户造成的支付风险,都将大大损害银行的信用,危及银行的生存,危及金融市场的稳定和货币稳定。

(四)系统风险

系统风险是指参与支付过程的一方因自身风险而导致其他参与者陷入困境。如参与支付清算的各个金融机构,由于一家支付风险,引起另一家的支付风险。这样的连锁反应,危及整个支付清算秩序的正常和稳定,会给经济活动带来严重的恶果。系统风险是支付系统构造中各国货币管理部门最为关注的问题,由于支付系统的运转直接支撑着一国金融市场的运作及经济活动的进行,支付系统的中断必然造成整个金融市场秩序的紊乱和经济活动的停顿,使整个国家经济陷入危机。

(五)法律风险

法律风险是指由于缺乏支付法或法律的不完善,造成支付各方的权利与责任的不确定性,从而妨碍支付系统功能的正常发挥的潜在风险。

(六)操作风险

操作风险是指在现代支付系统中,所运用的电子数据处理设备及通信系统出现技术性故障而使整个支付系统运行陷入瘫痪的潜在风险。

二、支付风险产生的主要原因

支付风险的表现形式不同,由支付风险所引发的后果也不同,掌握产生支付风险的原因,对于控制支付风险是极为重要的。

(一)支付工具处理过程带来的风险

这类风险与支付业务处理方式密切相关,针对不同的支付工具,在不同的支付处理环境下,依据支付交易处理过程的特点,大都可以预测。因此,必须通过制定严密的支付风险控制法律和严格的支付风险控制管理体制,加以防范。

(二)清算账户资金头寸不足引起的风险

这类支付风险,大都处于动态的变化状态,很难预测防范,只能采取必要的支付风险控制运行机制,加以防范。

(三)支付交易处理运行环境失误引起的风险

这种风险既是动态随机变化的,又会引起前两类风险。尤其是在网络环境下,必须采取极为复杂的技术措施来防范这类风险。

(四)各类诈骗活动引起的风险

人为诈骗引起的风险,是网络犯罪的重要手段之一,必须采用反诈骗信息识别防范技术,并进行严格的安全、保密管理。

(五)法律法规不健全所引起的风险

法律法规的不完善,将导致在支付过程出现风险时,无法清晰地定义参与方的责任。随着电子商务的纵深发展及各类型电商的出现,由此产生的风险会越来越成为一个突出的问题。

三、支付风险控制

一国的支付系统,既要能够有效控制相关的支付风险,又要有较为简单的控制方式。以下,我们以中国和美国的情况,来说明支付风险控制的一些方法。

(一)中国对支付风险的控制

我国的支付系统,采用了清算账户集中管理和支付应用系统清算时效控制两种重要的风险控制方法。

1. 清算账户集中管理

清算账户集中管理即同城商行管辖行在当地人民银行开设唯一清算账户。这是减少清算账户数量、集中管理账户的有效方法之一。

2. 支付应用系统清算时效控制

对不同的支付应用系统,针对其支付交易的特点,采用不同的支付风险控制方法,安排不同的清算时间和支付生效日,以确保系统安全。

(1)同城交易所:每日营业结算前1小时,由当地清算所进行借贷方轧差处理,差额送全国处理中心进行资金清算。

(2)小额批量支付系统:小额系统轧差净额的清算日为国家法定工作日的8:30—17:00。同行业务在城市处理中心、异地业务在国家金融清算总中心逐包按收款清算行或付款清算行双边轧差,并在规定时点提交清算账户管理系统清算。城市处理中心、国家金融清算总中心在每日16:00 小额系统日切后,进行当日最后一场轧差清算,日切后的业务则纳入次日每一场轧差清算处理。

(3)大额实时支付系统:自2018年1月22日起,开始受理业务的时间为每个法定工作日的前一日(T-1日)23:30,业务截止时间为每个法定工作日(T日)的17:15,清算窗口时间为17:15—20:30。

(二)美国对支付风险的控制

美联储对支付系统风险的控制包括以下几个方面。

1. 对大额清算系统的当日透支进行收费

当日透支是指金融机构在一个营业日中储备账户余额为负的情况。当日透支的存在,使美联储银行面临巨大的信用风险。为了控制金融机构在美联储账户上的当日透支额,从1994年4月开始,美联储对金融机构平均每日透支额进行收费。收费的平均每日透支额包括由联邦储备通信系统(Federal Reserve Communication System,FEDWIRE)资金转移及记账证券转移两部分产生的合并透支额(在此以前,美联储对记账证券产生的透支不予管理),其计算方法是对FEDWIRE营业时间内(目前正常营业时间为10小时)每分钟的金融机构储备账户负值加以总计(正值不予计算),再将总透支额除以当日FEDWIRE运行的总分钟数,得到金融机构每日平均透支额。美联储对每日平均透支额减去相当于银行合格资本的10%的部分征收费用。但美联储保留根据市场反应情况对征收标准进行修改的权利,美联储有权加快对金融机构当日透支征收费用的速度,也可以改变费用征收标准。

2.规定金融机构的最大透支量

为限制金融机构在储备账户上的当日透支总量,美联储对产生储备账户透支的各金融机构分别制定了最大透支额,即一个金融机构在一定时间内可以产生的净借记头寸总量。一个金融机构的最大透支额等于该机构的资本金乘以一个透支类别乘数。美联储为各金融机构设定了5个透支类别,其类别乘数如表1-2所示。

表1-2 金融机构的透支类别乘数

透支类别	两周平均乘数	单日乘数
高	1.500	2.250
高于一般	1.125	1.875
一般	0.750	1.125
低	0.200	0.200
零	0	0

美联储在设定透支类别乘数时,可以给金融机构两种选择:一是两周平均乘数,一是单日乘数。美联储认为,由于金融机构的支付活动每天都可能发生波动,因此设定两周平均乘数将为金融机构提供较大的灵活性。两周平均透支额等于金融机构在两周时间内每天储备账户产生的最大透支额加总值,除以计算周期内美联储的实际营业天数。如果在计算周期中某天金融机构的储备为贷记头寸,则该天金融机构的透支额视同为零。金融机构在两周内的最大透支额则等于两周平均透支额乘以透支类别乘数。单日类别乘数要高于两周平均乘数,目的主要是控制金融机构在某天中产生过大的透支额,迫使金融机构完善内部控制手段,加强对每日信用量的管理。

美联储规定,如果一个金融机构在一个营业日中所产生的当日透支额不超过1000万美元或资本的10%这两个数字中较小的一个,则认为该金融机构对美联储造成的风险较小,无须向美联储提交其自我评定的最大透支额上限保证,从而减轻金融机构进行自我评定的负担。

3.记账证券交易抵押

美联储对金融机构当日透支额的计算是将金融机构的资金转移透支额和记账证券转移透支额合并计算。对一些财务状况比较健全,但却由于记账证券转移造成超过最大透支额的金融机构,美联储要求它对所有的证券转移透支提供担保。对于抵押品的种类,美联储没有特别的要求,但抵押品必须要能够被美联储接受。

而那些经营良好,没有超过最大透支额的金融机构也可以对其部分或全部证券转移透支额提供抵押品,但提供抵押品并不能增加他们的最大透支额。

4. 证券转移限额

金融机构通过 FEDWIRE 进行大量的二级市场记账证券转移,美联储对该转移资金的限额不超过 5000 万美元,目的是减少证券交易商因积累头寸而造成记账证券转移透支。证券交易商积累头寸是造成记账证券转移透支的重要原因。

5. 监测金融机构的支付活动

美联储对金融机构支付活动的监测一般在事后进行。如果一个金融机构当日净借记头寸超过其最大透支额,美联储要把该金融机构的负责人召到美联储,与其讨论该金融机构减少当日透支额的措施。美联储有权单方面减少该机构的最大透支额,并要求金融机构提供抵押或维持一定的清算余额。对于美联储认为经营状况不健康并在美联储产生超乎正常透支额的金融机构,美联储会对其头寸情况进行现时跟踪;如果该机构的账户余额超过美联储认为的正常水平,美联储可以拒绝或延迟对该机构所发起的支付命令的处理。

(三)支付清算系统大数据应用

1. 大数据来源

支付清算系统的大数据,包括金融媒介、账户基本信息、资金流向及用途等信息,主要来自大额实时支付系统、小额批量支付系统、网上支付跨行清算系统、境内外币支付系统等。一方面,票据交易所和网联清算平台,拥有大量的交易数据且提升了各大银行收集、处理及管理数据的能力;另一方面,随着移动支付的普及,第三方支付机构掌握了海量的基础交易数据[①]。

此外,信息技术的发达,使得互联网上的各类其他数据也可以被综合使用来作为风险控制的依据。如政府、监管机构等相关部门的公开数据,企业实体或个体的动态数据和基础公共数据,以及其他一些合法渠道可以获取的个体网络行为数据等。

2. 大数据的应用平台建设

为响应 2015 年 7 月由国务院颁布的《关于积极"推进"互联网行动的指导意见》,中国人民银行、银保监会及各大银行业金融机构纷纷开始搭建大数据平台。2018 年 10 月,由中国人民银行投产建设的大数据基础服务平台正式上线,并由中国人民银行清算总中心负责管理与维护。该平台拥有高存储空间,具备高计算能力,提供集成的数据服务,可以对支付清算交易数据进行数据挖掘,满足各类分析需求[②]。

3. 大数据风险控制的应用范围

通过大数据平台,各大银行、政府机构及第三方支付机构的外部数据可以与支付清算系

[①] 高程,孙为,张明君,等.大数据风控在支付清算领域的应用[J].金融纵横,2020(1):69-76.
[②] 张立书.支付清算系统数据治理现状、问题及对策[J].吉林金融研究,2020(1):52,73-75.

统的内部数据相结合,实现对客户资产、资金流动、交易及信贷风险等信息的分析。

在信贷领域,贷款人可通过大数据平台,在贷前调查阶段查询借款人的资金状况,评估信用风险程度,以免信息缺失导致误判。在贷后检查阶段了解借款人的资金异动情况,及时采用风险控制措施[①]。一旦信贷资金无法及时收回,银行可以通过将借贷人的抵押信息发布在互联网上,加快抵押速度,减少损失。此外,大数据平台还加快了信贷业务的处理速度和信贷风险管理体系的建设速度[②]。

公安机关、税务机关、法院、纪检委等部门可利用支付清算系统的大数据平台掌握企业或个人的资金交易及资金流向情况,分析企业或个人是否存在非法交易、偷税漏税、洗钱、诈骗等违法行为。

对于洗钱的行为,传统的商业银行主要采用抽样审计的方式,由于存在时间、地域和资源的限制,打击跨境、跨省、跨行的洗钱犯罪活动存在很大难度。而大数据平台凭借其大规模的数据和强大的计算能力,使审计范围实现全覆盖[③]。公安机关可通过支付清算系统的大数据平台,捕获异常的交易及转账记录,及时对可疑人员或组织机构采取措施。根据中国人民银行反洗钱局发布的《2019年人民银行反洗钱调查协查总体情况》,中国人民银行各分支机构获得的线索及帮助破案的贡献持续增长。其中,共获得15755份可疑线索;向侦查机关移送4858条线索,同比增长33.17%;侦查机关立案474起,同比增长13.13%;协助侦查机关调查4007起案件,同比增长50.47%;协助破获涉嫌洗钱等案件共622起,同比增长15.19%。

对于诈骗行为,部分银行通过整合用户的历史交易数据和账户信息,可以对用户的当前交易进行反欺诈分析[④]。此外,公安机关可通过支付清算系统的大数据平台,实现从源头到终端的追踪,锁定并及时冻结诈骗账户,挽回被骗民众的资金损失。根据中华人民共和国公安部发布的数据,2020年1月至8月,全国共破获电信网络诈骗案件15.5万起,同比上升65.6%;抓获犯罪嫌疑人14.5万名,同比上升74.1%;群众直接避免经济损失约800亿元;96110反诈预警专号累计防止870万群众被骗。

本章小结

金融支付系统是金融业生存、发展和参与竞争的重要基础,受到各国中央银行、商业银行和金融机构的高度重视。本章着重介绍支付系统的基本概念、分类和结构,以及支付风险及其防范措施。

1. 支付是银行提供的为清偿商品交换和劳务活动所引起的债权债务关系的金融服务业务,是围绕银行和客户的资金收付关系。支付活动涉及中央银行、商业银行和客户。

[①] 李中全,孟枫.支付清算系统大数据应用简析[N].河南商报,2020-03-25(A06).
[②] 官焕宇.基于大数据的银行信贷风险管理体系研究[J].时代金融,2020(31):92-94.
[③] 韩兵.大数据背景下商业银行反洗钱内部审计建模思路探讨[J].金融会计,2019(12):69-72.
[④] 李文姣.我国支付清算体系发展研究及供给侧改革背景下发展建议[J].金融经济(下半月),2018(20):19-21.

2.支付系统分为下层支付服务系统和上层支付资金清算系统。两个层次的支付系统紧密联系,成为国家稳定货币、稳定经济的重要间接调控手段。

3.支付风险不可避免地存在于支付交易的过程中。一般来说,支付风险有6种:非法风险、清算资金不足、银行无力支付、系统风险、法律风险和操作风险。

关键词汇总

1.支付:银行提供的为清偿商品交换和劳务活动所引起的债权债务关系的金融服务业务。

2.支付系统:由银行与客户、银行与银行之间的资金收付关系所构成的系统整体。

3.支付系统参与者:支付系统的参与者分为直接参与者和间接参与者。

4.支付系统功能:分为下层支付服务系统功能和上层支付资金清算系统功能。

5.同城支付系统:在某城市范围内的支付系统。通常有自动化清算所、跨行财务系统、大额实时支付系统,以及ATM、POS授权系统。

6.异地支付系统:在某城市范围外的支付系统。包括小额批量支付系统,大额实时支付系统,ATM、POS授权系统,证券簿记系统和国际支付系统。

7.支付风险:在支付交易的过程中,由于伪造支付指令、资金头寸不足和支付系统环境失误等原因所造成的支付交易延误和失败。

本章习题

1.简述支付系统的分类及功能。
2.结合实际说明支付风险的产生及防范措施。
3.简述中国现代支付系统。

第二章

我国各类支付系统及其功能

与发达国家相比,我国支付系统的功能集金融支付服务、支付资金清算、金融经营管理和货币政策职能于一体,是我国金融业跨行、跨部门的综合性金融服务系统。因此,该系统将商业银行为广大客户提供金融服务的下层支付资金服务系统与中央银行为商业银行提供支付资金清算活动的上层支付资金清算系统有机衔接,以中央银行支付资金清算系统为核心,发挥各商业银行下层支付服务系统功能特性,为广大银行客户提供方便、快捷、安全、高效的金融服务。

本书第一章,已经专门对我国支付清算系统总体架构进行了简要描述,接下来我们将首先介绍系统参与者的地位和作用,然后对中央银行支付清算系统及其功能、其他特许清算机构及其功能,以及金融市场交易系统及其功能进行简要介绍。

第一节 系统参与者的地位和作用

支付系统的参与者,按其在系统中的地位和作用,分为直接参与者和间接参与者。直接参与者是指中国人民银行及在中国人民银行开设有资金账户的商业银行和非银行金融机构的各级分支机构;间接参与者指未在中国人民银行直接开设资金清算账户,而委托直接参与者代理其支付清算业务的银行、非银行金融机构,以及在商业银行或非银行金融机构开设有账户的广大客户。

一、支付业务的发起人/接收人

在支付系统中,支付业务的最终受益者,是支付业务的发起人和接收人。
支付业务的发起人是支付系统中支付业务的最初发起单位和个人。
支付业务的接收人是支付系统中支付业务的最终接收单位和个人。

二、支付业务的发起行/接收行

支付业务的发起行或接收行是支付系统中为客户提供全面支付服务的商业银行或其他金融机构,是下层支付服务系统面向客户进行金融服务的柜台。

支付业务的发起行,是在下层支付服务系统柜台接收支付发起人提交的支付业务,将其提交给上层支付资金清算系统,并对发起人账户进行结算处理的银行和非银行金融机构。

支付业务接收行,是接收上层支付资金清算系统支付指令,并对支付业务接收人账户进行结算处理的银行和非银行金融机构。

三、支付指令发报行/收报行

支付指令发报行和收报行是上下层系统有机衔接的界面。

支付指令发报行,是接收支付业务发起行的支付指令,转发至支付系统全国处理中心,并对清算账户进行逻辑控制和完成必要账务核算的中央银行基层营业机构。

支付指令收报行,是接收支付系统全国处理中心的支付指令,转发至下层支付服务系统接收行,并对清算账户进行逻辑控制和完成必要账务核算的中央银行基层营业机构。

四、支付系统全国处理中心

支付系统全国处理中心是控制支付系统运行,管理国家金融网络通信、接收、结算、清算支付业务的国家级处理中心。

第二节　中央银行支付清算系统及其功能

中央银行支付清算系统包括小额批量支付系统、大额实时支付系统、网上支付跨行清算系统、境内外币支付系统、同城票据交换(清算)系统,即在第一章中所述的中国现代化支付系统。下面将再次简要叙述这些子系统及其功能。

一、小额批量支付系统

小额批量支付系统是处理票据可以截留的同城和异地借记、贷记支付交易的电子支付系统。系统 7×24 小时工作,支付指令批量或实时发送,系统处理的贷记支付工具有:汇兑、委托收款划回、定期贷记/直接贷记等;借记支付工具有:旅行支票、银行汇票、定期借记、预先授信借记、银行本票等。

(一)系统功能

小额批量支付系统功能受支付工具类型、票据格式、系统参与者分工职责、信息格式、基本数据元编码方式等影响。其主要的处理功能如下。

(1)信息登录。

(2)信息传输。

(3)清分处理。

(4)信息分发。

(5)日终轧账。

(6)日终净额清算。

(7)日终对账意外事故处理。

（二）支付清算

因为净额清算为小额批量电子支付提供最终性支付,净额清算方式一般与小额批量支付系统相关联。清算可以在任何规定的时间进行,但我国规定采用日终一次清算的方式。

对于小额批量支付系统来说,为避免风险,处理贷记、预先授信借记支付,规定两日生效;而定期借记支付,则必须3日才能生效。因此系统以3日生效为一个支付周期,借方、贷方差额平衡,也以3日为周期。同时,每日留出足够时间,确保清算行资金拆借,完成清算。

为了控制、监督清算账户,每日营业终止,系统应生成日终清算报表,发送有关收、发报行。

二、大额实时支付系统

大额实时支付系统是为中央银行清算账户资金而设计的资金划拨系统,是大额且实时的,是银行为自身或为其客户进行大额贷记资金的支付系统。

（一）系统功能

大额实时支付系统处理的交易金额大、速度快,而且又是最终性支付,要求实时逐笔进行支付处理,所以对支付交易信息报文传输、处理系统的安全性和可靠性要求很高,系统安全、可靠是大额实时支付系统的关键。大额实时支付系统的主要功能如下。

（1）信息登录。
（2）信息传输。
（3）清算、结算处理。
（4）信息分发。
（5）日终支付退回。
（6）日终对账和意外事故处理。

（二）系统安全性和可靠性

由于大额实时支付系统处理的交易都是大额资金,而且要实时完成,所以对支付系统的可靠性要求极高,系统要保证支付业务信息报文传输和处理的绝对安全。因此,系统停运期不能超出0.5%,系统必须有足够的冗余备份、可选择的多通道路径、网络的自动管理和控制技术,以及在故障灾难的情况下,15分钟内恢复系统的能力。

大额实时支付系统必须具备高度安全性,除口令和系统控制识别外,数据传输必须加密,文件存储、访问要进行严格身份认证,硬件、软件系统的物理安全要严格遵照规章制度。

系统必须具备有效的系统恢复和重新启动机制,确保在故障和灾难后15分钟时间内系统重新启动,并且没有任何信息丢失。丢失的信息必须在重新启动后15秒内向中国人民银行发报行报告。

大额实时支付系统对所有交易处理过程、日志文件、账户文件、财务统计文件和意外事故等,进行严格的审计跟踪。

三、网上支付跨行清算系统

网上支付跨行清算系统通过构建"一点接入、多点对接"的系统架构,实现个人账户集中管理和企业"一站式"网上跨银行财务管理。该系统可处理的业务有跨行支付业务、跨行账户信息查询业务及在线签约业务等。用户可以通过该系统在网上银行办理多项跨行业务,并可及时了解业务的最终处理结果。

网上支付跨行清算系统可以将用户的所有银行账户归集到一家银行进行账户管理,通过统一的操作界面,用户即可查询、管理多家商业银行开立的结算账户资金余额和交易明细。使用超级网银,可直接向各家银行发送交易指令并完成汇款操作。而且对于企业用户来说,超级网银具有强大的资金归集功能,可在母公司结算账户与子公司的结算账户之间建立上划下拨关系。

(一)系统功能

网上支付跨行清算系统具有统一身份验证、跨行账户管理、跨行资金汇划、跨行资金归集、统一直联平台、统一财务管理流程、统一数据格式等七大功能。

网上支付跨行清算系统处理下列支付业务。

(1)网银贷记业务:付款人通过付款行向收款行主动发起的付款业务。具体包括:网银汇兑、网络购物、商旅服务、网银缴费、贷款还款、实时代付、投资理财、交易退款、慈善捐款等。

(2)网银借记业务:收款人根据事先签订的协议,通过收款行向付款行发起的收款业务。具体包括:实时代收、贷款还款等。

(3)第三方贷记业务:第三方机构接受付款人或收款人委托,通过网上支付跨行清算系统通知付款行向收款行付款的业务。具体包括:网络购物、商旅服务、网银缴费、贷款还款、实时代收、实时代付、投资理财、交易退款、慈善捐款等。

(4)中国人民银行规定的其他支付业务。

(二)重要作用与意义

网上支付跨行清算系统有以下重要意义。

(1)实现了 7×24 小时的工作模式,能够让用户在任何时间、任何地点,采取任何方式完成办理业务,是全时、高效的支付清算服务系统,为商业银行拓展各类中间业务创造便利条件。

(2)为银行金融机构提供了安全、高效的公共支付清算平台,是网上支付业务的发展与创新。

(3)促进电子商务的发展及支付服务市场的繁荣,为非金融支付服务机构提供了接入的渠道,为用户提供了灵活多样的支付方式。

四、境内外币支付系统

境内外币支付系统是我国首个支持多币种运营的外币支付系统,可以为境内银行业机构和外币清算机构提供外币支付服务。该系统由外币清算处理中心和相关业务系统共同构成。外币清算处理中心主要负责外币支付指令的系列流程,在逐层清算后分币种、分场次将结算指令提交给各结算银行(由人民银行指定或授权)进行结算。目前,外币清算处理中心由中国人民银行清算总中心负责运行和维护,具有代理资质的银行担任代理结算银行。

(一)主要法规

目前,中国人民银行对外币进行统一管理主要按照《境内外币支付系统管理办法(试行)》《境内外币支付系统业务处理规定(试行)》和有关国际标准进行。

(二)业务功能

与其他支付系统相比,境内外币支付系统支持多币种结算,以美元、港币、欧元等8个币种作为结算币种。采用"一点接入,一个账户"架构,银行以法人或境内管理行为单位"一点"接入系统,相应币种只需在代理结算银行开立一个结算账户即可。境内外币支付系统主要提供以下3类业务。

(1)境内跨行贷记业务:境内付款银行向收款银行发起的付款业务。业务范围限于中国境内,且必须是国家外汇管理局规定的可以用外币进行计价结算的外汇划转项目。

(2)轧差净额业务:由外币清算机构发起的为结算外币轧差净额的多边支付业务。

(3)付款交割业务:由证券存管机构发起的为同时完成外币债券交割与资金结算的业务。

(三)重要作用与意义

境内外币支付系统的建成具有以下重要意义。

(1)它是完善我国支付体系的一项重要举措,为众多商业银行提供了参与市场公平竞争的平台。

(2)有利于境内金融机构提高外币资金的运转效率,在一定程度上降低了资金成本,控制了清算和结算风险,增加了金融机构的经营效益。

(3)为有效支持宏观经济政策的决策和实施、维护金融稳定和金融信息安全具有较大意义。

五、同城票据交换(清算)系统

同城票据交换(清算)系统是指同一城市或区域范围内,各商业银行之间将相互代收、代付票据,定时(也可随时)、定点(人民银行建立的票据交换所)进行票据交换和资金清算的业务活动。全部同城跨行支付交易和大部分同城行内支付业务都先通过同城清算所所在的商业银行之间进行跨行清算后,再交由行内系统进行异地处理。

(一)系统参与者

在同城清算所辖区内的绝大多数银行分支机构都直接参加同城清算和结算处理。依据同城清算所成员间达成的协议,参与同城清算的银行分支机构具有如下特点:可以为每一家成员分支机构设立清算账户;商业银行较小的营业网点可使用其管理分行的清算账户;为一家商业银行开设一个账户,该银行在当地的所有机构都通过这同一个账户清算同城支付业务。此外,城市合作银行集中开设清算账户,供其成员机构共同使用。

(二)处理的交易类型

贷记和借记支付项目都可以交换和结算,其中支票占多数。依据《中华人民共和国票据法》,支票只允许在同一票据交换区域内使用。

(三)资金结算程序

支付交易的结算是通过商业银行分行开设在中央银行分行的账户之间的资金转账来完成的。因此,每一家银行内的联行清算(包括手工和电子两种方式)系统实际上是跨分行的支付系统。中央银行运行的同城票据交换(清算)系统处理和结算银行分行之间的支付交易。这些分行既可属于不同的银行,也可以是同一家银行的分支机构。各商业银行运行的电子汇兑系统对该银行各分支机构间的支付交易进行清算处理,但必须借助中央银行的系统来结算分行之间的债务。

(四)信用和流动风险

只有当所有参加者的净额轧差等于零时,人民银行才接受资金结算。系统不允许透支,即在贷记收款行账户之前,首先借记付款行账户,或在人民银行账簿上同时进行贷记和借记。一旦收款行账户被贷记,则认为支付最终完成。因此,从原则上讲,支付的处理不引起信用或流动风险。

(五)收费

同城清算所不以营利为目的,但参与者必须共同分担运行成本,费用根据业务量大小按比例分担。

(六)自动化清算所功能

随着信息化的发展,同城清算所的自动化程度正在不断提高。清分机设施、磁介质交换及数据通信网等技术改善了同城清算所系统。自动化清算所对进入系统的纸张支票、票据按接收银行来分类并打包;然后准备会计记录,按接收行轧差清算;最后完成票据清单打印。自动化清算所的核心设备是自动清分机。

1. 自动清算所的主要功能

自动化清算所的功能主要有:机器阅读、自动清分和应用软件。

2. 清分应用软件支持的应用类型

清分应用软件支持的应用如下。

(1)清分格式修改。

(2)清分处理。

(3)记账与结算支持。

(4)支持清分机。

(5)微缩影像。

(6)支持多媒体输出。
(7)支持批量文件和打印财务报表。
(8)背书、修改背书。

3. 自动清算所票据处理流程

自动清算所票据处理流程分为如下步骤。
(1)接收票据。
(2)输入票据。
(3)清分票据。
(4)打印汇总清单。
(5)生成磁带文件。
(6)票据打包。
(7)净额清算。

第三节 其他特许清算机构及其功能

一、人民币跨境支付系统

人民币跨境支付系统是处理人民币跨境清算、结算业务的系统。该系统一期于2015年成功上线运行,于2018年开始投产二期。截至2019年12月,人民币跨境支付系统拥有全球6大洲94个国家和地区共33家直接参与者,903家间接参与者,167个国家和地区的3000多家银行法人机构都可开展该系统业务[①]。

(一)系统功能及特点

人民币跨境支付系统能够支持跨境人民币业务,跨境货物贸易和服务贸易结算、跨境直接投资、跨境融资和跨境个人汇款等业务的处理。该系统主要的功能和特点如下[②]。

1. 运行时间全覆盖

为了满足全球各时区金融市场的交易和结算需求,中国人民银行为银行间货币市场加开夜盘,并且将人民币跨境支付系统运行时间调整为5×24小时+4小时。

2. 混合结算机制

将实时全额结算模式和定时净额结算模式相结合,对时效性强、金额大、逐笔发起的支付业务采用实时全额结算,对频次高、金额小、批量发起的支付业务采用定时净额结算,以满足参与者的差异化结算需要。

---

① 参见 CIPS 系统简介,http://www.cips.com.cn/cips/gywm/cipsxt/xtjj/index.html。
② 参见中国人民银行《人民银行有关负责人就人民币跨境支付系统(二期)答记者问》,http://www.pbc.gov.cn/goutongjiaoliu/113456/113469/3531173/index.html。

3.支持多种结算业务

为了满足金融市场的资金结算需要,人民币跨境系统可以开展人民币付款、付款交割结算、人民币对外币同步交收、中央对手集中清算和其他跨境人民币交易结算等业务。

4.参与者类型多样

人民币跨境支付系统不但引入了银行业金融机构和金融市场基础设施运营结构作为直接参与者,还能为境外直接参与者扩容。

(二)清算模式

人民币跨境清算模式主要包括清算行模式和代理行模式[①]。

1.清算行模式

在清算行模式下,所有清算银行需要通过接入大额支付系统完成跨境及离岸人民币清算服务,其中,港澳清算行直接接入大额支付系统,而其他清算行通过其总行或者母行接入大额支付系统。

2.代理行模式

在代理行模式下,境内代理行直接接入大额支付系统完成人民币跨境和离岸资金清算,境外参加行可通过在境内代理行开立的人民币同业往来账户接入大额支付系统。

(三)防范系统结算风险

人民币跨境支付系统为了防范系统结算风险,保障参与者跨境支付结算业务的安全性及资金账户的流动性,增设了以下功能[②]。

(1)设立直接参与者准入和退出机制。
(2)支持直接参与者按有关规定进行注资、调增、调减、同业拆借等行为。
(3)提供队列管理、余额预警、自动缺款通知等辅助管理功能。

二、中国银联银行卡跨行清算系统

中国银联银行卡跨行清算系统是处理全国范围内所有跨行银行卡支付清算业务的系统。

(一)系统功能

中国银联银行卡跨行清算系统通过大额支付系统办理资金清算,其主要功能如下[③]。
(1)及时、准确清分银联卡跨行业务。
(2)按时将清分轧差结果提交资金清算。

[①] 参见中国人民银行《人民币跨境支付系统(一期)答记者问》,http://www.pbc.gov.cn/goutongjiaoliu/113456/113469/2960456/index.html。
[②] 参见中国人民银行《人民银行有关负责人就人民币跨境支付系统(二期)答记者问》,http://www.pbc.gov.cn/goutongjiaoliu/113456/113469/3531173/index.html。
[③] 参见中国人民银行《银联卡跨行业务资金清算通过大额支付系统处理办法(试行)》,http://www.pbc.gov.cn/tiaofasi/144941/3581332/3582970/index.html。

(3)对银联卡资金清算进行风险监控和管理。
(4)向成员机构提供资金清算的相关服务。

(二)清算方式

中国银联银行卡跨行清算系统的支付清算包括清分和资金划拨两个环节。清分是指逐笔计算成功交易的本金及费用,再按清算对象汇总轧差,形成应收或应付金额。资金划拨是指通过特定的渠道和方式,完成应收应付资金的转移。其中,清算方式包括跨行清算和收单清算两种方式。

1. 跨行清算

跨行清算是针对收单机构和发卡机构的清算。

2. 收单清算

收单清算是代替收单机构针对商户和收单专业化服务机构的清算。

(三)清算风险

1. 流动性风险

针对流动性风险,银联采取了两方面的措施:一是建立了入网机构清算风险评估及监测制度,进行事前评估、事中监测、事后处置的全过程管理;二是制定了清算风险准备金筹集及使用规则。

2. 操作风险

针对操作风险,银联规范了清算岗位的操作规程,减少了操作过程中的人工干预。

3. 道德风险

针对道德风险,银联采取了三方面的措施:一是对关键性操作进行事先授权和事后复核,二是建立了清算操作的监督和审计制度,三是建立了IT(Information Technology,信息技术)内审制度。

4. 系统逻辑风险

针对系统逻辑风险,银联不断进行系统功能测试,并开展验收工作。

三、网联清算平台

网联清算平台是专门负责处理非银行支付机构与银行间的支付业务的公共清算平台。截至2018年底,已有424家商业银行、115家网络支付机构和7家预付卡支付机构接入网联清算平台[1]。截至2020年第二季度,网联平台共处理业务261274.67亿笔,金额78.65万亿元;日均处理业务14.01亿笔,金额8642.71亿元[2]。

---

[1] 参见中国人民银行《中国人民银行年报(2018)》,http://www.pbc.gov.cn/chubanwu/114566/115296/3869784/3870296/index.html。

[2] 参见中国人民银行《2020年第二季度支付体系运行总体情况》,http://www.pbc.gov.cn/goutongjiaoliu/113456/113469/4073797/index.html。

(一)平台功能

在网联清算有限公司、各大支付机构及商业银行的共同努力下,网联清算平台的建设取得了显著成效,平台的功能如下。

1. 提供统一的资金清算服务

为非银行支付机构与商业银行合作开展的网络支付业务提供统一、公共、安全、高效、经济的资金清算服务。为了提升中小银行、农村金融机构的综合服务能力,并减少中小支付机构与银行建立连接的建设成本和维护成本,多家中小银行与支付机构通过网联清算平台合作开展支付业务。目前,支付机构与商业银行合作开展的支付业务已全部通过网联和银联渠道进行处理。统一的清算平台显著改善了农村地区的网络支付环境,并促进移动支付方式的普及和推广。

2. 提高资金处理效率

各支付机构和银行借助网联清算平台,在中国人民银行的指导下开展"断直连"工作。其中单笔交易在网联清算平台处理平均耗时比直连模式快100毫秒,显著地提高了清算效率。

3. 集中存管客户备付金

在网联清算平台上线之前,支付机构与银行直连形成的代理清算模式,使得一些支付机构存在违规经营、挪用盗用客户备付金等问题,严重损害了客户的权益。网联清算平台为客户提供备付金集中存管服务,保障了客户的资金安全[1]。

4. 提高资金清算透明度

网联清算平台不但能促使行业机构资源共享、公平竞争[2],还能辅助政府部门监测资金流动,排查资金安全隐患,对洗钱、恐怖融资等违法犯罪活动实现精准打击,防范和化解相关风险。

(二)业务模式

网联清算平台基于分布式架构思想,在北京、上海、深圳三地各分别设立数据中心,平台主要的业务模式如下。

(1)多点接入。

(2)统一清算。

(3)多点对账。

四、城市商业银行资金清算中心系统

城市商业银行资金清算中心系统是为解决各地城市商业银行独立法人跨地域资金清算

---

[1] 参见中国人民银行《金融时报:从资金流动的"毛细血管"到"高速公路"中国现代化支付清算体系高标准建设运行》,http://www.pbc.gov.cn/kejisi/146812/146832/3685502/index.html。

[2] 参见网联清算有限公司简介,https://www.nucc.com/about.html。

不畅的问题而建立的统一、快速、安全的资金清算中心系统[①]。

(一)服务功能

城市商业银行资金清算中心有利于城市商业银行与城市商业银行、城市商业银行与其他金融机构之间加强合作,其提供的主要服务功能如下。

1. 资金清算服务

资金清算服务包括通存通兑、电子汇兑、城商行银行汇票、密码汇款、代收代付等[②]。

2. 系统运营服务

城市商业银行资金清算中心系统包括微信银行服务平台、移动网银服务平台、网上银行服务平台、票据交易系统和门户网站运营服务平台[③]。

3. 金融IT运营服务

金融IT运营服务为金融机构组织提供IT运营外包服务、主机系统托管服务、数据存储托管服务和基础设施托管服务[④]。

4. 特色代理服务

特色代理服务包括一点接入中国人民银行电子商业汇票系统和一点接入中国人民银行网上支付跨行清算系统[⑤]。

5. 咨询培训服务

城市商业银行资金清算中心系统为客户提供免费的专业咨询和系统培训服务[⑥]。

6. 增值服务

城市商业银行资金清算中心系统为客户提供手机银行、基金直销、在线支付等增值服务[⑦]。

(二)接入步骤

接入城市商业银行资金清算中心业务系统的步骤如下。

(1)签订协议。

(2)开通专线、购置设备。

[①] 参见城市商业银行资金清算中心"中心简介"相关内容,http://www.ccfccb.cn/ccfccb/zxgk/zxjj/index.html。
[②] 参见城市商业银行资金清算中心"资金清算服务"相关内容,http://www.ccfccb.cn/ccfccb/fwgn/zjqsfw/92004/index.html。
[③] 参见城市商业银行资金清算中心"系统运营服务"相关内容,http://www.ccfccb.cn/ccfccb/fwgn/xtyyfw/index.html。
[④] 参见城市商业银行资金清算中心"金融IT运营服务"相关内容,http://www.ccfccb.cn/ccfccb/fwgn/tsdlfw/92059/index.html。
[⑤] 参见城市商业银行资金清算中心"特色代理服务"相关内容,http://www.ccfccb.cn/ccfccb/fwgn/tsdlfw/92054/index.html。
[⑥] 参见城市商业银行资金清算中心"咨询培训服务"相关内容,http://www.ccfccb.cn/ccfccb/fwgn/zxpxfw/92063/index.html。
[⑦] 参见城市商业银行资金清算中心"增值服务"相关内容,http://www.ccfccb.cn/ccfccb/fwgn/zzfw/92067/index.html。

(3)行内系统接口开发与应用改造。

(4)接口验收申请。

(5)业务联调测试。

(6)上线申请。

(7)正式上线。

五、农信银资金清算中心业务处理系统

农信银资金清算中心业务处理系统是为全国农村中小金融机构提供跨省实时资金清算服务的系统。目前,全国近8万家农村信用社、农商银行、农村合作银行、村镇银行等农村中小金融机构已接入农信银资金清算中心业务处理系统。

(一)服务功能

农信银资金清算系统的运行有利于改善农村的支付服务环境、促进城乡金融资源均等化发展[1],其提供的主要服务功能如下[2]。

(1)农信银支付清算。

(2)农信银共享电子商业汇票。

(3)农信银共享网上银行。

(4)农信银共享手机银行。

(5)农信银共享网上支付跨行清算。

(6)农信通自助金融服务。

(7)农信银 CA(Certificate Authority,证书颁发机构)证书系统。

(8)农信银共享云灾备服务。

(二)支付清算系统

根据全国农村金融机构支付结算业务需求,农信银资金清算系统为所有成员机构提供支付清算和信息服务,7×24 小时不间断运行。其主要提供的业务如下[3]。

(1)电子汇兑业务。

(2)个人账户通存业务。

(3)个人账户通兑业务。

(4)对公账户通存业务。

(5)银行汇票业务。

(6)城乡通业务。

(7)行业销售类贷记业务。

(8)行业销售类借记业务。

---

[1] 参见农信银资金清算中心"中心简介"相关内容,http://jznsyh.hbxh.com.cn/nxy/489416/489454/index.html。

[2] 参见农信银资金清算中心"产品介绍"相关内容,http://jznsyh.hbxh.com.cn/nxy/489424/index.html。

[3] 参见农信银资金清算中心"农信银支付清算系统"相关内容,http://jznsyh.hbxh.com.cn/nxy/489424/489527/index.html。

(9)商城类借记业务。
(10)第三方转账业务。
(11)协议付款业务。
(12)消费业务。
(13)预授权业务。
(14)IC卡电子现金业务。
(15)信息类业务。

第四节　金融市场交易系统及其功能

一、中央国债登记结算公司业务系统

(一)主要法规

依据中国人民银行《全国银行间债券市场债券交易管理办法》和《银行间债券市场债券登记托管结算管理办法》，由中央国债登记结算有限责任公司通过其业务系统进行国债的托管和结算。

(二)业务功能

该系统除了办理债券的登记和托管业务外，还进行债券发行，债券现货合同、回购合同和抵押业务的招标、投标处理，以及债券的交割过户等。

(三)系统的操作

通过联网的计算机网络，联网客户可以在系统中开设证券账户和资金账户。

(四)交易处理环境

该系统可以由用户双方选择"纯券过户"或"钱券对付"的结算方式。撮合配对的交割指令在指定的交割日办理交割。采用同日内"钱券对付"方式时，结算成员必须事先缴存结算备用金。今后将计划采用银行资金转账的方式办理证券的同步交付。

(五)结算过程

交割日初，先将应交债券进行试交割。过户后暂时冻结。在日终，如果完成相应的资金转账或经银行确认，则证券交割完成。

(六)钱券对付安排

证券不足时，不进行相应的资金交收。资金账户余额不足时，应停止相应的债券过户。

(七)信用和流动性风险

证券交割和资金转账同日进行,只有当资金转账完成时,证券过户才最终生效。

二、全国银行间外汇交易系统(中国外汇交易中心)

依据《中华人民共和国外汇管理条例》《银行间人民币外汇市场交易规则》《银行间外汇市场职业操守和市场惯例指引》《银行间外汇市场职业操守和市场惯例专业委员会工作章程》等相关法律法规,由全国银行间外汇交易系统实现银行间外汇市场的交易及相关业务。

(一)业务功能

该系统可以组织外汇交易币种、品种的买卖,办理外汇交易的清算交割,提供外汇市场信息服务,以及国家外汇管理局授权的其他职能。

(二)系统操作

该外汇交易系统的操作方式取决于不同的交易模式。当采用竞价交易时,做市商会把买卖价格录入交易系统,交易系统自己匹配最优的买卖报价,会员需要通过一次点击、匿名询价或限价订单方式完成交易;当采用询价交易时,会员可以和做市商协商交易的币种、金额、价格等要素,达成交易后双方自动清算。

(三)交易产品

系统可以进行即期、远期和掉期产品的交易。我国银行间外汇市场中即期和掉期交易所占比重超过90%。

(四)清算过程

竞价交易采用集中清算,即达成交易后,会员以交易中心为中央清算对手方,与交易中心办理资金清算。询价交易采取双边清算的方式,即交易双方按约定的交易要素办理资金清算。

三、全国银行间同业拆借交易系统(中国外汇交易中心)

依据中国人民银行《同业拆借管理办法》《银行间人民币外汇市场交易规则》《全国银行间同业拆借中心银行间市场到期违约债券转让规则》《全国银行间同业拆借中心国开债做市支持业务操作规程》等相关法律法规,由全国银行间拆借交易系统进行短期资金拆借活动。

(一)业务功能

该系统可以为交易成员提供报价、成交、风险管理、清算管理、信息查询等服务,此外,该系统还履行了市场日常监测和统计的职责。

(二)系统操作

该系统是一个联网的计算机网络,这里简单介绍联网和终止联网的程序。想要申请联网进行拆借交易的金融机构需满足3个条件：第一，中国人民银行批准进入拆借市场；第二，金融机构同意遵守相关规则制度；第三，金融机构达到必备的技术条件。满足上述条件后，金融机构应提交中国人民银行的同意批复、联网申请表等材料。当交易成员具备以下3个条件之一，即可终止联网：第一，中国人民银行决定该交易成员退出；第二，交易成员受到终止联网的违规处理；第三，交易成员提交终止联网申请。

(三) 交易方式

该系统的交易方式以询价交易为主。交易双方需要按照双边授信的要求，自行协商以确定交易价格，并完成报价、格式化询价和确认成交3个步骤。

(四) 清算过程

若交易成员选择该系统为其提供清算服务，则可以通过该系统查询清算信息。

(五) 风险管理

为确保交易安全，系统会根据交易成员所设额度进行成交前检验。一旦拆借金额超出预设额度，系统将不予确认成交。

四、上海清算所综合业务系统

上海清算所主要按照国际清算银行与国际证监会组织颁布的《金融市场基础设施原则》来提供本外币及衍生产品相关的交易服务。

(一) 业务功能

该系统的主要业务包括中央对手清算和登记托管结算，具体体现在为本外币及衍生产品的交易提供登记、托管、清算、结算、交割等服务。

(二) 系统操作

该系统可以进行用户岗位管理、交易管理、结算管理、资金管理、抵押品管理、风险监控、含权债管理、综合查询等操作。

(三) 清算过程

作为中国人民银行认定的中央对手方，上海清算所提供集中清算业务，包括要素匹配、清算确认、计算清算参与者债权债务、发送结算指令等。

(四) 风险管理

为防范风险，提高效率，上海清算所从多方面采取了风险管理措施，包括会员资信评估、清算限额、合规检查、保证金、逐日盯市、违约处理等。

五、中国票据交易系统（上海票据交易所）

中国票据交易系统主要依据《中华人民共和国票据法》《票据管理实施办法》《电子商业

汇票系统管理办法》，来提供票据交易服务。

(一)业务功能

该系统具备票据报价交易、登记托管、清算结算、信息服务、再贴现等职能。

(二)系统操作

该系统由上海票据交易所建设并管理，依托网络和计算机技术联网，包含多个业务的子系统，用户登录该系统后，可以通过选择需要办理的业务完成操作，如纸票登记、再贴现、托管账务、贴现通、清算结算等。

(三)交易方式

为达成票据交易，该系统包括询价、匿名点击和点击成交等交易方式。询价交易方式包括报价、询价、格式化交谈和确认成交等步骤。采用匿名点击的交易方式时，系统按照"价格优先、时间优先"的原则自动匹配，未匹配的报价可供直接点击。采用点击成交的交易方式时，交易成员向全市场匿名发送包含全部交易要素的点击成交报价，对手方直接点击成交即可。

(四)清算过程

清算过程取决于结算方式。若采用"钱券对付"的结算方式，系统会根据成交单为交易双方办理清算；若结算方式是纯券过户的交易，系统仅为其办理票据权属变更登记。

六、中央证券登记结算公司业务系统

上海证券交易所的场内股票、证券交易通过中国证券登记结算有限责任公司上海分公司办理结算；深圳证券交易所的场内股票和证券交易通过中国证券登记结算有限责任公司深圳分公司办理。对证券交易的结算遵循《中华人民共和国证券法》、证监会发布实施的《证券登记结算管理办法》和结算公司有关的业务规定进行。

(一)业务功能

中国证券登记结算有限责任公司(以下简称中国结算)的主要业务包括如下内容。
(1)证券账户、结算账户的设立和管理。
(2)证券的存管和过户。
(3)证券持有人名册登记及权益登记。
(4)证券和资金的清算交收及相关管理。
(5)受发行人的委托派发证券权益。
(6)依法提供与证券登记结算业务有关的查询、信息咨询和培训服务。
(7)中国证监会批准的其他业务。

(二)交易处理环境

每个投资者在中央结算公司股东登记系统中开设证券账户。证券实行集中托管，逐笔交割。资金结算系统在 T+0 完成证券交易的资金支付与收讫结算。资金结算采用二级结算体制,净额结算。对于 B 股的资金清算采用 T+1 规则,对境外证券商和托管银行实行逐项交收。股票交易经纪人通过计算机终端输入交易指令,交易由系统自动撮合完成。每个工作日交易时间为上午 9:30—11:30,下午 1:00—3:00。

(三)结算过程

结算分为清算和交收两个环节。在清算过程中,交易双方根据交易结果计算在结算日所需要付的和所得的证券及资金数量,进而根据清算结果组织双方进行证券交付和资金交付的交收过程。整个交收过程为两级清算交收,中国结算以分级结算的方式,仅与结算参与人(证券公司、银行和其他机构)进行集中清算来完成一级清算交收。而结算参与人负责与消费者进行清算来完成二级清算交收,委托中国清算代为划拨证券(见图 2-1)。

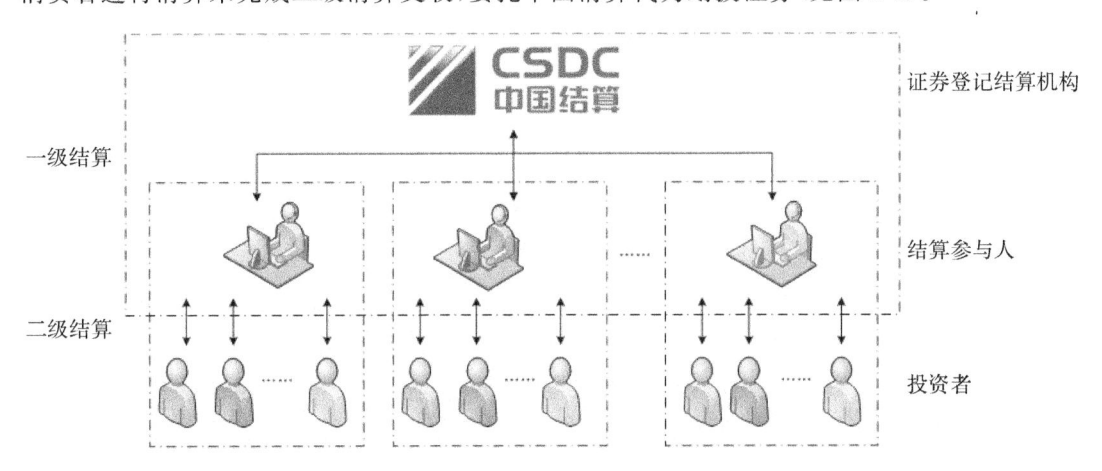

图 2-1 中国结算分级结算构架

资料来源:中国结算官方网站,http://www.chinaclear.cn/zdjs/ywjs/201306/1c6ed41ccf7946d5bbd288f74a53cceb.shtml。

在实践中,中国结算按照分级结算原则进行证券结算。目前,A 股交易的交收周期是 T+1,即 T 日(交易日)达成的 A 股交易,将在次一交易日完成交收;B 股交易的交收周期是 T+3。

(四)DVP 原则和 CCP 原则

净额结算或钱券对付原则 DVP 原则:中国结算在结算过程中采取净额结算的方式,对各参与人的应收应付资金或证券进行冲抵查轧差,当双方交付其应付资金或证券,中国结算才会支付。

共同对手方(Central Counter Parties,CCP)原则:中国结算在结算过程中成为买卖双方的对手,根据业务规则管理市场中对手方的信用风险,保证交易顺利完成,达到降低市场风险的目的。

(五)结算风险管理

证券的结算过程存在不能按时交收或交收失败等风险,结算公司有一系列的业务制度会对此类风险进行管理。对于结算参与人的违约行为,结算公司会采取计收利息和违约金政策,还会报告给证监会等相关部门;证券交收违约条款制度、回购质押库制度等都是结算公司对不同结算品种及结算的风险所采取的管理制度。

本章小结

我国支付系统的功能集金融支付服务、支付资金清算、金融经营管理和货币政策职能于一体,是我国金融业跨行、跨部门的综合性金融服务系统。本章对中央银行现行支付系统中的各个应用系统进行了介绍。

1.支付系统全国处理中心是控制支付系统运行,管理国家金融网络通信、接收、结算、清算支付业务的国家级处理中心。

2.小额批量支付系统是处理票据可以截留的同城和异地借记、贷记支付交易的电子支付系统。

3.大额实时支付系统是为中央银行清算账户资金而设计的资金划拨系统,是大额且实时的,是银行为自身或为其客户进行大额贷记资金的支付系统。

4.网上支付跨行清算系统通过构建"一点接入、多点对接"的系统架构,实现个人账户集中管理和企业"一站式"网上跨银行财务管理。可以将用户的所有银行账户归集到一家银行进行账户管理,通过统一的操作界面,用户即可查询、管理多家商业银行开立的结算账户资金余额和交易明细。

5.境内外币支付系统是我国首个支持多币种运营的外币系统,可以为境内银行业机构和外币清算机构提供外币支付服务。

6.同城票据交换(清算)系统是指同一城市或区域范围内,各商业银行之间将相互代收、代付票据,定时(也可随时)、定点(人民银行建立的票据交换所)进行票据交换和资金清算的业务活动。

7.自动化清算所对进入系统的纸张支票、票据进行按接收银行来分类并打包;然后准备会计记录,按接收行轧差清算;最后完成票据清单打印。自动化清算所的核心设备是自动清分机。

关键词汇总

1.支付业务的接收人:支付系统中支付业务最终接收单位和个人。

2.支付业务的发起行:在下层支付服务系统柜台接收支付发起人提交的支付业务,将其提交上层支付资金清算系统,并对发起人账户进行结算处理的银行和非银行金融机构。

3.支付业务接收行:接收上层支付资金清算系统支付指令,并对支付业务接收人账户进行结算处理的银行和非银行金融机构。

4.支付指令发报行:接收支付业务发起行的支付指令,转发至支付系统全国处理中心,并对清算账户进行逻辑控制和完成必要账务核算的中央银行基层营业机构。

5. 支付指令收报行：接收支付系统全国处理中心的支付指令，转发至下层支付服务系统接收行，并对清算账户进行逻辑控制和完成必要账务核算的中央银行基层营业机构。

6. 人民币跨境支付系统：是处理人民币跨境清算、结算业务的系统。

7. 中国银联银行卡跨行清算系统：是处理全国范围内所有跨行银行卡支付清算业务的系统。

8. 网联清算平台：是专门负责处理非银行支付机构与银行间的支付业务的公共清算平台。

9. 城市商业银行资金清算中心系统：是为解决各地城市商业银行独立法人跨地域资金清算不畅的问题，而建立的统一、快速、安全的资金清算中心系统。

10. 农信银资金清算中心业务处理系统：是为全国农村中小金融机构提供跨省实时资金清算服务的系统。

本章习题

1. 比较支付系统内各系统的功能。
2. 简述金融市场交易各子系统应遵循的法律法规。

第三章

支付工具

第一节 支付工具

支付工具是客户和银行办理支付业务,进行资金结算和清算的法律依据。为了方便不同类型的经济交往活动,必须有与之相适应的不同使用方式的支付工具,以便客户能够灵活地选择成本低、安全性高、完全适应支付特点的支付工具。

一、支付工具类型

支付工具有各种不同的类型,我们根据其不同特点,做如下分类。

(一)按物理表现形式分

按照支付工具的物理表现形式,可将其分为如下类别。
(1)支票。
(2)纸基贷记凭证。
(3)电子贷记。
(4)直接电子借记。
(5)ATM 卡和 POS 卡。

(二)按应用特点分

按应用特点分,可将支付工具分为如下类别。
(1)借记支付工具:如支票、直接借记等。
(2)贷记支付工具:如纸张贷记、电子贷记等。
(3)其他支付工具:如借记卡、贷记卡等。

(三)按应用范围分

按应用范围分,可将支付工具分为如下类别。
(1)同城支付工具。
(2)异城支付工具。

二、选择使用支付工具的原则

由于文化差异,不同国家选择支付工具时的出发点差别很大,但选择支付工具的一般原则,则大同小异。通常来说,有如下基本原则。

(1)支付工具要适应自动化处理的要求。
(2)支付工具能满足不同金额的支付需要。
(3)尽量减少支付工具类型。
(4)在一国,通常以常用的几种支付工具为主。

三、支付工具概况

从应用特点来看,主要的支付工具有如下几种。

(一)借记工具

借记支付工具,主要有支票、银行汇票、银行本票、定期借记和预先授权借记工具。
(1)支票:用于同城范围内商业和个人消费支付。
(2)银行汇票:用于异地商业、消费和其他支付。
(3)银行本票:用于同城商业和个人消费。
(4)定期借记和预先授权借记:用于同城或异地,如房租水电费、税费支付。

(二)贷记工具

贷记支付工具,主要有汇兑、委托收款、定期贷记和直接贷记。
(1)汇兑:用于商业、政府、银行间或个人消费者资金划拨和支付。
(2)委托收款:用于同城和异地的商业支付。
(3)定期贷记、直接贷记:用于同城或异地结算。

(三)其他工具

其他支付工具,主要有商业汇票、邮政信汇和 ATM/POS 卡。
(1)商业汇票:用于企业之间的委托付款支付(非银行发起)。
(2)邮政信汇:银行委托外国邮局转汇的一种特殊的双重信汇方式。
(3)ATM/POS 卡:主要为借记卡和贷记卡。

第二节 我国的支付工具

本节,我们将根据各支付工具的不同特点,对我国支付工具做具体的介绍。

一、票据

(一)票据概述

随着金融体制改革和银行结算制度改革的深化,我国在20世纪80年代末期建立起了以汇票、本票、支票和信用卡"三票一卡"为主体的新的结算制度,允许票据在经济主体之间使用和流通。尤其是我国在20世纪90年代初确立了社会主义市场经济体制以后,票据得到了普遍的推广和广泛的运用。近年来,我国票据市场快速发展,对拓宽企业融资渠道、健全多层次金融市场体系发挥了重要推动作用。2016年12月8日,中国人民银行批准设立了上海票据交易所股份有限公司。作为一个全国性的统一票据交易平台,上海票据交易所具备了票据交易、登记托管、清算结算、信息服务等各种功能,类似的全国性平台建立,将有效促进票据市场透明度和交易效率的提升,同时也对更好防范票据业务风险、进一步完善中央银行金融调控、优化货币政策传导机制、增强金融服务实体经济的能力起到积极的推进作用。

(二)票据的概念和特征

票据是指出票人约定自己或委托付款人,在见票时或在指定的日期向收款人或持票人无条件支付确定金额的支付工具,包括汇票、本票和支票。

票据行为具有4个特征:①要式性。票据行为必须依照票据法的规定在票据上载明法定事项并交付。②无因性。票据行为不因票据的基础关系无效或有瑕疵而受影响。③文义性。票据行为的内容完全依据票据上记载的文义而定,即使其与实质关系的内容不一致,仍按票据上的记载而产生效力。④独立性。票据上的各个票据行为各自独立发生效力,不因其他票据行为的无效或有瑕疵而受影响。

(三)票据的主要类别

1. 汇票

汇票是出票人签发的,委托付款人在见票时或者在指定日期无条件支付确定的金额给收款人或者持票人的票据。按照出票人的不同,汇票分为银行汇票和商业汇票。由银行签发的汇票为银行汇票,由银行以外的企业、单位等签发的汇票为商业汇票。

(1)银行汇票

银行汇票是银行应汇款人的请求,在汇款人按规定履行手续并交足保证金后,签发给汇款人,由其交付给收款人的一种汇票。银行汇票的基本当事人只有两个,即出票人和收款人,银行既是出票人,又是付款人。银行汇票是由企业单位或个人将款项交存银行,由银行给其签发持往异地办理转账结算或支取现金的票据。银行汇票具有票随人到、方便灵活、兑付性强的特点,因此银行汇票深受广大企事业单位、个体经济户和个人的欢迎,其使用范围广泛,使用量大,对方便异地采购起到了积极的作用。

银行汇票是以纸张汇票形式发出的。汇票解付后,出票行与代理付款行之间的资金清算是通过各商业银行行内电子汇兑系统处理的。为扩大票据的使用,增强中小金融机构的结算功能,畅通汇路,中国人民银行于2000年发布了《支付结算业务代理办法》,规定部分因分支机构少,兑付汇票难的中小金融机构,可以实行代理制。主要有两种做法:一是采用签发本行银行汇票并委托他行代理兑付,二是采取由他行代理签发银行汇票的方式。从1989年起,人民银行为增加中小金融机构结算功能,对交通银行等股份制商业银行向未设机构的地区签发跨系统银行汇票,实行由人民银行代理兑付制度。自2000年人民银行推行支付结算业务代理制以来,原由人民银行代理兑付跨系统银行汇票的股份制商业银行陆续与国有商业银行建立了代理关系,签订了代理兑付银行汇票业务的协议。鉴于此,人民银行于2004年发布了《关于中国人民银行停止代理商业银行兑付跨系统银行汇票的通知》,明确从2004年4月1日起,人民银行停止办理股份制商业银行签发的跨系统银行汇票的代理兑付业务。汇票的代理兑付业务,由商业银行按照《支付结算业务代理办法》的有关规定相互代理。

(2)商业汇票

商业汇票是企事业单位等签发的,委托付款人在付款日期无条件支付确定金额给收款人或持票人的一种汇票。商业汇票一般有3个当事人,即出票人、付款人和收款人。按照承兑人的不同,商业汇票又分为商业承兑汇票和银行承兑汇票。由银行承兑的汇票称为银行承兑汇票,由银行以外的企事业单位等承兑的汇票称为商业承兑汇票。

商业汇票是适用于企业单位先发货后付款或双方约定延期付款的商品交易。这种汇票经过购货单位或银行承诺付款,承兑人负有到期无条件支付票款的责任,对付款人具有较强的约束力。购销双方根据需要可以商定不超过6个月的付款期限。购货单位在资金暂时不足的情况下,可以凭承兑的汇票购买商品。销货单位急需资金时,可持承兑的汇票向银行申请贴现。销货单位也可以在汇票背面背书后转让给第三者,以支付货款。

2.本票

本票是出票人签发的,承诺自己在见票时无条件支付确定的金额给收款人或者持票人的票据。银行本票是申请人将款项交存银行,由银行签发给其凭以办理同一票据交换区域内转账或支取现金的票据。本票的基本当事人有两个,即出票人和收款人。银行本票是1988年中国人民银行全面改革银行支付结算制度后推出的一种新的支付结算工具。银行本票使用方便,费用低廉,适用范围广泛。在目前居民个人买车、买房、购买基金等交易领域,其支付方式大多是从一家银行取出大额现金,再缴存到另一家银行,存在大量的"现金搬家"现象,造成人力资源的巨大浪费和资金安全隐患。银行本票对于这类交易支付尤其合适,只需付款行签发一张银行本票,交由收款行存入即可完成。

3.支票

支票是由出票人签发的,委托办理支票存款业务的银行或者其他金融机构在见票时无条件支付确定金额给收款人或者持票人的票据。支票的基本当事人有3个:出票人、付款人和收款人。支票作为较为重要的非现金支付工具,用于支取现金和转账。在同一城市范围内的商品交易、劳务供应、清偿债务等款项支付,均可以使用支票。

支票通过同城票据交换(清算)系统提交签发人开户银行审核后付款。持票人委托开户行收款时,开户行将所有委托收款的支票通过同城票据交换所提交给出票人开户行。如果在规定的退票时间(隔场交换)内没有退票,收款人开户行即将款项转入收款人账户内。目前,中国的各城市均建立了票据交换所,北京和天津、上海和南京、广州和深圳等地还打破行政区划,建立了区域性票据交换中心。

为加强支票的风险管理,人民银行规定,对出票人签发空头支票、签章与预留银行签章不符的支票,银行应予以退票,并按票面金额处以5%但不低于1000元的罚款;持票人有权要求出票人赔偿支票金额2%的赔偿金。对屡次签发空头支票的,银行应停止其签发支票。

个人支票具有现金和银行卡结算方式无法比拟的优势,在居民主动缴纳水、电、煤气、电话、学费等费用时具有较大的优势。个人支票有利于商业银行开拓个人金融业务,减少现金流通,提高社会信用。但随着电子支付的完善和不断推广深入,个人支票的推广使用并未得到飞速的发展。

近年来,我国的票据业务量持续下降,但电子商业汇票系统业务量快速增长(见图3-1)。

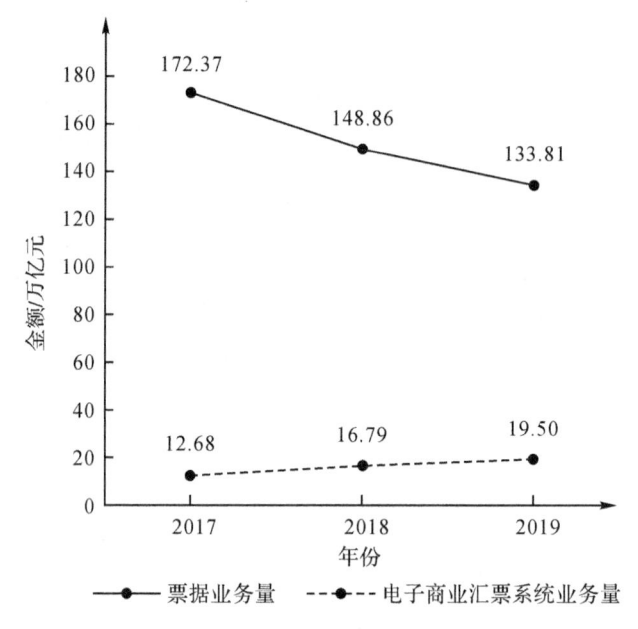

图3-1 2017—2019年票据业务量变化趋势

根据中国人民银行的统计数据[①],我们将2020年第一、第二季度全国票据业务的情况进行了汇总,如表3-1所示。其中,主要票据业务(包括汇票、本票、支票)第一季度的结算笔数为3460.54万笔,结算金额为30.11万亿元;第二季度的结算笔数为3567.52万笔,结算金额为29.75万亿元。并绘制了第一季度全国主要票据业务组成图(见图3-2)和电子商业汇票系统业务组成图(见图3-3)。

---

① 参见中国人民银行《2020年第二季度支付体系运行总体情况》,http://www.pbc.gov.cn/goutongjiaoliu/113456/113469/4073797/index.html。

表 3-1　2020 年第一、第二季度全国票据业务汇总

类别			季度	结算（出票）笔数/万笔	结算（出票）金额/万亿元
主要票据业务	汇票	商业汇票	第一季度	578.20	5.14
			第二季度	588.02	4.66
		银行汇票	第一季度	2.82	0.04
			第二季度	5.09	0.03
	本票		第一季度	9.72	0.11
			第二季度	10.61	0.12
	支票业务		第一季度	2869.80	24.82
			第二季度	2963.80	24.94
电子商业汇票	出票		第一季度	479.79	5.83
			第二季度	525.62	5.45
	承兑		第一季度	491.72	5.96
			第二季度	535.76	5.59
	贴现		第一季度	182.58	4.35
			第二季度	177.98	3.49
	转贴现		第一季度	257.60	12.20
			第二季度	296.86	13.3
	质押式回购		第一季度	39.93	3.57
			第二季度	63.61	5.65
	买断式回购		第一季度	0.65	0.03
			第二季度	1.66	0.07

资料来源：参见中国人民银行《2020 年第一季度支付体系运行总体情况》，http://www.pbc.gov.cn/goutongjiaoliu/113456/113469/4036580/index.html；中国人民银行《2020 年第二季度支付体系运行总体情况》，http://www.pbc.gov.cn/goutongjiaoliu/113456/113469/4073797/index.html。

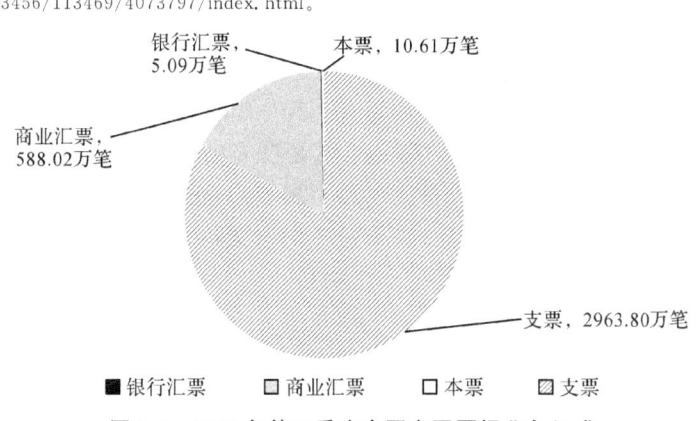

图 3-2　2020 年第二季度全国主要票据业务组成

资料来源：根据中国人民银行《2020 年第二季度支付体系运行总体情况》绘制，http://www.pbc.gov.cn/goutongjiaoliu/113456/113469/4073797/index.html。

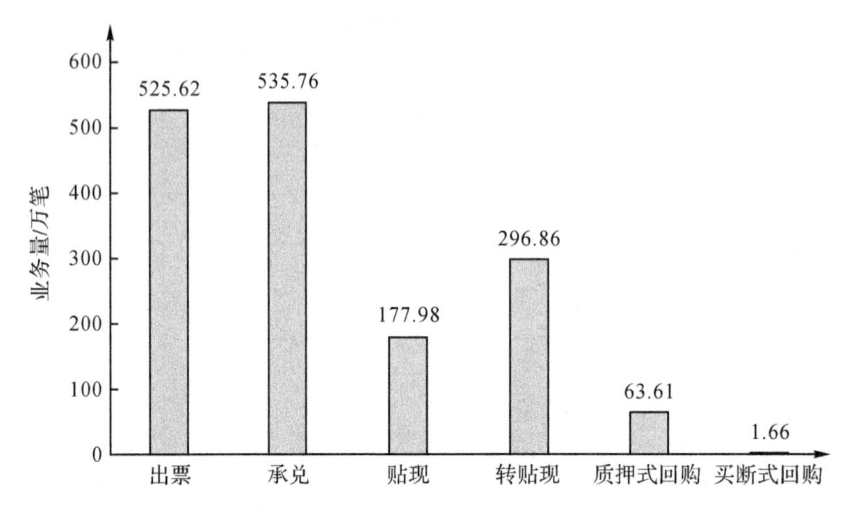

图 3-3　2020 年第二季度电子商业汇票系统业务组成

资料来源：根据中国人民银行《2020 年第二季度支付体系运行总体情况》绘制，http://www.pbc.gov.cn/goutongjiaoliu/113456/113469/4073797/index.html。

目前，我国票据业务发展呈现出以下特点：一是票据业务步入电子化创新阶段，商业银行及第三方金融机构纷纷开展互联网票据业务[①]；二是票据融资已成为中小企业重要的短期直接融资渠道，供应链票据、标准化票据等票据创新业务不断被提出，有助于以市场方式缓解中小企业融资难的问题；三是票据业务在各金融机构之间发展不平衡，中小金融机构及股份制商业银行占有的市场份额较大；四是票据市场受互联网金融的影响，面临的风险加剧。

二、卡基支付工具

卡基支付工具包括借记卡、贷记卡和储值卡。

(一)借记卡

借记卡是指由商业银行向社会发行的具有消费信用、转账结算、存取现金等全部或部分功能的支付工具，不能透支。

(二)贷记卡

贷记卡是由银行或信用卡公司向资信良好的个人和机构签发的一种信用凭证，持卡人可在指定的特约商户购物或获得服务。信用卡既是发卡机构发放循环信贷和提供相关服务的凭证，也是持卡人信誉的标志，可以透支。按照授信程度的不同，贷记卡分为真正意义上的贷记卡和准贷记卡。贷记卡是指发卡银行给予持卡人一定的信用额度，持卡人可在信用额度内先消费、后还款的信用卡。准贷记卡是指持卡人须先按发卡银行要求交存一定金额的备用金，当备用金账户余额不足以支付时，可在发卡银行规定的信用额度内透支的信用卡。

[①] 张宇婷.互联网背景下商业银行票据业务发展研究[J].商场现代化，2020(18)：179-181.

(三) 储值卡

储值卡是指非金融机构发行的具有电子钱包性质的多用途卡种,不记名,不挂失,适应小额支付领域。

在所有卡基支付工具中,银行发行的借记卡和贷记卡是卡基支付工具的主体。习惯上,我们将银行发行的借记卡和贷记卡统称为银行卡。目前,在我国银行卡中,借记卡占据其中的绝大部分,91%的银行卡是借记卡。2004年1月18日,中国人民银行批准内地银行发行的有"银联"标识的人民币银行卡在香港地区使用,这是我国银行卡业务发展中的又一个新的重大突破。内地为香港银行开办个人人民币业务提供清算安排的相关工作取得了初步成效。

电子钱包性质的储值卡基本上是由非金融机构发行的。卡基电子货币已越来越多地用于公共交通、高速公路收费、汽车租赁、旅游集散地、停车场、加油站及超市,并扩大到了公用事业收费等。储值卡的资金清算,由发行者为商户提供交易数据处理的服务,并借助银行完成发行者与商户之间的资金划转。

三、电子支付工具

广义的电子支付工具包括卡基支付工具、网上支付工具和移动支付工具(手机支付)等。随着电子银行的兴起和微电子技术的发展,电子支付技术日趋成熟,电子支付工具品种不断丰富。电子支付工具从其基本形态上看是电子数据,它以金融电子化网络为基础,通过计算机网络系统以传输电子信息的方式实现支付功能,利用电子支付工具可以方便地实现现金存取、汇兑、直接消费和贷款等功能。

(一) 网上支付

网上支付是指人们通过互联网完成支付的行为和过程,通常情况下仍然需要银行作为中介。在典型的网上支付模式中,银行建立支付网关和网上支付系统,为客户提供网上支付服务。网上支付指令在银行后台进行处理,并通过传统支付系统完成跨行交易的清算和结算。在传统的支付系统中,银行是系统的参与者,客户很少主动地参与到系统中;而对于网上支付系统来说,客户成为系统的主动参与者,这从根本上改变了支付系统的结构。常见的网上支付模式有网银模式、银行支付网关模式、第三方支付模式等。

(二) 移动支付

移动支付是指利用移动设备(如移动电话、智能电话、个人数字助手或可穿戴式设备)和无线通信技术(如移动电信网络或近场技术)实现转账、缴费和购物支付等交易的活动[1]。当前,移动支付的主要表现形式为手机支付,其中,于2004年上线的支付宝和2013年上线的微信支付占据我国移动支付平台的前两位,为消费者提供便捷的交易、支付和清算服务[2]。

---

[1] KIM C,MIRUSMONOV M,LEE I. An empirical examination of factors influencing the intention to use mobile payment[J]. Computers in human behavior,2010(26):310-322.

[2] 李礼辉.中国支付史C端的五个第一[J].中国金融,2020(19):110-112.

移动支付的支持主体可以是运营商,也可以是银行或第三方支付平台(详见第四章第七节相关内容)。无论是哪种运营机制,都离不开无线运营商。因此,手机支付系统主要涉及三方:消费者、商家及无线运营商。由此,手机支付系统大致可分为 3 个部分,即消费者前端消费系统、商家管理系统和无线运营商综合管理系统。以下简述各系统功能。

1. 消费者前端消费系统

消费者前端消费系统可保证消费者顺利地购买到所需的产品和服务,并可随时观察消费明细账、余额等信息。

2. 商家管理系统

商家管理系统可以随时查看销售数据及利润分成情况。

3. 无线运营商综合管理系统

无线运营商综合管理系统是手机支付系统中最复杂的部分,包括两个重要子系统:鉴权系统和计费系统。它既要对消费者的权限、账户进行审核,又要对商家提供的服务和产品进行监督,看是否符合所在国家(地区)的法律规定。此外最重要的是,它为利润分成的最终实现提供了技术保证。

四、其他支付工具

除票据、卡基支付工具和电子支付工具外,目前银行客户使用的其他结算方式主要有现金支付、汇兑、托收承付、进出口托收、委托收款、定期借记和直接贷记等。此外,法定数字货币也已投入试点。

(一)现金支付

在中国,现金主要是指流通中的现钞,是由中国人民银行依法发行流通的人民币,包括纸币和硬币。目前,在信用流通中存在 6 种纸币货币面额(1 元、5 元、10 元、20 元、50 元、100 元)和 3 种硬币面额(1 角、5 角和 1 元)。此外,人民银行每年还会根据一些重大题材,不定期地发行一定数量的可流通纪念币(钞)。现金基本上分布在城乡居民个人和企事业单位手中,只有极少部分现金流到境外。

在中国,现金交易大部分发生在储蓄存取款、消费性现金支出、农副产品收购现金支出等领域。随着经济改革的逐步推进,特别是进入 20 世纪 90 年代以来,现金流通规律发生了变化,储蓄现金支出成为现金支付的主渠道,农副产品采购支出占现金总支出的比重逐年下降,而消费型现金支付,随着电子支付及其应用的不断普及和推广,也呈现快速下降的趋势。

客户主要利用 3 种方式提取现金:一是通过使用储蓄存折或储蓄卡从各商业银行储蓄网点支取现金,二是使用银行卡在 ATM 上提取现金,三是通过签发支票提取现金。

(二)汇兑

汇兑是汇款人委托银行将其款项支付给收款人的结算方式,分为信汇和电汇两种,汇款人可根据需要选用。由于汇兑结算手续简便,不受金额起点限制,长期以来一直是银行异地汇划资金的主要结算方式之一。

(三)托收承付

托收承付是根据购销合同,由销货单位发货后委托银行向异地购货单位收取款项,由购货单位向银行承认付款的支付结算工具。托收承付是20世纪50年代从苏联引进的,其主要特征是采取行政管理的方式,由销货单位按国家计划发货后,向银行办理托收,依靠银行监督购货单位付款。在计划经济体制下,托收承付结算方式主要用在一些产供销关系较为固定和密切的国有大中型企业之间,对企业收回货款发挥了重要作用。

(四)进出口托收

进出口托收是企业向银行提交凭以收款的金融凭据和(或)商业单据,银行通过代理行向付款人收取款项。托收业务根据方向的不同分为进口代收和出口托收两种,出口托收又分出口跟单托收和出口光票托收。

1. 进口代收

进口代收是指银行收到境外托收行寄交的对付款人的托收单据后,向付款人提示,根据付款人的指示对外付款的结算方式。

2. 出口托收

(1)出口跟单托收是指出口商将出口商业单据和向境外客户收款的跟单汇票提交银行,由银行寄往境外代收行,通知境外客户付款或承兑的一种结算方式。汇款收妥后,按银行当天牌价结汇或原币划款。

(2)光票托收是指出口商将不附带商业单据的金融托收票据(银行汇票或其他类似的单据)委托银行向境外收款的结算业务。

(五)委托收款

委托收款是收款人委托银行向付款人收取款项的结算方式。单位和个人凭已承兑的商业汇票、债券、存单等付款人债务证明办理款项的结算,均可以使用委托收款结算方式。这种方式便利单位主动收款,它不受同城与异地及金额起点的限制。根据划款方式不同,可分为邮寄和电报划回两种,收款人可根据需要选用。

另外,在同城范围内,收款人收取公用事业费,如水电、邮电、电话等费用或根据有关规定,可以使用同城特约委托收款。即收、付款单位双方事先签订经济合同,收款单位委托银行收款时,由付款人向开户银行授权,银行从付款单位账户主动付款转入收款人账户的一种结算方式。

(六)定期借记

定期借记从20世纪80年代开始在中国使用,是小额批量支付系统的核心业务之一,主要用于公共事业费、保险费、税款、学费,以及中国人民银行规定的其他定期借记业务的各项费用的支付。收款人主要通过书面或通过联机传送的方式将支付命令发送给银行,银行据此直接借记付款人账户和贷记收款人账户。这种交易必须是在付款人、收款人和银行三方协议的基础上实施的。

(七)直接贷记

直接贷记与直接借记是同时开始使用的。主要用于工资、保险金、养老金的支付。最初,支付命令是以书面的形式发出的,但现在很多大企业、政府机构都用磁介质或数据传送向银行送交支付指令(付款人发起)。

(八)法定数字货币

法定数字货币指的是具有法定地位、国家主权背书和发行责任主体的数字货币。法定数字货币具有点对点、端对端支付、去现钞和去中介的特点,能够提高支付的安全性、便捷性,并减少交易成本。但受限于目前的数字技术,法定数字货币的技术路径尚未被确定。我国的法定数字货币采用双层运营投放体系,以及"中央银行—商业银行—公众"的间接发行模式,于2020年4月,在深圳、成都、苏州、雄安进行小范围试点[1]。

第三节 银行卡

一、我国银行卡业务发展概况

银行卡是伴随着我国改革开放的脚步进入中国的,1978年中国银行广州分行首先同香港东亚银行签订了协议,开始代理境外信用卡业务,信用卡从此进入中国。1985年,中国银行珠海分行发行了我国第一张信用卡——珠江卡。1986年中国银行北京分行发行了长城卡,之后中国银行总行指定长城卡为中国银行系统的信用卡,在全国各分行发行。现在各商业银行都发行有自己的银行卡。根据中国人民银行统计数据,截至2020年二季度末,全国银行卡在用发卡数量86.58亿张,环比增长1.52%。其中,借记卡在用发卡数量79.02亿张,环比增长1.57%;信用卡和借贷合一卡在用发卡数量共计7.56亿张,环比增长0.99%。全国人均持有银行卡6.18张,其中,人均持有信用卡和借贷合一卡0.54张[2]。基于此,我们绘制了第二季度银行卡发卡数量图(见图3-4)。

---

[1] 李礼辉.中国支付史C端的五个第一[J].中国金融,2020(19):110-112.
[2] 参见中国人民银行《2020年第二季度支付体系运行总体情况》,http://www.pbc.gov.cn/goutongjiaoliu/113456/113469/4073797/index.html。

信用卡和借贷合一卡，7.56亿张

借记卡，79.02亿张

□ 信用卡和借贷合一卡　■ 借记卡

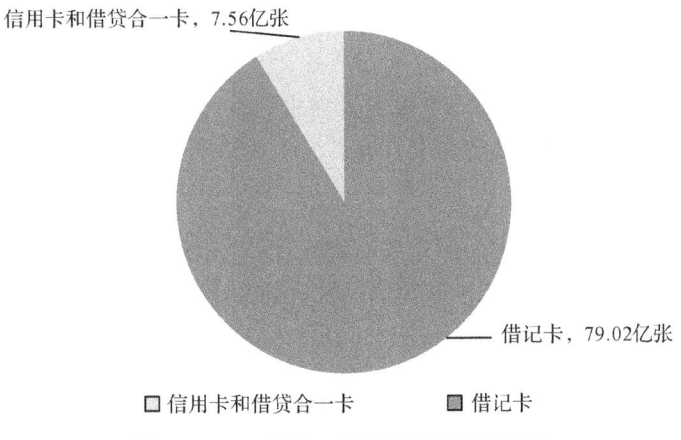

图 3-4　2020 年第二季度银行卡发卡数量

资料来源：根据中国人民银行《2020 年第二季度支付体系运行总体情况》绘制，http://www.pbc.gov.cn/goutongjiaoliu/113456/113469/4073797/index.html。

(一)我国银行卡的特点

银行卡是指由银行向社会发行的具有消费信用、转账结算、存取现金等功能的信用支付与结算工具。随着金融科技的快速发展和监管体系的不断完善，中国银行卡产业在加速向移动端发展，沿着数字化方向不断转型升级。2020 年第二季度，全国共发生银行卡交易 7814.57 亿笔，金额 219.08 万亿元。其中，存现业务 13.81 亿笔，金额 10.43 万亿元；取现业务 20.09 亿笔，金额 9.54 万亿元；转账业务 356.45 亿笔，金额 170.62 万亿元；消费业务 424.22 亿笔，金额 28.50 万亿元。银行卡渗透率为 49.12%。银行卡人均消费金额为 2.04 万元；银行卡卡均消费金额为 3291.36 元；银行卡笔均消费金额为 671.73 元。根据人民银行最新的统计数据，我们绘制了第二季度银行卡交易情况图(见图 3-5)。各银行均实现了全国范围的"联网通用"，促进全国统一的银行卡市场的形成，并进一步实现了"出境"和"下乡"。作为自主品牌的"银联"卡，已成为现代中国人的名片和时尚钱包，成为知名民族品牌和国际品牌。

消费业务,28.50万亿元
存现业务,10.43万亿元
取现业务,9.54万亿元
转账业务,170.62万亿元

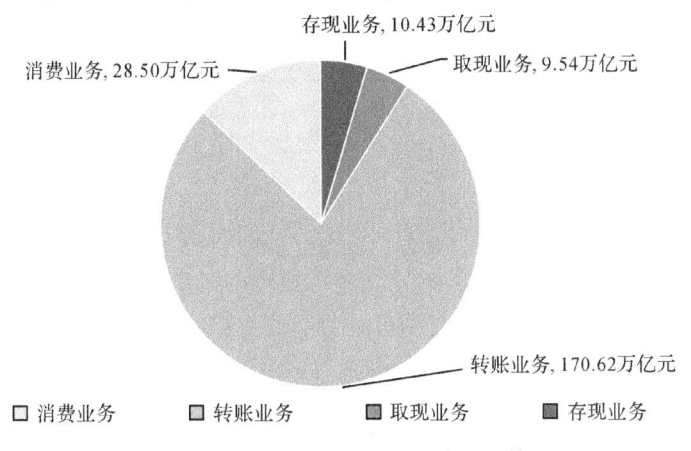

□ 消费业务　■ 转账业务　■ 取现业务　■ 存现业务

图 3-5　2020 年第二季度银行卡交易情况

资料来源：根据中国人民银行《2020 年第二季度支付体系运行总体情况》绘制，http://www.pbc.gov.cn/goutongjiaoliu/113456/113469/4073797/index.html。

(二)我国银行卡的功能

银行卡的各项用途和基本功能,是发卡银行根据社会需要和银行内部承受能力赋予银行卡的。目前我国各银行发行的银行卡具有下列4项基本功能。

1. 支付功能

银行卡可以替代现金的支付功能介入商品流通,减少现金流通量,节约交易成本。持卡人可在指定特约商户购物消费,用卡结算购物款项和其他各类服务性消费支出。

2. 储蓄功能

凭银行卡可在同城或异地发卡银行指定的储蓄所办理存取款业务。用银行卡办理存款和取款手续比使用储蓄存折方便,它不受存款地点和存款储蓄所的限制,可在全国开办银行卡业务的城市通存通取,并且凭银行卡支取现金。个人领用银行卡开立存款账户,发卡银行按照同期活期储蓄利率计付利息。

3. 转账结算功能

持卡人凭卡可在银行柜面、自助终端或网上银行办理个人资金转账业务。

4. 消费贷款功能

通常,银行卡根据消费时卡内是否有足额支付资金,分为借记卡和贷记卡。借记卡一般不允许透支,持卡人消费金额上限为卡内资金余额;而贷记卡则允许持卡人在规定的信用额度内透支消费,俗称信用卡。信用卡是商品经济发展到一定阶段的产物,它必须与一定时期的经济发展水平、人们的消费水平、电子计算机及其应用技术和通信条件相适应。因此,与境外先消费后付款的做法不同,我国银行早期发行的信用卡多属于先存款后消费的准贷记卡,把持卡人的消费控制在其支付能力的范围之内,持卡人购物消费,遇到账户余额不足时,发卡银行允许持卡人少量、短期的善意透支。随着银行卡业务的快速发展和公众消费习惯与文化的变化,先消费后付款的信用卡成为银行卡主流。银行建有一整套信用卡交易风险防范措施,如持卡人需要经过银行的资信调查,要求有足够的债务偿还能力;透支金额会根据持卡人的信用情况有不同的等级;发卡银行会利用利率杠杆作用限制透支,一般对透支款项收取的利息高于同期银行贷款利率。随着社会经济的发展、人们生活水平的提高和银行计算机应用水平的提高,银行卡的用途也将更加广泛,功能也将更加完善。

二、银行卡组织

(一)维萨国际组织

维萨国际组织(Visa International Service Association)是目前世界上最大的信用卡、旅游支票组织。其前身是美洲银行信用卡公司。1959年美洲银行就开始在美国加利福尼亚州发行"美洲银行卡",后来又专门成立美洲银行信用卡公司,专营信用卡业务,同时吸收了许多中小银行参加联营。1974年,美洲银行信用卡公司与西方国家的一些商业银行合作成立了国际信用卡公司,1977年正式以"Visa"为该组织的标志,称为维萨国际组织。

维萨国际组织的总部设在美国洛杉矶市,总处理中心在洛杉矶的卫星城市圣曼托市。

维萨国际组织实行董事会负责制,董事会负责制定维萨国际组织的章程和各项规章制度,审批各项经费及策划全球市场战略等重大问题。

维萨国际组织并不直接向持卡人发卡,也不与特约商户直接发生业务关系,而是为会员提供一个经营框架,在框架范围内,会员可根据既定的章程和规则向持卡人和特约商户提供在全球范围内的 Visa 产品与服务项目,自行决定经营模式、经营规则及收费标准,意在激发会员的竞争意识和市场开拓能力。有两种会员角色可供选择:一是发卡行,二是收单行。①发卡行。向客户发行 Visa 信用卡的会员即发卡行,其客户为持卡人。发卡行和持卡人根据双方签署的合同协议作为维持业务关系的契约文件。发卡行负责向持卡人发卡、发送对账单、收款、提供解决争议的服务及其他可供选择的服务。发卡行可从与持卡人协议中规定的持卡人的各种费用、会员费、年费(如有),财务性费用,滞纳金(如有),交换回佣和国际交易中的货币兑换费等项目中获取收入。②收单行。收单行是指银行交易中兑付现金或与商户签约进行跨行交易资金结算,并直接或间接地使交易达成转接的银行。收单行向特约商户提供的服务包括:拟定合同协议条款,其中规定商户为接受信用卡而需支付的费用和收费标准;授权服务;将交易明细传送给 Visa 国际组织;向商户偿付交易款项。收单行获取的收入来自商户折扣费和商户服务费,通常按照商户以 Visa 支付的交易销售总额的百分比计算。

维萨国际组织经过几十年的发展,已成为世界上最大的信用卡集团,无论是信用卡的数量还是交易额都居世界首位。该组织现代化的授权系统(BASE Ⅰ)和清算系统(BASE Ⅱ)有力地支持了维萨卡全球的发展。其多种产品满足了广大消费者的需要,其发达的服务极大地支持了持卡人的消费。持有维萨卡的人在全球几乎任何一个国家或地区都可享受广泛的服务,如优先签账、饭店住房、全球医疗和法律服务等。

2006年10月11日,中国北京——Visa 宣布计划对其组织机构进行重组,通过 Visa 加拿大、Visa 美国及 Visa 国际(包括 Visa 亚太区,Visa 中欧、东欧、中东、非洲地区,以及 Visa 拉丁美洲和加勒比地区)合并为一个新的全球上市公司——Visa Inc.,并于2007年完成重组,2008年 Visa 上市,成为美国历史上最大规模的 IPO(Initial Public Offering,首次公开募股),其股票开始在纽约证券交易所公开交易,股票代码为"V"。2009年,Visa 对 VisaNet 的认证系统进行升级,显著提升了交易储存量,提升了交易处理引擎的速度和反应能力。2010年,Visa 收购 CyberSource,旨在推动其在电子商务领域的业务增长,提升 Visa 网络、产品及服务对金融机构、商户、合作伙伴及消费者的价值。Visa 借助 DeviceFidelity 的 In2Pay microSD 技术,正式宣布非接触移动支付应用的商业使用。2016年,Visa 宣布推出基于区块链技术辅助国际金融交易的平台——Visa B2B Connect,不但改善了交易双方的支付环境,还减少了交易费用[1]。2017年,Visa 开发的开放式平台 Visa Checkout 与其发卡行和第三方支付机构达成合作,使持卡人能够使用 Visa Checkout 便捷地进行移动支付[2]。2019年,Visa 与中国银行北京市分行开展银行卡大数据创新研究合作,旨在为消费者提供更优质的跨境消费服务[3]。

---

[1] 参见 Visa 中国官网《Visa 推出基于区块链技术的国际 B2B 支付解决方案》,https://www.visa.cn/about-visa/newsroom/press-releases/nr-cn-161025.html。

[2] 参见 Visa 中国官网《Visa Checkout 开放其平台与电子钱包集成》,https://www.visa.cn/about-visa/newsroom/press-releases/nr-cn-161027.html。

[3] 参见 Visa 中国官网《中国银行北京市分行与 Visa 启动银行卡大数据创新研究合作》,https://www.visa.cn/about-visa/newsroom/press-releases/nr-cn-191028.html。

中国银行系统中的中国银行、中国光大银行、中国农业银行、中国工商银行、中国建设银行、交通银行、中信银行、招商银行、广东发展银行、深圳发展银行、上海浦东发展银行、华夏银行、兴业银行、中国民生银行、北京银行、上海银行等都已加入了维萨国际组织。

(二)万事达国际组织

万事达国际组织(MasterCard International)是服务于金融机构(商业银行、储蓄银行、储蓄和放款协会、存款互助会)的非营利性全球会员协会,其宗旨是为会员提供全球最佳支付系统和金融服务。

万事达国际组织的名称是1979年正式使用的。随着电脑和现代化通信技术在金融领域的广泛应用,1984年,万事达国际组织建立了全球自动授权系统(INAS)和清算系统(INET)。经过几十年的发展,万事达信用卡由最初的单一产品发展成为系列产品,包括万事达普通卡、万事达金卡、万事达商户卡、万事达自动提款卡和万事达旅行支票卡等。万事达是维萨的战略合作伙伴,也是一个开放的银行卡组织,本身并不发卡,而是由其会员银行发行带有MasterCard标志的银行卡。它与维萨国际组织的组织结构、运作机理非常相似。它们通过商户网络、结算清算交易资源的共享,解决了中小发卡机构自行投资建设网络成本高、效率低和效益差的问题,并且吸引了大量中、小银行发卡,提高了对两大组织数据转接和授权处理能力的利用率,获得了显著的规模经济效益,进而发展成为全球性的垄断机构。万事达国际组织也已发展成为仅次于维萨国际组织的世界第二大信用卡国际组织。

中国银行系统中的中国银行、中国工商银行、中国建设银行、中国农业银行、招商银行、上海浦东发展银行、中国民生银行、交通银行、兴业银行、中信银行、广东发展银行等都已加入了万事达国际组织。

(三)JCB信用卡公司

日本信用卡株式会社(Japanese Credit Bureau,JCB)公司是目前日本最大的信用卡公司,也是全球五大信用卡公司之一。该公司由日本几十家商业银行筹资,并以日本著名的三和银行为主要后盾。在日本国内持JCB卡的消费者可以享受多种服务。JCB于1961年在日本开办它的信用卡业务,并于1982年起开始向海外拓展,截至2020年,JCB特约商户已高达3200万家,遍及全球190多个国家和地区。JCB的国际成长策略之一,是与全球350多个主要的银行和金融机构结成联盟,以增加商家覆盖面和信用卡的会员人数,目前在全球范围内占有一定的市场份额。JCB从2005年开始在中国发行信用卡。2005年3月,JCB和中国银行正式发行国内首张人民币、日元双币种信用卡。2005年5月,他们与上海银行合作推出人民币、美元双币卡。JCB作为国际信用卡品牌,最值得称道的是其对客户的服务细致周到。在日本,JCB向信用卡结算尚未普及的领域积极推进。JCB开发的"免签名系统",已应用于东京迪士尼乐园,即JCB会员持卡购物时无须签名。该系统目前已经应用于各个领域,在拥挤的超市购物,或者通过高速公路收费站,都可以方便地使用JCB信用卡结算。此外,JCB卡的免签名支付系统还广泛应用在公共收费、交通等其他服务行业。

(四)美国运通公司

1. 主要业务

美国运通公司(American Express,以下简称运通公司)创建于1850年,是目前美国最大的跨国财务机构,该公司的业务主要涵盖多元化的全球旅游、财务及网络服务公司,为客户提供签账卡及信用卡、旅行支票、旅游、财务策划、投资产品、保险及国际银行服务等,包括以下5个部分。

(1)旅游服务

该项业务是运通公司的核心业务,运通旅游有关服务主要向个人客户提供签账卡、信用卡及旅行支票,同时也向公司客户提供公司卡和开销管理工具,帮助这些公司管理公务旅行及采购方面的开支。此外,运通卡在美食、出行、健康、教育、购物、娱乐、办公等方面,都为用户提供了专享礼遇。持指定卡种的运通卡客户在指定商家消费,可享受优惠服务。

(2)国际银行业务

运通国际银行(American Express Bank)是运通公司下属的另一个主要组成部分。根据美国法律,该行只能从事国际银行服务。该行目前在世界上40多个国家设立了77家办事处,为客户提供私人银行服务、个人理财服务、同业银行及外汇交易。

(3)投资业务

1984年4月,运通公司以3.6亿美元收购了莱曼兄弟公司,使该公司成为美国规模第二的投资公司。

(4)信托财务咨询等多元化服务

1983年12月,运通公司收购了IDS金融服务公司及其附属机构,由此开始开展信托财务咨询等多元化服务。

(5)保险服务

运通公司下设有消防基金保险公司,主要提供财产保险、责任保险和人寿保险。

2. 发展历程

1958年,运通公司推出第一张签账卡。运通凭借世界知名品牌的信誉,吸引了当时红极一时的猫王成为第一批持卡人,很多经常旅行的生意人成为美国运通卡这一新兴产品的积极申请者。在美国运通卡开业时,签约入网的商户便超过了17000个,特别是美国旅馆联盟的15万卡户和4500个成员旅馆的加入,标志着运通卡被美国的主流商界所接受。

1966年,运通公司发行了第一张金卡,以满足逐渐成熟的消费者的更高需求。

1984年,运通公司在全球率先发行第一张白金卡,该卡只为特选会员而设,不接受外部申请。除积分计划和无忧消费主义以外,持卡人可享受周全的旅游服务优惠和休闲生活优惠,专人24小时的白金卡服务为会员妥善安排各项生活大小事宜。

1999年,运通精选白金卡持卡人中的顶级客户,为他们发行了百夫长卡(Centurion Card)。持有这种运通公司最高级卡产品的客户,可以自由进入全球主要城市的顶级会所,并享全球独一无二的顶级个人服务及尊享优惠,包括全能私人助理、专享非凡旅游优惠、休闲生活优惠、银行服务专员提供的银行及投资服务,以及24小时周全支持等。白金卡和百夫长卡使得运通卡成为尊贵卡的代言人。

美国运通卡在全球拥有数以千万计的会员,并在200多个国家为商户所广泛接受。该卡赋予会员多项专有权益,包括全球补领失卡、购物保障、积分计划和旅游意外保障。该卡在全球50多个国家和地区以超过45种的货币发行,为会员的日常生活和旅游方面的消费及管理提供了方便。为了满足不同顾客的需求,运通公司发行了一系列的美国运通卡,包括个人卡、金卡、白金卡、百夫长卡、公司卡、网上卡、信用卡及联营卡。该卡自发卡以来,在国际上产生了强烈的影响,运通卡在全球的持卡人数量虽然远远少于维萨卡和万事达卡,但其在全球信用卡交易中却占有很大的比例,运通卡持卡人人均年用卡消费金额高于维萨卡或万事达卡持卡人的人均年用卡消费额。

2004年3月30日,中国工商银行和运通公司宣布,美国运通公司和中国工商银行签署了《发卡与收单合作协议》,中国工商银行将发行首张带有美国运通卡标志的信用卡——牡丹运通卡,这一卡也是定位于国内的成功人士,门槛比较高,但也是境外卡在中国的一个突破。2004年12月8日,牡丹运通卡正式发行(根据WTO世界贸易组织协议,运通公司在2007年前不能直接在中国发行信用卡)。

事实上,运通公司1916年就曾在上海、天津和香港开设办事处,1979年重返中国,在北京等地开设了4个代表处,是最早进入中国的国际卡组织。早期的运通公司在中国市场采用的是一种逐步渗透的发展方式,鉴于当时国内富人阶层还比较有限,运通公司只能从收单系统入手。2002年12月3日,运通公司和中国国际旅行社签署了合作协议,指定中国国际旅行社为其在中国休闲旅游唯一被授权的特许经营伙伴,成立了国旅运通公司;2005年,国旅运通航空服务有限公司在上海正式成立。此时运通公司在境内已经拥有了几十个办事处。2020年,运通公司与连连数字科技有限公司共同创办的合资企业——连通(杭州)技术服务有限公司,获得了由中国人民银行颁发的中国境内首家中外合资银行卡清算牌照[①],这标志着我国银行卡产业及银行卡清算组织逐渐国际化。

中国银行系统中的中国银行、中国工商银行、中国农业银行、交通银行、招商银行、中信银行、光大银行、上海浦东发展银行、中国民生银行、平安银行、广东发展银行、宁波银行都可办理美国运通银行卡。

(五)大莱信用卡公司

1950年春,美国纽约商人弗兰克·麦克纳马拉与拉尔夫·施奈德投资1万美元,成立了"大莱俱乐部"(Diners Club),即大莱信用卡公司的前身。一年之后,有200多人被说服使用俱乐部发行的信用卡。大莱信用卡是世界上第一张塑料付款卡,会员只要每年交3美元会费,就可以在纽约27家饭店中的任何一家记账用餐。到1951年底,随着持卡人数量的增多,大莱卡交易额达100万美元,公司开始盈利。之后,公司的经营范围逐渐扩大到全球,公司也更名为大莱国际信用卡公司(Diners Club International)。1982年,美国花旗银行收购了大莱信用卡公司的大部分股票,大莱信用卡公司成为花旗银行的控股公司。公司总部设在美国芝加哥市,根据业务发展需要,大莱信用卡公司将全球划分为五大业务区,即亚太区、北美区、南美区、欧洲区和非洲区,各区实行独立核算,自负盈亏。

大莱信用卡公司经过40多年的发展,已成为世界上最大的信用卡公司之一。2007年大

---

① 邱月烨.美国运通入局[J].21世纪商业评论,2020(9):24-26.

莱信用卡公司的跨国公司已覆盖 40 个国家（地区）。2018 年,发现金融服务公司（Discover Financial Sevices）向花旗银行收购了大莱信用卡公司。大莱卡分地区卡和国际卡两种,国际卡上印有国际（International）的字样。在预设消费限额方面,大莱卡与银行卡不同,它根据持卡人的消费能力设定消费限额。另外,大莱卡一旦出现丢失或被窃等情况,只要持卡人及时向附近大莱信用卡机构挂失,即可领到新卡;如持卡人未能及时向大莱信用卡公司挂失而发生损失,持卡人只需承担一定金额的损失。

中国开始办理大莱信用卡业务始于 1983 年。同年 3 月,中国银行与美国花旗银行签订了"中国银行代理大莱卡取现和直接购货协议",从此,大莱信用卡持卡人可在中国凭卡得到取现和直接购货服务。

（六）中国银联

中国银联是经中国人民银行批准的、由 80 多家国内金融机构共同发起设立的股份制金融服务机构,注册资本 16.5 亿元。公司于 2002 年 3 月 26 日成立,总部设在上海,是中国的银行卡联合组织。中国银联作为中国的银行卡组织,承担了为中国银行卡业创建具有自主知识产权、具备全球受理高质量服务和国际竞争力的"银联"品牌的重任。中国银联的宗旨之一,是建立和运营广泛、高效的银行卡跨行信息交换网络系统,制定统一的业务规范和技术标准,实现高效率的银行卡跨行通用及业务的联合发展,并推广普及银联卡。

中国银联的合作方

近年来,中国居民赴海外人数日益增长。为更好地满足中国持卡人的境外用卡需求,中国银联不断扩大银联卡在境外的受理范围。中国银联标识卡不仅能在境内普遍使用,也能在境外使用。截至 2020 年,银联受理网络已扩展至全球 179 个国家和地区,涵盖 3100 万家商户和 173 万台取款机,为中国人及境外持卡人提供了便利的支付服务。同时,境外用卡服务及保障体系更完备。"银联"标识卡是经中国人民银行批准,由国内各发卡金融机构发行,采用统一业务规范和技术标准,可以跨行跨地区使用的带有"银联"标识的银行卡。"银联"标识以红、绿、蓝 3 种不同颜色银行卡的平行排列为背景,衬托出白颜色的"银联"汉字造型,突出了银行卡联网联合的主题。3 种颜色,红色象征合作、诚信;蓝色象征畅通、高效;绿色象征安全。3 种不同颜色银行卡的紧密排列象征着银行卡的联合。"银联"标识卡具有如下主要特征:第一,银行卡正面右下角印刷了统一的"银联"标识图案;第二,贷记卡卡片正面的"银联"标识图案上方加贴有统一的全息防伪标志;第三,卡片背面使用了统一的签名条。

银联卡包括银联单标识的 62 字头国际标准卡及 9 字头的人民币标准卡。

目前,银联卡清算市场份额占据全球银行卡清算市场份额第一。截至 2019 年,银联网络转接交易金额达 189.4 万亿元,全球发行银联卡累计达 84.2 亿张,银联受理网络扩展至全球 178 个国家和地区[①]。中国银联股份有限公司也做出了以下几点重大业务布局。

第一,建成境内接入银行最多,高效、安全、开放式,具有重大战略意义的无卡交易处理平台,为互联网支付、移动支付等创新支付发展创造了条件。境内所有发行贷记卡的商业银行、发行借记卡的商业银行已开放无卡支付通道。

---

① 参见中国银联《中国银行卡产业发展报告（2020）》,http://cn.unionpay.com/upowhtml/cn/templates/newInfo-nosub/7885004da382485e8bde5a0ba000fdd3/20200518161325.html。

第二，互联网业务取得了较大的突破。2020年8月31日，中国银联联合商业银行、主流手机厂商、重点合作商户及支付机构，依托云闪付APP等平台，发布了首款数字银行卡"银联无界卡"，并推出借记卡和信用卡两类卡种。银联无界卡满足了用户数字化申卡、快速领卡的需求，并为持卡人提供了全面、便捷的数字金融服务。

第三，移动支付业务积极推进。中国银联与商业银行、手机终端厂商等产业各方，联合推出了基于近场通信（Near Field Communication，NFC）、基于主卡的卡模型（Host-Based Card Emularion，HCE）、协议号（Token）、二维码等技术的无卡支付产品。2017年12月，"云闪付"的出现是中国银联与商业银行、支付机构等产业协作的又一巨作，为商户和消费者提供了更多的移动支付选择[1]。用户通过"云闪付"APP即可绑定和管理各类银行账户，并使用二维码支付、无卡支付、转账、手机闪付、乘车码等各种移动支付服务[2]。升级后的云闪付，成功地连接了政府、金融机构、用户、商户，将惠民小程序、消费券、健康码、卡权益、境外服务和移动支付这六大特色功能汇集一身，为使用者提供了极大的便利。截至2020年8月，20多家银行的400余种信用卡均可以在"云闪付"APP上在线申请，150多家银行信用卡账单查询与零手续费还款操作、620多家银行借记卡余额查询也均可在此APP中执行。在境外，全球61个国家和地区已支持银联移动支付服务，包括"云闪付"APP扫码和手机闪付一"挥"即付。其中，扫码支付覆盖了境外40个国家和地区，超过70万家商户[3]。

第四，IC卡的大规模推广。中国境内银行发行的IC卡数量快速增长，截至2019年1月底，中国金融IC卡累计发卡量超过39亿张。此外，银联国际也正加快推动境外受理网络的芯片化迁移工作。目前，银联IC卡已可在全球绝大多数的银联受理终端上使用[4]。

经过多年拓展，银联卡受理市场规模继续扩大，并加快向二级地市和县域延伸，市场建设不断深化。截至2020年第二季度末，银行卡跨行支付系统联网特约商户达2581.60万户，联网机具达3331.28万台，ATM达6105.21万台。新兴的支付受理产品也不断涌现。其中，中国银联面向小微市场、农村市场和国际市场研发的"手机POS"为用户的支付提供了便利，可在充分保障交易信息安全的情况下实现多种主流付款方式的受理[5]。该产品在2020年3月16日正式被纳入北京金融科技创新监管试点项目。同时，银联的卡产品体系进一步丰富完善，目前已与境内外1500余家金融机构建立紧密合作，强化银联卡在发卡、移动支付、创新业务、对公业务、金融科技应用等领域的合作。小微企业卡、乡村振兴主题卡累计发卡量分别达1400万张和1000多万张。此外，中国银联还推出了云闪付主题卡、医护主题卡、长三角主题卡等50余款信用卡新产品。

中国银联也积极开拓境外业务。一是实现网络规模和质量双提升。截至2020年6月底，支持银联卡跨境汇款服务的境外机构已增至22个，服务范围扩大到日本、新加坡、英国、

---

[1] 参见中国银联官方相关资料，https://cn.unionpay.com/upowhtml/cn/templates/newInfo-nosub/9ed2b7ea4873410186ae96112fccfc7d/20191205164912.html。

[2] 参见中国银联官方相关资料，https://cn.unionpay.com/upowhtml/cn/templates/quickPass/quickPass.html。

[3] 参见中国银联官方相关资料，https://cn.unionpay.com/upowhtml/cn/templates/newInfo/7885004da382485e8bde5a0ba000fdd3/20200806151701.html。

[4] 参见中国银联官方相关资料，http://www.unionpayintl.com/cn/servicesProducts/products/innovativeProducts/iCCard/。

[5] 参见中国人民银行《2020年第一季度支付体系运行总体情况》，http://www.pbc.gov.cn/goutongjiaoliu/113456/113469/4073797/index.html。

俄罗斯等45个国家和地区①。二是业务本地化稳步推进。境外发卡重点转向当地持卡人。截至2019年,银联全球网络已经遍布世界各地,在亚太地区、欧洲国家的银联卡受理覆盖率已经达到90%,在美洲、非洲等地也达到70%,已覆盖178个国家和地区,可为2900万家境外商户提供交易服务②。三是境外营销和品牌宣传有亮点。截至2020年6月24日,已有10余家境外银行支持银联手机支付Huawei Pay。用户在华为或荣耀手机的钱包内绑定银联卡,即可实现"挥"机付款。

境内各银行跨行转账费用

(七) 发现卡

发现卡(Discover Card)主要服务对象在美国及加勒比海地区,在美国持卡用户已超过5000万。该卡组织1985年由Sears集团建立,属于添惠·雷诺兹公司的一部分,1997年合并于摩根士丹利集团,到2007年,其金融服务部分从摩根士丹利中剥离出来成为一个独立的公司。多数发现卡是由发现银行(Discover Bank)发行的,其支付网络也是它们自己的支付网络。2005年,发现银行完成对Pulse支付系统的收购,并于2006年2月宣布,他们开始提供发现借记卡服务,使用Pulse支付网络。

发现卡不同于传统的Visa或者MasterCard,它没有年费制度,其信用额度普遍高于其他信用卡。而且Discover Card的持卡人还可以获得Cashback Bonus(现金回报),即根据客户的消费金额,返还一定比例的现金给持卡人,起初该返现比例是消费总额的2%,后增至5%。基于如此的优惠制度,发现信用卡一经发行就大受欢迎。

2005年上半年,中国银联与发现银行达成战略合作伙伴关系,发现卡可以在中国银联ATM和POS机上使用,同时,银联卡也可在美国Pulse支付网络使用。2007年7月,发现银行在中国成立子公司——Discover信息技术(上海)有限公司,以支持该公司的数据分析和建模业务。

三、银行卡应用系统

(一) 境外银行卡应用系统概况

境外银行推出第一张信用卡时,信用卡业务都是利用手工方式进行处理的。伴随计算机等先进技术的逐渐成熟和信用卡业务发展的需要,境外信用卡业务经过几十年的发展,基本上实现了电子化。维萨国际组织建成了现代化的授权系统(BASE I)和清算系统(BASE II),万事达国际组织则建立了全球自动授权系统(INAS)和清算系统(INET)。这些系统有力地支持了信用卡业务的发展,其发达的服务极大地满足了广大消费者的消费需要。例如,持有维萨卡的人在全球几乎任何一个国家或地区都可享受广泛的服务,从优先签账、饭店住房保证到全球医疗和法律服务,持卡人在任何一个地区信用卡丢失或被窃,都可到就近的维

---

① 参见中国银联官方相关资料,https://cn.unionpay.com/upowhtml/cn/templates/newInfo/9ed2b7ea4873410186ae96112fccfc7d/20191205165209.html。

② 参见中国银联官方相关资料,https://cn.unionpay.com/upowhtml/cn/templates/newInfo/7885004da382485e8bde5a0ba000fdd3/20200122150241.html。

萨组织会员机构挂失,发卡行接到通知后 1 小时内即可通知全球电脑系统挂失,保证了资金的安全。如持卡人在旅途中急需现金或信用卡,可在 24 小时内获得紧急现金补偿或一张新卡。

(二)银行卡应用系统的组成

由于信用卡的使用是全球范围的,为便于授权和清算,信用卡组织一般都建立由总中心、各会员行分中心及通信线路组成的计算机网络系统。

总中心的职能是:各会员之间交易的清算、授权的转接、授权管理、黑名单的收集与发放、制定有关的业务规则、会员间业务纠纷的仲裁等。

(三)银行卡应用系统的功能

1. 审批与发卡

申请人向发卡行申请信用卡时,须填写信用卡申请表。申请表交到发卡行后,发卡行将申请表内容输入计算机,以便发卡行对审批与发卡过程进行控制,申请人也可随时查阅审批结果。发卡行对申请人进行信用情况审查后,做出是否批准其申请的决定,申请被批准后,就给申请人发卡并为其建立账户,卡的制作需要打卡机来完成,打卡机可与计算机应用系统联机使用,也可脱机使用。发卡时,可以请申请人到发卡行来领卡,也可邮寄给申请人。

2. 持卡人管理

当申请人收到信用卡后,即成为持卡人。持卡人可持信用卡到商户消费,也可到兑现点提取现金。发卡行的计算机应用系统将通过持卡人的账户及相应的信息对持卡人进行管理,这包括账务结算、透支管理、止付名单管理等。计算机应用系统也为持卡人提供换卡、挂失、补卡、发放日结单等服务。

3. 商户管理

在计算机应用系统中应建立商户详细资料档案。这些资料应包括商户的基本情况、信用卡业务用品发放情况、交易情况等,例如止付名单的发放记录可避免由于商户接受黑名单后与银行发生业务纠纷。通过计算机应用系统中商户交易状况的分析,可掌握业务用品的发放,避免浪费。

4. 授权

授权(Authorization)是指当持卡人所进行的交易金额超过发卡公司规定的特约商号限额(Merchant Floor Limit)或取现限额(Cash Floor Limit),或经办人对持卡人所持信用卡有怀疑时,由特约商号或代办银行向发卡银行征求是否可以支付的过程。

授权过程因各发卡银行计算机网络系统的完善程度不同而有很大差别:有计算机网络支持的授权过程,在授权终端上只需 3 秒钟左右;无计算机网络时,须经过电话或电传等方式,少则几分钟,多则几十分钟、几小时,甚至几天。发卡行对授权的回答只有 3 种:批准并发给授权号(授权号通常由 4~6 位数字组成)、拒付及没收信用卡。

一般各发卡公司都分别规定有存取现金、购物及透支的限额,在限额内不需要授权,只有超过额度时,才需请求授权。

5.清算

对信用卡的收付交易进行债权债务和损益的处理过程称为信用卡的清算。其业务过程为：发卡行通过各种渠道收到持卡人产生收付行为的票据，计算机应用系统针对持卡人账户进行清算。如果收单行与发卡行不是同一银行时，则清算须经过交换和清算两个过程才能完成。收单行首先将票据输入自己的计算机中，计算并扣除银行佣金，将有关交易根据清算系统的约定对其进行整理和编辑，然后通过网络向总中心发送。

（四）我国的银行卡应用系统

与境外银行卡业务的发展历史相比较，我国银行卡业务发展有得天独厚的优势，即该业务的发展推出始终与银行应用电子计算机等先进技术紧密结合在一起，没有再走手工处理到计算机处理的模式。因此，银行卡业务电子化水平在银行诸多业务电子化水平中居于比较领先的地位。但随着移动支付的快速发展，以及数字支付产品的涌现，传统的银行卡业务逐渐向数字化转型[①]。

银行卡应用系统的关键在于快速、高效地实现止付名单的传输和消费授权，具体如下。

1.止付名单传输

持卡人信用卡丢失或被窃后要及时到发卡银行办理挂失手续，发卡银行要将该信用卡列入止付名单，并尽快发送给有关单位，禁止其继续使用。这种发送工作分两个阶段进行：发卡银行到发卡银行、发卡银行到特约商户等单位。我国最初开展信用卡业务时，止付名单在发卡银行到发卡银行的传递主要利用电传机进行一点对多点传输，当信用卡业务发展到一定规模后，这种传输方式难以适应业务的需要，从而导致银行采用一种新的方式。新的传输方式较好地运用了计算机网络技术，在各发卡银行建立中心的基础上设立总行中心，各分行发卡中心将各自的止付名单通过计算机网络传送到总行中心，总行中心负责止付名单的检查、汇总工作，再将全部止付名单通过计算机网络传送到每个分行的发卡中心。发卡银行将止付名单发送到特约商户也有两种方式，最初的做法是，由银行发卡中心将止付名单打印成册，通过人工方式发送给特约商户，特约商户使用时也通过手工方式进行。当信用卡发展到一定规模后，由于止付名单数量的急剧增加，手工方式难以适应业务的需要，由此开辟了一种新的传输方式。在新方式下，在特约商户安装、使用信用卡止付名单查号机，发卡中心可以通过公共电话网络或其他方式将中心的止付名单定期传输进特约商户的查号机中，一台查号机可存储几万个甚至十几万个止付名单，特约商户通过使用查号机，便可完成原来人工的烦琐劳动，操作简便、核查迅速、准确，明显提高了服务水平。止付名单传输系统的建立，较好地维护了持卡人和特约商户的利益，减少了银行资金损失，为堵塞伪冒卡的冒用漏洞提供了重要保证。电子商务时代，可进行全国性联网查询服务。

2.信用卡授权系统

目前国内已经推出并运行的信用卡授权系统有3种应用模式：一种是信用卡业务系统与银行传统柜台业务计算机网络系统相结合，此时持卡人在网络中的储蓄所或自动柜员机上存、取现金时，可及时得到授权，业务处理速度很快；另一种是信用卡业务系统与银行销售

---

① 康超.银行卡产业迈向数字化新阶段[J].中国信用卡,2020(10):50-52.

点终端网络系统相结合,此时持卡人持信用卡在特约商户消费结算时,利用销售点终端来进行授权;第三种是异地使用信用卡,在电子商务时代,要求通过跨地区、跨银行的全国信用卡网络系统进行直接授权。

本章小结

互联网时代的支付变革

支付工具是客户和银行办理支付业务,进行资金结算和清算的法律依据。本章着重介绍支付工具的概念、类型、特点和功能,并介绍了我国主要的支付工具。

1.支付工具按照物理表现形式,可分为支票、纸基贷记凭证、电子贷记、直接电子借记、ATM卡和POS卡;按应用特点,可分为借记支付工具、贷记支付工具和其他支付工具;按应用范围可分为同城支付工具和异城支付工具。

2.选择支付工具的基本原则是:①支付工具要适应自动化处理的要求;②支付工具能满足不同金额的支付需要;③尽量减少支付工具类型;④在一国,通常以常用的几种支付工具为主。

3.我国的支付工具包括:①票据;②卡基支付工具;③电子支付工具;④其他支付工具。

关键词汇总

1.票据:是出票人约定自己或委托付款人,在见票时或在指定日期向收款人或持票人无条件支付确定金额的支付工具,包括汇票、本票和支票。

2.汇票:是出票人签发的,委托付款人在见票时或者在指定日期无条件支付确定的金额给收款人或者持票人的票据。

3.本票:是出票人签发的,承诺自己在见票时无条件支付确定的金额给收款人或者持票人的票据。

4.支票:是由出票人签发的,委托办理支票存款业务的银行或者其他金融机构在见票时无条件支付确定金额给收款人或者持票人的票据。

5.借记卡:是指由商业银行向社会发行的具有消费信用、转账结算、存取现金等全部或部分功能的支付工具,不能透支。

6.贷记卡:是由银行或信用卡公司向资信良好的个人和机构签发的一种信用凭证,持卡人可在指定的特约商户购物或获得服务。

7.信用卡:既是发卡机构发放循环信贷和提供相关服务的凭证,也是持卡人信誉的标志,可以透支。

8.储值卡:是非金融机构发行的具有电子钱包性质的多用途卡种,不记名,不挂失,适应小额支付领域。

9.电子支付工具:广义的电子支付工具包括卡基支付工具、网上支付和移动支付(手机支付)等。

10. 网上支付：是指人们通过互联网完成支付的行为和过程，通常情况下仍然需要银行作为中介。银行建立支付网关和网上支付系统，为客户提供网上支付服务，是一种典型的网上支付模式。

11. 移动支付：是指利用移动设备(如移动电话、智能电话、个人数字助手或可穿戴式设备)和无线通信技术(如移动电信网络或近场技术)实现转账、缴费和购物支付等交易的活动。

12. 除票据、卡基支付工具和电子支付工具外，目前银行客户使用的其他结算方式还包括现金支付、汇兑、托收承付、进出口托收、委托收款、定期借记、直接贷记和法定数字货币等。

本章习题

1. 简述支付工具的基本类型。
2. 简述我国主要的支付工具。
3. 简述我国银行卡的功能和发展。

第四章

网上支付及网上支付工具

第一节 网上支付的概念和发展

一、网上支付

网上支付是交易者(包括消费者、企业和银行等)使用安全的电子支付手段,通过网络所进行的货币支付或资金转移,是买卖双方在网上发生的一种资金交换活动。网上支付又称为电子支付,它以商用电子化工具和各类电子货币为媒介,以计算机技术和通信技术为手段,通过电子数据存储和传递的形式在计算机网络系统上实现资金的流通和支付。近年来,电子支付市场每年都以高于30%的速度在增长。数据显示,2019年,银行共处理电子支付业务2233.88亿笔,金额2607.04万亿元。其中,网上支付业务781.85亿笔,金额2134.84万亿元,同比分别增长37.14%和0.40%;移动支付业务1014.31亿笔,金额347.11万亿元,同比分别增长67.57%和25.13%;电话支付业务1.76亿笔,金额9.67万亿元,同比分别增长11.12%和25.94%。相对而言,移动支付业务量增速更快。网上支付是电子商务活动的关键环节和重要组成部分,是电子商务能够顺利发展的基础条件。

电子商务的发展要求信息流、资金流和物流三流的畅通,其中资金流主要是指资金的转移过程,包括付款、转账、兑换等过程。在互联网上进行商务活动,支付方式可以是在线的电子支付("一网通"等);也可以采用离线的传统支付方式"网上贸易,网下结算",如利用邮政、电传等方式。传统支付方式的优点是人们比较熟悉,感觉安全;缺点是效率低下,失去了电子商务本来应具备的快捷特点。因此,使用网上支付是电子商务走向成功的关键因素。电子商务的资金转移主要通过网上支付来实现,网上支付是电子商务的重要组成部分。人们只有在完整认识和建立可行的电子支付系统的基础上,才能真正开展电子商务活动。

随着电子商务在互联网上蓬勃发展,选择何种网上支付系统来降低交易成本,并保证支付过程的安全性和可靠性,是电子商务中各交易主体必须面对和考虑的问题。因此,发展网上支付体系,建立和健全良好的支付环境,是保障和促进电子商务发展的一个关键因素。

根据传输信息内容的不同,可以把网上支付系统分为非数字现金支付系统和数字现金支付系统。由于运作模式的不同,各种支付系统在安全性、风险性和支付效率等方面有着不同的特点。

二、网上支付的发展

(一)网上支付的特点

一般来说,网上支付具有如下特点。

(1)网上支付以计算机和网络技术为支撑,采用先进数字技术、数字流转来处理有关存储、支付和流通等环节,与传统支付通过现金、票据等实物流转来实现有很大的不同。

(2)网上支付集储蓄、信贷和非现金结算等于一体,应用于生产、交换、分配和消费领域。

(3)网上支付的工作环境为开放网络平台并结合银行专用网络,而传统支付往往只是利用封闭的银行系统。

(4)网上支付的使用简便、安全、迅捷、可靠。

(二)网上支付的发展过程

从发展过程来看,网上支付大致经历了以下几个阶段。

(1)在电子化支付的早期阶段,电脑的应用,使得银行可以利用计算机来处理银行间业务,办理结算。

(2)随着电脑应用的逐渐推广,电子化支付开始逐步渗入银行和其他机构计算机之间资金的结算,如代发工资等。

(3)随着进一步的发展,银行开始利用网络终端向客户提供各项银行服务,典型的如ATM取款等,这极大地方便了客户。

(4)支付服务的延伸,使得客户利用银行的销售点终端提供扣款服务成为可能。

(5)信息技术和移动互联网的广泛应用,使得支付手段更加多样和便捷,客户可以随时随地通过互联网进行直接转账结算,这也是电子支付的最新发展阶段。

从21世纪初开始,包括支付宝、财付通在内的电子支付在我国逐渐流行开来。用户可以随时随地通过互联网进行交易,支付进入电子化时代。随着电商市场的成熟、智能手机和4G网络的普及,移动支付逐渐取代银行卡收单成为当前主流的第三方支付业务类型。据东兴证券的研究报告,截至2017年,移动支付交易规模占比已增至55%,成为当前主流的支付方式。我国移动支付市场交易规模进入稳步增长阶段。

2020年9月,中国互联网络信息中心(CNNIC)发布了第46次《中国互联网络发展状况统计报告》。报告显示,截至2020年6月,我国网民规模为9.40亿,较2020年3月新增网民3625万,互联网普及率达67.0%,较2020年3月提升2.5个百分点;我国手机网民规模为9.32亿,较2020年3月新增手机网民3546万,网民中使用手机上网的比例为99.2%,较2020年3月基本持平;在网络支付用户规模方面,我国网络支付用户规模达8.05亿人,较2020年3月增长3702万人,占网民整体人数的85.7%;手机支付用户规模约8.02亿人,较2020年3月增长3664万人,占手机网民人数的86.0%(见图4-1、图4-2)。

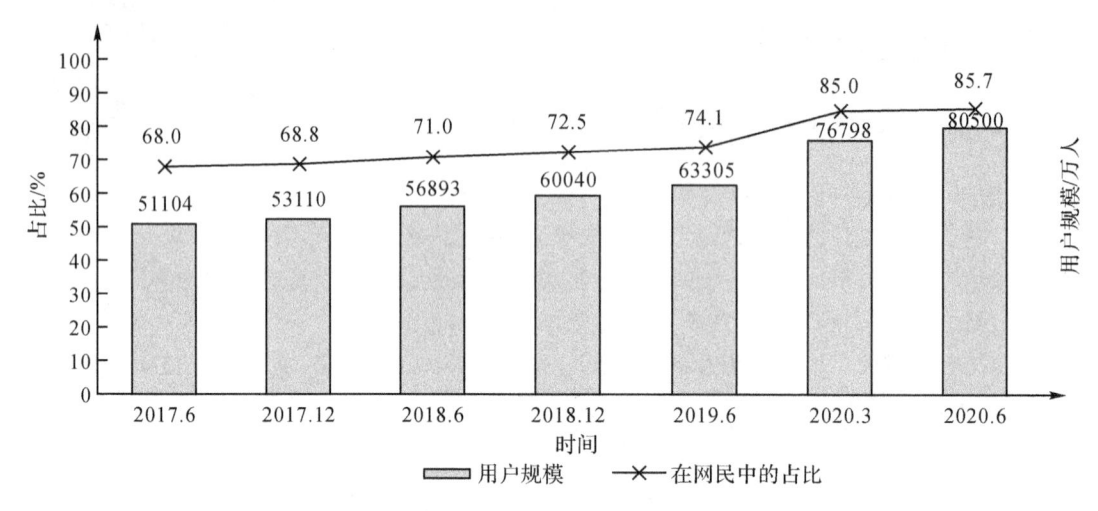

图 4-1　2017 年 6 月—2020 年 6 月网络支付发展趋势

资料来源：CNNIC《第 46 次中国互联网络发展状况统计报告》，http://www.cac.gov.cn/2020-09/29/c_1602939918747816.htm? ivk_sa=1024320u。

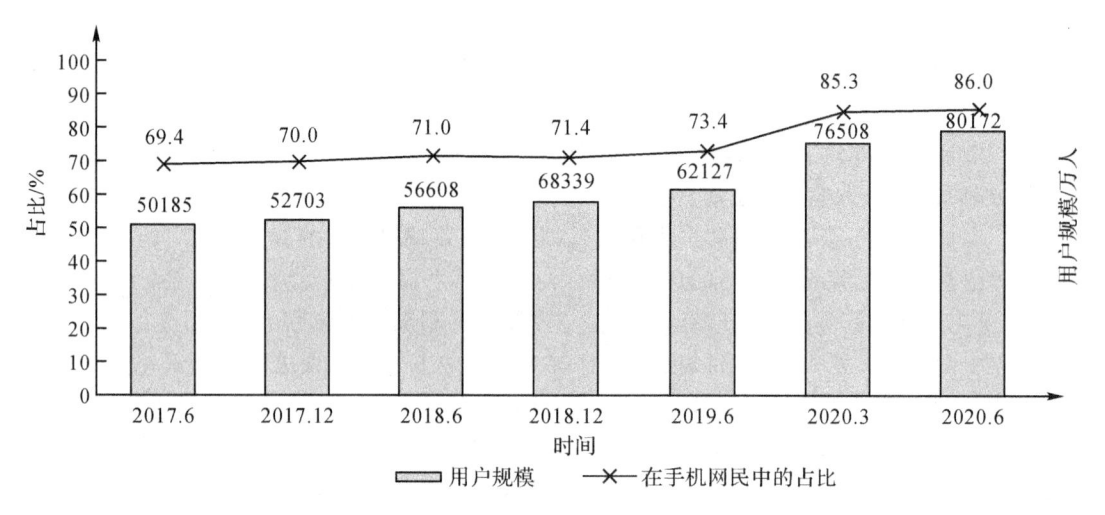

图 4-2　2017 年 6 月—2020 年 6 月手机支付发展趋势

资料来源：CNNIC《第 46 次中国互联网络发展状况统计报告》，http://www.cac.gov.cn/2020-09/29/c_1602939918747816.htm? ivk_sa=1024320u。

同时报告指出，2019 年，网络支付覆盖领域日趋广泛，加速向垂直化应用场景渗透，推动数字经济与实体经济融合发展。其一，网络支付业务继续保持较快增长速度。数据显示，2019 年非银行支付机构处理网络支付业务 7199.98 亿笔，处理业务金额 249.88 万亿元，同比分别增长 35.7% 和 20.1%，实现较快增长。其二，移动支付有力拉动了消费的增长。非现金支付工具与大众日常生活的联系日益紧密，不仅重塑了居民个人的消费行为，变革了企业的商业模式，而且在很大程度上带动了各地区居民的消费增长。其三，移动支付优化了大众家庭的消费结构。研究表明，移动支付可促进我国家庭消费增长 16.0%，使恩格尔系数（食品消费占比）降低 1.7%，同时带动教育、文化、娱乐等发展型消费实现大幅增长，幅度明显高于食品、衣着、居住等生存性消费。

中国互联网支付正步入"快捷"时代。以往在非现金支付中,线下 POS 机刷卡是人们常用的第三方支付手段,因此银行卡收单的规模占比比较高。而随着移动互联网、智能手机,以及 4G、5G 网络的快速发展,线下扫码支付、NFC 等支付方法不断普及,移动支付规模大幅增长。互联网极大地改变了人们的生活习惯,移动支付的便捷刺激了消费者的支出,激发人们的潜在需求,而新的需求进一步推动了细分群体经济的发展。前瞻产业研究院有关 2020 年中国第三方支付行业现状的报告显示,2019 年我国移动支付的市场份额相比银行卡收单(27.1%)、互联网支付(10.0%)等支付方式遥遥领先,达到 62.8%。

第二节 信用卡支付方式

目前,主要的网上支付工具有信用卡、数字现金、电子支票及第三方支付平台等,这些支付工具的支付、结算和运行方式各有特点。

信用卡支付是网上支付中最常见的一种方式。通常,用户可以在饭店、机场、旅馆、商场等通过刷卡记账、POS 机结账和 ATM 提取现金等方式来进行支付。信用卡网上支付的 4 种类型如下。

第一,无安全措施的信用卡支付。

第二,通过第三方代理人的信用卡支付。

第三,简单信用卡加密支付。

第四,SET(安全电子交易)信用卡方式。

下面,我们来一一介绍。

一、无安全措施的信用卡支付

无安全措施的信用卡支付方式,是指买方没有经过任何安全措施的防护,直接将信用卡信息(包括卡号和密码)传输给商家,然后通过商家和银行各自的授权来检查信用卡的合法性。显然,这种信用卡支付方式存在很大的安全隐患。其主要特征如下。

第一,买方通过网上订货,信用卡信息在网上或网下(电话等)传输,无安全措施。

第二,由于无买方签字,因此,在支付过程中,卖方承担一定的风险。

第三,由于信用卡的相关信息在线传输,但又无安全措施,因此,买方承担信用卡信息有被盗取和被卖方知道的风险。

无安全措施的信用卡支付方式出现在网上支付的早期,由于当时电子商务各方面发展缓慢,尤其是银行对电子商务的支持还非常不成熟,因此出现了这种安全性较差、风险较大的支付方式。

二、通过第三方代理人的信用卡支付

在上述无安全措施的信用卡支付过程中,一个致命的问题是商家会完全掌握持卡人的信用卡信息。同时,无安全措施的传输也可能导致持卡人的信用卡信息被第三方窃取的风险。

提高信用卡处理安全性的一个途径是在买方和卖方之间启用双方都信赖的第三方，具体过程如图 4-3 所示。买方以离线或在线的方式在第三方处登记信用卡相关信息，由第三方给买方开通一个替代账号，该账号与信用卡卡号之间一一对应，由此，该第三方握有买方的信用卡信息。当买方在网上购物并选用信用卡支付时，传送给商家的是替代账号和有关购物信息，商家将该替代账号发送给前述第三方要求验证，待第三方核实确认后，商家就可以接收买方的订单，并做出确认的回复。最后，由第三方按支付条款办理相应的资金转移手续。

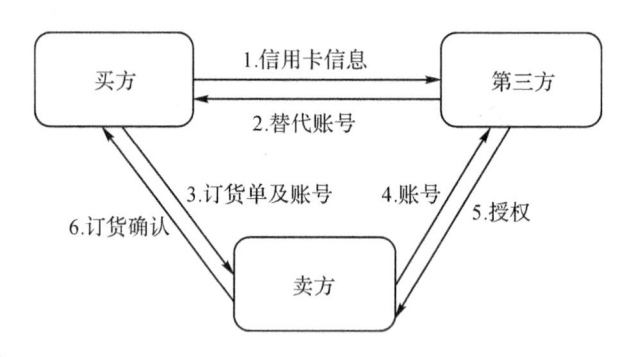

图 4-3 通过第三方代理人的信用卡支付流程

通过第三方代理人的信用卡支付具有如下特点。

第一，支付通过双方都信任的第三方。

第二，信用卡信息不在开放的网络上多次传输。

第三，买卖双方预先获得第三方的某种协议，即买方要在第三方开设账号，卖方要为第三方的特约商户。

此种支付方式，对第三方的公正、信誉和操作规范有很高的要求。

三、简单信用卡加密支付

随着银行信息化水平的提高，更多先进和高效的信用卡支付方式被开发，简单信用卡加密的支付方式就是其中一种。使用简单加密信用卡模式付款时，买方信用卡信息通过加密后向卖方传输，采用的加密协议有安全超文本传输协议（Secure Hyper Text Transfer Protocol，SHTTP）、安全套接层（Secure Socket Layer，SSL）等，过程如图 4-4 所示。

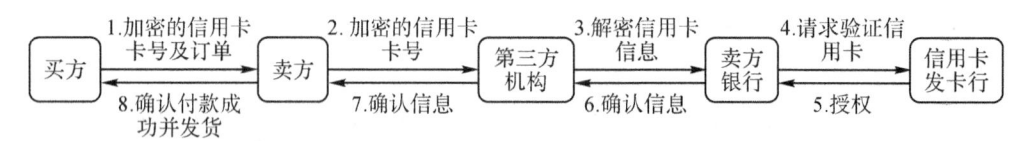

图 4-4 简单信用卡加密支付流程

以 SSL 协议为例，其具体过程如下。

（1）在首次使用该支付方式时，持卡人需到发卡银行申请，开通信用卡网上支付功能，此后，可以方便地运用这种方式进行支付。

（2）当持卡人在网上购物时，通过浏览器浏览商品，填写相应的选购信息，并提交选购的商品信息，同时选择信用卡支付方式。

(3)商家接到持卡人的订单及对应信用卡类别信息后,会生成订单号,同时,将信用卡类别信息通过第三方机构发往发卡银行。

(4)持卡人与发卡银行端的服务器建立基于 SSL 的安全连接,持卡人端将自动验证发卡银行端网络服务器的数字证书,之后 SSL 握手协议完成。至此,持卡人与发卡银行之间已经建立了安全的连接通道。此时,在浏览器右下方的状态栏中,可以看见一个闭合的锁头标志,这说明该状态下的连接是安全的,同时,网络地址端的"http://"也变为了"https://",表明 SSL 协议在发挥作用。

(5)随后,电脑显示发卡银行的支付页面,出现商家发来的订单号及支付金额信息,持卡人填入自己的信用卡卡号及密码,并确认成功实现网上支付。

最后,发卡银行通过后台系统将相应的资金转入商家的账户上,并向商家发送付款成功的信息,商家收到该信息后,将发送付款成功消息给持卡人,并在规定时间内将商品送到持卡人手上。

至此,基于 SSL 协议的信用卡支付方式的网上购物过程完成。

在上述支付过程中,有些银行还会专门采用网上支付卡的方式来保证持卡人的安全性。具体做法是为持卡人提供一个网上支付卡及密码,持卡人可以根据需要利用自助系统将其信用卡上的资金随时转移到该网上支付卡中。在支付过程中,持卡人只需在网上填写网上支付卡的信息,就可以达到支付的目的。这种方式,进一步提高了网上小额支付的安全性。

由于目前的网络浏览器软件及商家的电子商务浏览器软件都内嵌有对 SSL 协议的支持,而大部分银行和第三方支付平台也都开发了大量的支持 SSL 协议的应用产品和服务,这使得持卡人客户使用基于 SSL 协议的信用卡支付方式显得极为方便。

四、SET 信用卡方式

(一)SET 的概念

SET(Secure Electronic Transaction)是安全电子交易的简称,它是由 Master Card 和 Visa 联合网景(Netscape)、微软(Microsoft)、IBM 等公司,于 1997 年 6 月 1 日推出的一种新的电子支付模型。SET 协议是 B2C(Business to Customer,企业对消费者)上基于信用卡支付模式而设计的,它保证了开放网络上使用信用卡进行在线购物的安全。SET 主要是为了解决用户、商家、银行之间通过信用卡的交易而设计的,用以保证支付信息的机密、支付过程的完整、商户和持有人的合法身份及可操作性。它具有保证交易数据的完整性、交易的不可抵赖性等优点,因此成为目前公认的信用卡网上交易的国际标准。

(二)SET 协议涉及对象

SET 信用卡的订单信息和个人账号信息相互隔离,持卡人和商家相互认证。在 SET 协议中的参与人如下。

1. 持卡人

持卡人通过发卡机构颁发的付款卡进行结算,在持卡人和卖方的会话中,SET 可以保证持卡人的个人账户信息不被泄露。

2.发卡机构

发卡机构是一个金融机构,为每一个建立账户的顾客颁发付款卡。

3.卖方

卖方提供商品和服务,卖方使用SET就可以保证持卡人个人信息的安全,接受卡支付的卖方必须与银行有合作协议。

4.银行

这是在线交易卖方开设账号的银行,负责处理支付卡的认证和支付。

5.支付网关

这是由银行操作的,将网上传输数据转化为金融机构内部数据的设备,可以由指派的第三方处理卖方支付信息和顾客的支付指令,通常几个商家和银行共有一个支付网关。

(三)SET信用卡的支付过程

该支付方式的具体过程如图4-5所示。

(1)买方在网上选购了商品或服务后,通过网络将加密的信用卡号及订单发送给卖方。

(2)卖方在收到买方发来的信息后,将加密的信用卡号发送给支付网关。

(3)由支付网关将买方信用卡信息传送至卖方银行,并进一步通过金融内部网络将数据传送至发卡行进行审核。

(4)经发卡行审核无误后,批准支付并将确认信息通过卖方银行传送至支付网关,并最终传送至卖方。

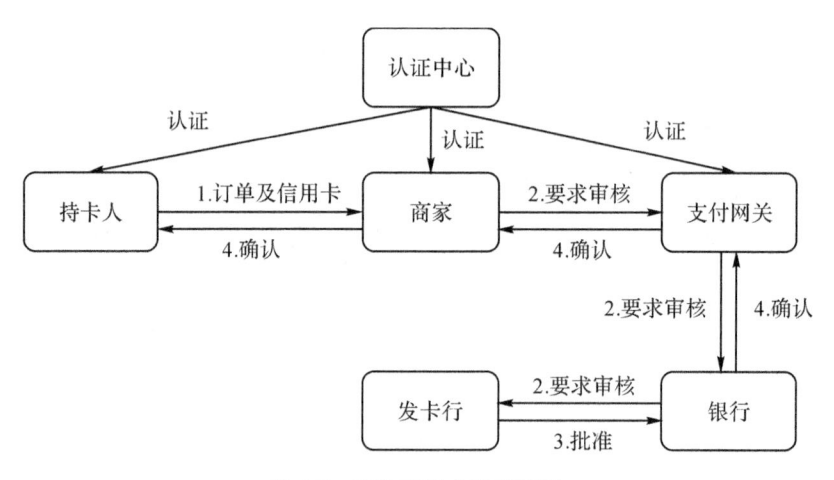

图4-5 SET信用卡方式流程

(四)SET信用卡方式的目标

(1)信息在互联网上安全传输,不能被窃听或篡改。

(2)用户资料被妥善保护,卖方只能看到订单信息,看不到买方的账户信息。

(3)买方和卖方相互认证,以确定对方身份。

(4)软件遵循相同的协议和消息格式,具有兼容性和互操作性。

(五)SET 信用卡方式存在的问题

在基于 SET 的网上支付中,虽然采用了安全电子交易 SET 协议,但是仍然存在很多安全隐患,如内部安全、计算机病毒、WEB 服务器的保护意识差等。这就意味着在这个系统真正投入使用时,还需要采取多种安全措施加以辅助,如加密技术、数字签名技术、反病毒技术等,来提高购物的安全性,使顾客更有信心上网消费。

第三节 数字现金支付方式

电子支付系统已经历了 30 多年的发展,但现金并未退出支付领域。现金作为支付手段存在的原因在于:现金具有可转让性,是一种法定货币,可以为任何人持有或使用而不需要银行账户,同时,对接受方来说无风险。

数字现金(E-cash)具有现金的属性,因此,必然成为网上支付的工具。数字现金是一种表示现金的加密序列数,可以表示现实中各种金额的币值,具有现金的属性。数字现金的发行方式有存储性质的预付卡和纯电子系统形式的用户号码数据文件。在现实中,数字现金的传输过程通常经过公钥或私钥加密系统,以保证只有真正的卖方才可以使用这笔现金。

一、数字现金属性

数字现金有以下属性。

第一,货币价值。数字现金必须由一定的现金、银行授权的信用或银行证明的现金支票进行支持。当数字现金由一家银行产生并为另一家银行接收时,并不存在任何不兼容的问题。但如果失去另外银行的支持,数字现金会有一定的风险,可能存在支付资金不足的问题。

第二,可交换性。数字现金可以与纸币、商品、网上信用卡、银行账户存储金额、支票或负债等进行互换。一般倾向于数字现金在一家银行使用。但在实际应用中,并不是所有的买方会使用同一个国家的同一个银行的数字现金。因而,数字现金面临多银行的广泛使用问题。

第三,可存储性。数字现金允许用户在家庭、办公室或途中对存储在一个计算机的外存、IC 卡或者其他更易于传输的标准或特殊用途的设备中的数字现金进行存储和检索。数字现金的存储是从银行账户中提取一定数量的数字现金,存入上述设备中。由于在计算机上产生或存储数字货币时比较容易被伪造,因此,最好将现金存入一个不可更改的专用设备。这种设备应该具有一个友好的用户界面以有助于通过口令或其他方式的身份验证,以及对于卡内信息的浏览显示。

第四,可重复性。必须防止数字现金的复制和重复使用。因为买方可能用同一个数字现金在不同国家、地区的网上商店同时购物,这就造成了数字现金的重复使用。一般的数字现金系统会建立事后监测和惩罚机制。

二、数字现金的应用过程

数字现金的应用过程分为以下步骤。

第一,购买 E-cash。买方在数字现金发布银行开设 E-cash 账号并购买 E-cash。用户要从网上的服务器或银行购买数字现金,首先要在该银行建立一个账户,将足够资金存入该账户以支持今后的支付。目前,多数数字现金系统要求买方在一家网上银行拥有一个账户。这种要求对于全球性和多种现金交易非常严格,买方应该能够在国内获得服务并进行境外支付,但需要建立一个网上银行组织,作为一个票据交换所。

第二,存储 E-cash。使用 PC E-cash 等类似的终端软件从 E-cash 银行取出一定数量的 E-cash 存在硬盘上。

第三,用 E-cash 购买商品和服务。当卖方同意接收 E-cash 的买方订货,买方就用公钥加密 E-cash,之后传送给卖方。

第四,资金清算。接收 E-cash 的卖方和 E-cash 发放银行之间进行清算,E-cash 银行将买方购买商品的钱支付给卖方。这时,可能有两种支付方式:双方的和三方的。双方支付方式涉及买卖双方。在交易中,卖方用银行的公共密钥检验数字现金的数字签名,如果对于支付满意,卖方就将数字货币存入它的机器,随后再通过 E-cash 银行将相应面值的金额转入账户。所谓三方支付方式,是指在交易中,数字现金被发给卖方,卖方迅速将它直接发给发行数字现金的银行,银行检验数字现金的有效性,并确认它没有被重复使用,然后将它转入卖方账户。在许多情况下,双方交易是不可行的,因为存在重复使用的问题。为了检验是否被重复使用,银行将从卖方获得的数字现金与已经使用过的数字现金进行比对,就像纸币一样,数字现金通过一个序列号进行标识,为了检验重复使用,数字现金会以某种全球统一标识的形式注册,但是这种检验方式十分费时费力,尤其对小额支付而言。

第五,确认订单。卖方获得付款后,向买方发送订单确认信息。

三方数字现金的具体支付过程如图 4-6 所示。

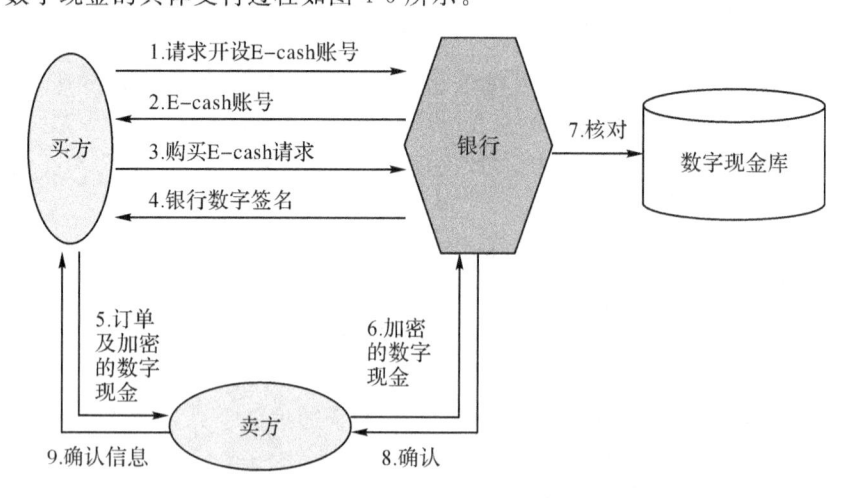

图 4-6 三方数字现金的支付过程

三、数字现金支付方式特点

数字现金支付方式具有以下特点。

第一,银行和买方之间有协议和授权关系。

第二,买方、卖方和银行都需使用 E-cash 等相关软件。

第三,身份验证由 E-cash 本身完成。E-cash 银行在发放 E-cash 时使用了数字签名,卖方在每次交易中,将 E-cash 传送给 E-cash 银行,由 E-cash 银行验证买方支持的 E-cash 是否有效。

第四,E-cash 银行负责买方和卖方的资金转移。

第五,数字现金具有现金特点,可以存、取、转让。

第六,相对安全。买卖双方都无法伪造银行的数字签名,而且双方都可以确信支付是有效的,因为每一方都知道银行的公共密钥,银行避免受到欺骗,卖方由于拥有合法的货币避免了银行拒绝兑现,顾客避免了隐私权受到侵犯。

第七,E-cash 与普通钱一样,也会丢失。如果买方的硬盘出现故障并没有备份的话,数字现金就会丢失。

数字现金在给我们带来好处的同时也会带来问题。数字现金可以提高效率,方便用户使用,但同时,数字现金具有灵活性和不可跟踪性,它会给我们带来发行、管理和安全验证等重要问题。技术上各个商家都可以发行数字现金,如果不加以控制,电子商务将不可能正常发展,甚至由此带来相当严重的经济金融问题。数字现金的安全使用也是一个重要的问题,如仅限于合法人使用、应避免重复使用等。对于无国家界限的电子商务应用来说,数字现金还存在税收和法律问题、外汇汇率的不稳定性、货币供应的干扰和金融危机可能性等潜在问题。因此,有必要制定严格的经济金融管理制度,保证数字货币的正常运作。

四、央行数字现金

(一)简介

央行数字货币是指由中国人民银行发行、投放给各商业银行(商业机构)进入交易流通的数字货币,其功能属性与纸币相同,可以被视为纸币的数字化形态,具有无限法偿性。

截至 2020 年 7 月中旬,全球至少有 36 家央行发布了数字货币计划。其中,厄瓜多尔、乌克兰和乌拉圭等完成了零售型央行数字货币试点;中国、巴哈马、柬埔寨、东加勒比货币联盟、韩国和瑞典等正在试点。2020 年 8 月,商务部印发了《全面深化服务贸易创新发展试点总体方案》,提及"在京津冀、长三角、粤港澳大湾区及中西部具备条件的试点地区开展数字人民币试点",标志着数字现金在我国进入新的发展阶段。

央行拟采用的数字人民币采用了中国人民银行数字货币研究所专利"一种基于数字货币实现数字货币兑换存款的方法和系统"(专利号:ZL201710494153X)研发的双层投放体系。中国人民银行(数字货币发行库)先将数字货币投放给商业银行或类似于商业银行的机构库(数字货币银行库),再由商业银行或类似于商业银行的机构库向公众(个人数字货币钱包)兑换数字货币。这一体制与现有纸币发行机制基本相同,具有较好的延续性。

(二)使用流程

央行数字货币的使用依赖于数字现金钱包。当用户需要提取数字货币时,首先需要实名注册下载个人的数字钱包 APP,然后去银行柜台、ATM 机或者从商业银行的网上银行进行等额兑换后转入数字钱包。此后,用户在进行任何消费支付时,只要卖家也装有数字钱包,用户便可以使用数字现金进行快速转账。央行数字货币具有价值特征,不需要账户就能实现价值转移。对于个人而言,只要手机上装有数字现金的数字钱包且手机有电,就可以实现不同人之间数字货币的转账。因此,可以把央行数字货币理解为"纸币的数字化替代"。

(三)特点

(1)央行数字货币体系复用了传统金融体系,其发行和回笼基于"中央银行—商业银行"的二元体系,通过与金融机构合作,将中央银行置于后端,前端的服务则交由金融机构提供。

(2)央行数字货币属于加密货币,对支付安全性要求较高,未来技术发展应努力进一步提升其安全性。

(3)央行数字货币不同于传统纸币,其支付便捷性较高。

(4)数字货币的交易环节对账户的依赖程度大为降低,能够实现可控匿名,即在支付时不需要绑定任何银行账户,只对央行披露交易数据,对商家等其他机构保密。

第四节 电子支票支付方式

电子支票的出现较信用卡和数字现金更晚。电子支票使得买方不必使用写在纸上的支票,而是可用计算机生成的支票进行支付活动。电子支票几乎与传统支票有同样功能,也与传统支票一样是一种用于支付的合法方式。一个账户的开户人可以在网络上生成一个电子支票,其中包含支付人姓名、支付人金融机构名称、支付人账户名、被支付人姓名、支票金额及隐含的加密信息等。电子支票需要经过数字签名,被支付人数字签名背书,使用数字凭证确认支付者/被支付者身份、支付银行及账户,金融机构就可以用签过名和认证过的电子支票进行账户存储了。

一、电子支票的特点

(一)电子支票的优点

(1)借鉴了纸张支票转移支付的优点,工作方式与传统支票相同,简化了顾客的学习过程。

(2)加密的电子支票比基于公共密钥加密的数字现金更易于流通,买卖双方的银行只要用公共密钥认证确认支票即可,数字签名也可以被自动验证。

(3)适用于各种市场,易与 EDI(Electronic Data Interchange,电子数据交换)应用结合,可推动基于 EDI 的电子订货和支付。

(4)第三方金融机构不仅可以从交易双方处抽取固定交易费用或按一定比例抽取费用，它还可以作为银行身份，提供存款账目。

(5)电子支票技术将公共网络联入金融支付和银行清算网络。

(6)电子支票非常适合大额结算，其加密技术使其比基于非对称的加密系统更容易处理。

(二)电子支票的缺点

(1)需要申请认证，安装证书和专用软件，使用较为复杂。

(2)不适合小额支付和微支付。

(3)通常需要使用专用网络进行传输。

二、电子支票应用过程

电子支票的应用过程如下。

(一)购买电子支票

买方首先必须在提供电子支票服务的银行注册，开具电子支票。注册时可能需要输入信用卡和银行账户信息以支持开设支票。电子支票应具有银行的数字签名。

(二)电子支票付款

一旦注册，买方就可以和产品/服务出售者取得联系。买方用自己的私钥在电子支票上进行签名，用卖方的公钥加密电子支票，使用 E-mail 或其他传递手段向卖方进行支付；只有卖方可以收到用卖方公钥加密的电子支票，用买方的公钥确认买方签名后，可以进一步向银行认证电子支票，之后，就可以发货给买方。

(三)清算

卖方定期将支票存到银行，支票允许转账。

该应用过程具体如图 4-7 所示。

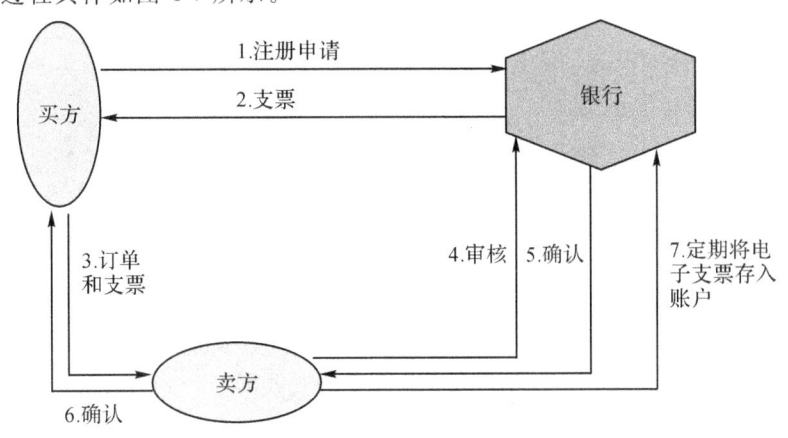

图 4-7 电子支票支付过程

目前在全世界范围内,电子支票还未被广泛普及。在美国,典型的电子支票系统有 NetCheque、NetBill、E-check 等。在中国,中国人民银行和各商业银行已建立起全国范围内的资金清算体系,但如何有效利用现有网络资源来实现电子支票的各项功能,减少硬件设备投入、软件开发等一系列费用,已成为我国金融科技界面临的一大难题。

第五节　卡基质的网上支付工具

卡基质的网上支付工具包括磁条卡、智能卡和光卡。

一、磁条卡

(一)磁条卡概述

磁条卡简称磁卡,是利用磁性载体记录英文与数字信息,用来标识身份或其他用途的卡片。

视磁条卡使用基材的不同,磁条卡可分为 PET(Polyethylene Terephthalate,涤纶树脂)卡、PVC(Ployvinyl Chloride,聚氯乙烯)卡和纸卡 3 种。根据技术标准的不同,又可分为高抗磁卡和低抗磁卡两种。

(二)磁条卡的优点

由于磁条卡的成本低廉,易于使用,便于管理,且具有基本的安全特性,因此它的发展得到了很多世界知名公司,特别是各国政府部门几十年的鼎力支持,使得磁条卡的应用非常普及,涉及人们生活的方方面面。磁条卡除应用于传统信用卡、传统银行卡外,在其他领域也被广泛使用,被制作成地铁卡、公交卡、门票卡、电话卡、电子游戏卡、车票、机票及各种交通收费卡等。

(三)磁条卡的缺点

磁条卡也存在一定的缺点,使其逐步被其他支付工具所替代。

1.卡的保密性和安全性较差

磁条上的信息比较容易读出,非法修改磁条上的内容也较容易,所以在大多数情况下磁条卡都是作为静态数据输入使用的。

2.使用磁条卡的应用系统需要有可靠的计算机系统和中央数据库的支持

在金融行业,作为金融交易卡的磁条卡,一般配合强大可靠的计算机网络系统使用,金额、交易记录等信息,均被保存在金融机构计算机的数据库中,用户所持的卡片只是提供用户的主账号等索引信息,便于在数据库中迅速找到用户数据。

3.磁条卡在使用中会受到诸多外界磁场因素的干扰

磁条卡受压、被折、长时间磕碰、曝晒、高温、磁条被划伤弄脏等都会使磁条卡无法正常使用。同时,在刷卡器上刷卡交易的过程中,磁头的老化、数据传输过程中受到干扰、收银员操作不当等都可能造成磁条卡无法使用。

二、智能卡

智能卡即为 IC 卡(Integrated Circuit Card,集成电路卡),也称芯片卡,是在智能芯片上存储用户信息的电子货币。智能卡类似信用卡,但卡上是芯片和小型存储器而非仅仅是磁条。智能卡与读写器之间的通信方式可以是接触式,也可以是非接触式。智能卡按结构可分为多种类型。

(一)分类

我们常用的智能卡大致分为 4 种:存储卡、加密存储卡、CPU 卡和射频卡。

1. 存储卡

存储卡不能处理信息,只是简单的存储设备,从这个角度来讲,它们很像磁条卡。唯一的区别是存储量更大。但它们也存在和磁条卡一样的安全缺陷。

2. 加密存储卡

加密存储卡是在存储卡的基础上增加加密逻辑,保持存储卡的价格优势。一次性的加密卡(又称预付卡)用得较多,如电话储值卡等。

3. CPU 卡

CPU(Central Processing Unit,中央处理器)卡有处理器和内存,因此不仅能存储信息还能对数据进行复杂的运算。由于可以实现对数据的加密,安全性有了显著的提高,可以有效地防止伪造,可用于储蓄/信用卡和其他对安全性要求较高的应用场景。

4. 射频卡

射频卡是在 CPU 卡的基础上增加了射频收发电路。射频卡采用非接触式读写模式,可以大量地用于交通行业。

(二)组成部分

智能卡包括 3 个部分:塑料基片(有或没有磁条)、接触面及集成电路。制造过程如下:半导体厂家将大的硅片切成小块,一个 6 英寸(15.24 厘米)直径的硅片可以造出上千个芯片;然后,对小硅片进行光刻以生产必要的电路,并将它封装在黑色的集成电路模块中;接着,将集成电路的输入输出端联结到大的接触面上,便于今后读写器的操作;最后,把造好的模块嵌入卡中,就形成了智能卡,如图 4-8 所示。

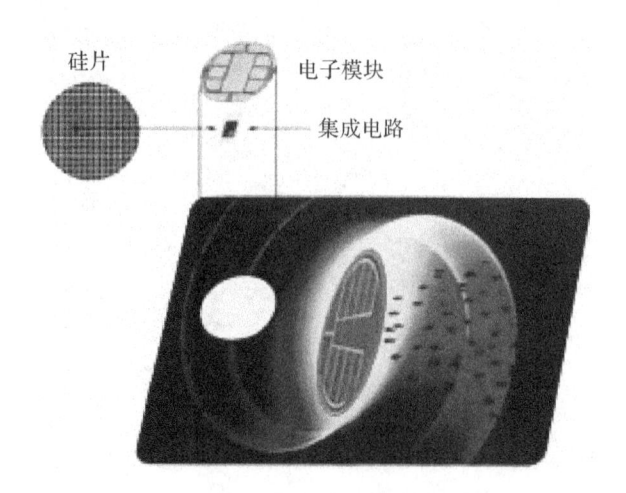

图 4-8　智能卡构造示意

(三)智能卡储存的信息

智能卡上存储的信息主要有如下内容。
(1)用户的身份信息。
(2)用户的绝对位置。
(3)用户的相对位置,以及相对于装置和物体的方位。
(4)特定的环境参数,如光、噪声、热量和湿度。
(5)用户的生理状况和其他生物统计信息。
(6)特定的计时参数。
(7)特定的运动参数。
(8)用户持有的货币信息。

(四)智能卡的应用范围

智能卡的应用范围如下。
(1)电子支付,如智能卡能用于电话费的支付,以代替信用卡。
(2)电子识别,如能够控制对大楼房间或系统的访问。
(3)数字存储,即一种必须实时存储和查询数据的应用,如存储和查询病历,目标跟踪信息或处理验证信息。

(五)智能卡的优点

基于智能卡的上述特点,我们不难发现智能卡具有如下优点。
(1)操作便利,不用记密码。对用户来说,智能卡提供了一种便利的方法,它能够为用户记忆某些信息,并以用户的名义提供这种信息,使得应用系统本身能够配置成适合用户的需要的状态,而不需要用户去学习和适应这种应用。
(2)保密,拥有信用卡功能,但安全性高于信用卡。使用智能卡,用户不需要携带现金,就可以实现像信用卡一样的功能。因此智能卡在网上支付系统中作用重大。

(3)存储容量大,其内部有 RAM(随机存取存储器)、ROM(只读存储器)、EEPROM(带电可擦可编程只读存储器)等存储器,存储容量可从几个字节到几兆字节,而且卡上可以存储文字、声音、图像、图形等多媒体信息。

(4)对网络性能要求不高,智能卡的安全可靠性使其在应用中对计算机网络的实时性、敏感性要求降低。

(5)使用寿命长,智能卡具有防磁、防静电、防机械损坏和防化学破坏等能力,信息保存年限长,读写次数在数万次以上。

由于智能卡的上述优点,以及磁条卡被盗刷事件的不断发生,为提高银行卡安全性,实现"一卡多用"和"一卡通用",央行在 2011 年 3 月全面启动了银行磁条卡向智能卡迁移的工作。智能卡通过可运算的芯片和存储在其中的密钥,确保终端与卡片的交互过程安全真实,而且能保证联机交易信息的安全,几乎不能复制,且可靠性高。

智能卡的特性可应用于在线和离线支付这两种方式。在线支付根据获取智能卡信息的手段不同可分为带读卡器的智能卡和不带读卡器的智能卡网络支付方式;离线支付指的是使用智能卡进行网络支付时,智能卡的读卡器不需要和发卡机构的网络实时连接。

(六)智能卡的标准

目前,智能卡作为网上支付工具已经具有了以下标准。

(1)Open Card Frame Work 标准。该标准是由 IBM、Oracle、Sun、Netscape 等支持的,基于网络计算机的标准。

(2)PCSC(个人计算机智能卡)Workgroup Standard 标准。该标准是由微软制定的。

(3)Java Card API 标准。由 Sun 提出,花旗银行、Visa、第一联合银行和 Verifone 等组织支持。

(4)ISO 7816 标准。这是最广为人知的智能卡标准。我国已采用其第一、二、三部分为中国标准。此标准第一部分主要是定义了塑料基片的物理和尺寸特性,第二部分描述了触点的尺寸和位置,第三部分为信息交换的底层协议描述,第四部分论述了跨行业的命令集。

(5)CEN。专用于电子钱包的 CEN 标准(TC224,WG10),描述了卡的数据和指令,以及相关的交易和应用。

(6)EMV。该标准由世界主要信用卡联合体 Europay、MasterCard、Visa 创立于 1993 年,于 1996 年修订完毕。此标准定义了银行用 CPU 卡的协议、数据和指令,提供了除卡内部保护机制之外的附加安全措施。

(7)ETSI。用于统一欧洲的数字蜂窝通信标准,该标准已得到欧洲所有移动通信网的支持,将在世界范围内进一步扩大其影响。

(8)SET。用于电子商务的标准,此标准由 Visa 和 MasterCard 共同制定,目前在互联网上使用极为广泛,系统将向用户要求卡号和失效日期,然后信息被加密和核实。值得注意的是,系统只检查卡的有效性,而不判断使用者的合法性。

(9)C-SET。是和 SET 类似的标准,由法国人制定。C-SET 是"芯片安全交易"(Chip-Secure Electronic Transaction)的缩写,是面向法国银行的 CPU 智能卡。该标准使用与计算机连接的小型读写器识别用户身份,用户需另输入密码来签署交易。C-SET 和 SET 都具备可操作性。

三、光卡

(一)质理

光卡技术是计算机光盘存储技术的孪生技术,随着激光存储技术的成熟与推广,光卡技术也正以极快的速度渗透到计算机应用的各个领域。基于光卡技术的光卡是近几年出现的一种新型的支付工具,在很多发达国家已经开始使用。

光卡是一种特殊的存储媒体,由塑料制成。其大小、形状完全类似于信用卡或银行自动柜员卡(ATM card)。长 85.60 毫米,宽 54.00 毫米,厚 0.68~0.84 毫米。

信息记录在光瞳上是靠半导体激光在卡的记录层打孔实现的。光卡的数据记录层由微细球状的金属粒子组成,厚度为 0.1 毫米,也称为基板层,基板层下面是以明胶为主要成分的有机胶质矩阵层。上面的基板层经激光光点照射,有机胶质矩阵溶解,形成小孔,反射率减小,在读取时依反射光的强度变化即可分辨出 0/1 两种不同状态。因为记录是以激光打孔方式进行的,一旦打上孔后,就不能复原,所以,内容不能修改。光卡首先于 1981 年由美国的一家技术开发公司提出,后经多次研究改进,其构造通常由 6 层组成,但制造厂商不同,构造也各有差异。佳能公司(Canon)是一个既生产光卡,又生产光卡读写器的公司,是世界光卡先进技术的主要代表者之一。光卡记录格式目前已形成两种类型,即 Canon 型和 Dela 型。这两种形式均已被国际标准化组织于 1995 年 7 月接收为国际标准 SIOS(ISO/IEC 11693、11694-1、11694-2、11694-3、11694-4 和 Annex A)。

(二)特性

光卡具有某些磁卡所无法获得的良好特性,主要表现在以下几个方面。

第一,信息存储量大。一张标准光卡的存储容量有 1.5M、4.1M、6.6M 等规格,甚至可以存储彩色照片等多媒体数据。其他便携式信息介质(磁卡、IC 卡、缩微胶片)均无法与其相比。按每字节数据所支付的费用计算,光卡具有很高的性价比。

第二,安全性好,记录的数据在物理上不可更改。光卡用激光在光学介质上打凹洞,形成永久的变形,不可恢复,因而从根本上杜绝了篡改数据的可能。

第三,可靠耐用。光卡不受磁场、电场干扰,也不怕 X 射线和水,耐高温且不怕弯曲和摩擦。这提高了用户使用光卡的方便程度。

第四,使用多种加密技术,安全性高。以 Canon 光卡为例,它拥有独特设计的光卡信息保密措施,可以做到一卡一码,该码无法用常规方法读取,更无法破译。

第五,便于携带且价格便宜。光卡便于随身携带,可以方便地放到钱包中或者卡包中,可以邮寄。光卡价格相对便宜,当前,每张光卡的国际市场售价仅为几美元,如果按平均每字节所花费资金计算,与磁卡、IC 卡相比较,光卡是最便宜的,仅为前二者的几百分之一。

第六节　第三方支付平台

第三方电子支付平台是融购物流程、支付工具、安全技术、认证体系、信用体系为一体的综合平台。常见的第三方平台支付过程如图4-9所示，完整的支付平台应该能提供验证、银行转账对账、账务管理、交易处理、代缴代付等全方位的金融服务。

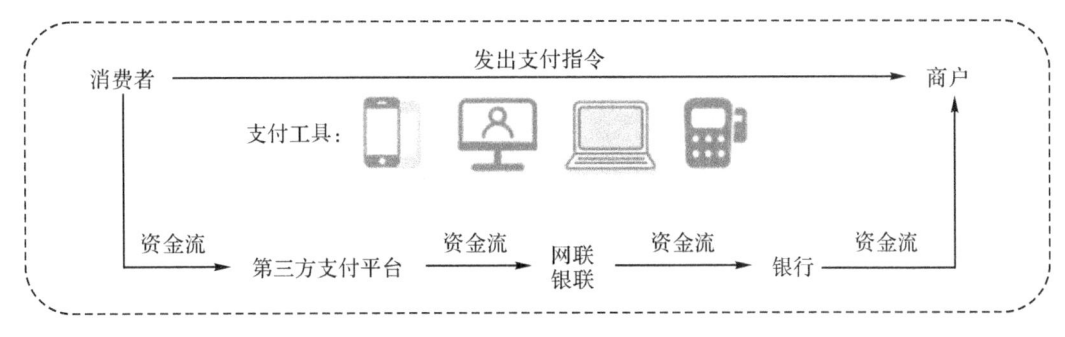

图4-9　一个典型的第三方平台支付过程

根据前瞻产业研究院发布的《2019中国第三方支付产业全景图谱》，我国正在运营的第三方支付机构类型主要分为3种：一是预付卡的发行与受理类机构，目前共有168家企业获得了"支付业务许可证"，可以发行预付卡，在第三方支付严格监督的背景下，预付卡细分行业的红利正在逐步消失。二是具有银行卡收单资质的非银行金融机构，此类机构在我国有几十家，包括银联商务、拉卡拉、快钱等。三是网络支付类机构，包括互联网支付、移动支付、固话支付和数字电话支付。近几年来，非银行支付机构网络交易额增长迅速，但事实上，无论哪种形式，最终都需要通过银行的网上系统来完成资金的流通。本节，我们将以占第三方支付市场份额较大的两个网络支付类平台为例，来简单介绍第三方支付平台的支付流程和相关信息。

一、支付宝

（一）简介

支付宝由阿里巴巴集团在2004年12月创办，现在是阿里巴巴集团的关联公司。支付宝最初是为了解决淘宝网络交易支付信任和安全问题而采用的"第三方担保交易模式"下的产物，发展至今，支付宝除了第三方担保交易外，同时提供存储、在线支付、缴纳费款等服务。2012年，支付宝获得基金第三方支付牌照，开始迈向金融业务领域。2015年，花呗正式上线，为用户提供了"先消费、后还款"的在线消费金融服务。

持有第三方支付牌照企业名单

（二）注册

支付宝采用的是免费注册、免费使用、提供增值业务的盈利模式，所以在注册环节上是免费的。支付宝注册流程如图4-10所示。

(1)选择账户。进入注册的界面,可以选择注册个人账户或者企业账户,这里以注册个人账户为例。早期的支付宝在中国之外是无法充值的,目前在世界范围内支付相关服务已经与中国境内无异。

(2)验证。这里可以选择手机号或者邮箱验证。在跳出的窗口中点击进入邮箱验证,到设置的邮箱中(如果是手机号,此处是短信验证的方式)进行验证即可。

(3)输入用户信息。需要填写真实的姓名、身份证号码、银行卡和手机号,用户可以选择输入用户的银行卡信息,也可以选择先跳过,直接注册。

(4)完成注册。

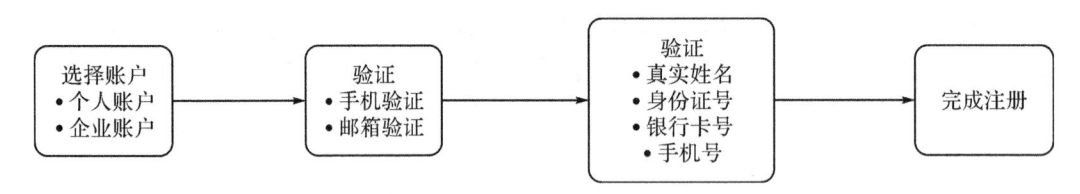

图 4-10 支付宝注册流程

(三)支付流程

用户进行交易时,首先要将银行账户和支付宝账户关联,并将资金从银行账户转入支付宝账户,支付的时候用支付宝账户里的资金进行支付。

支付宝支付流程如图4-11所示,或者用户可以通过支付宝直接将银行卡里的金额转出。

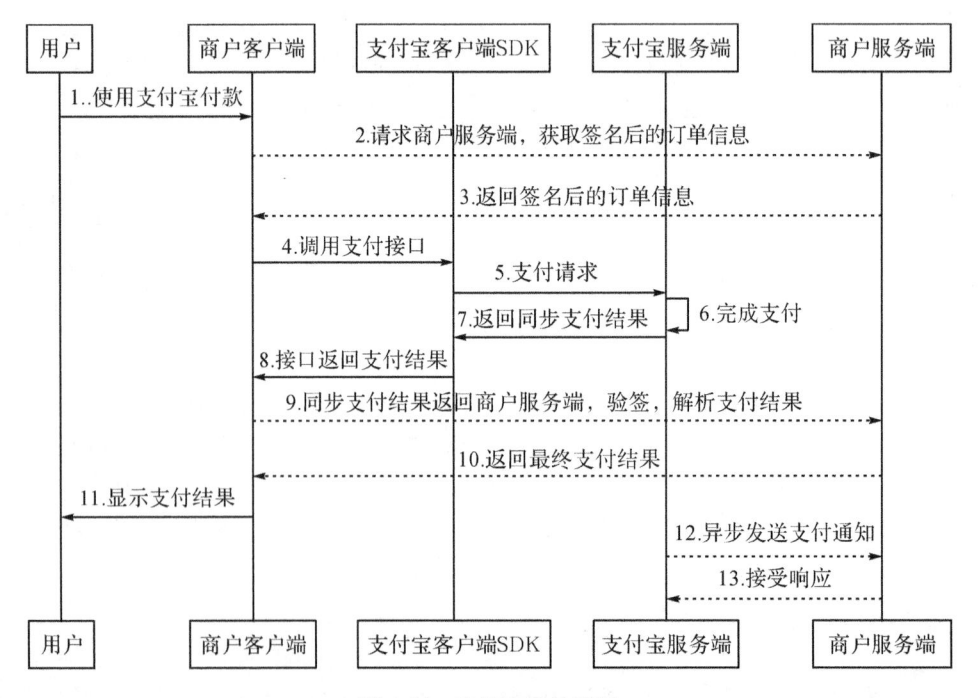

图 4-11 支付宝支付流程

具体过程可分为支付宝余额支付、快捷支付(储蓄卡和信用卡)、货到付款、消费卡支付等多种方式,各方式的详细支付流程如图4-12所示。

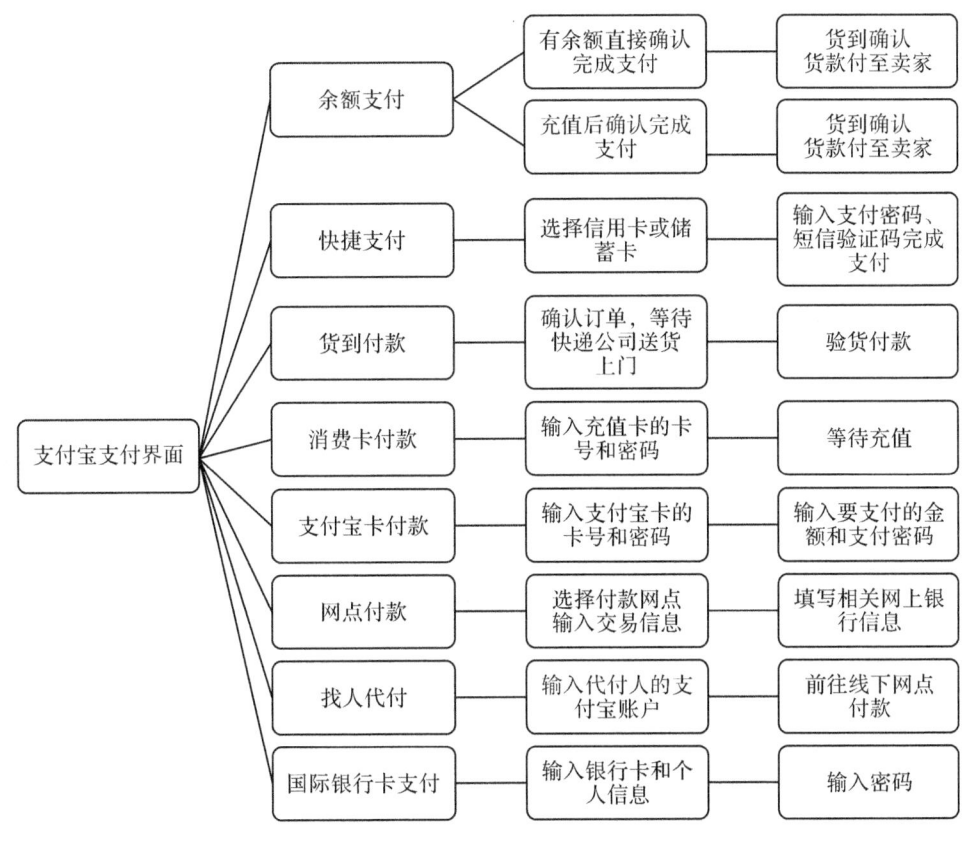

```
支付宝支付界面
├── 余额支付
│   ├── 有余额直接确认完成支付 ── 货到确认货款付至卖家
│   └── 充值后确认完成支付 ── 货到确认货款付至卖家
├── 快捷支付 ── 选择信用卡或储蓄卡 ── 输入支付密码、短信验证码完成支付
├── 货到付款 ── 确认订单,等待快递公司送货上门 ── 验货付款
├── 消费卡付款 ── 输入充值卡的卡号和密码 ── 等待充值
├── 支付宝卡付款 ── 输入支付宝卡的卡号和密码 ── 输入要支付的金额和支付密码
├── 网点付款 ── 选择付款网点输入交易信息 ── 填写相关网上银行信息
├── 找人代付 ── 输入代付人的支付宝账户 ── 前往线下网点付款
└── 国际银行卡支付 ── 输入银行卡和个人信息 ── 输入密码
```

图 4-12 支付宝主要支付方式

资料来源:整理自支付宝官网相关资料,https://a.bc.alipay.com/school/payment.html。

(四)特点

1. 安全

支付宝采取了一系列措施保证用户交易安全。第一,支付宝通过了 Verisign(威瑞信,一家提供智能信息基础设施服务的上市公司)签发的全球安全证书,保障客户的在线安全信息,使客户的在线交易和客户资料得到有效的保障。第二,支付宝平台系统对全部用户信息、账户信息等进行 128 位 SSL 加密传输。SSL 是一种国际标准的加密及身份认证通信协议。第三,支付宝公司具有完善的风险治理架构,董事会下设风险管理委员会全面负责支付宝的风险管理工作。风险管理委员会下辖风险管理部、合规部与内控部,负责政策、法律法规的落实与检查,并保持与人民银行、国家外汇管理局等监管部门的紧密沟通,负责确保支付宝账户安全,交易安全,以及反洗钱、反盗卡、反套现工作落实,并进行各种风险监控。

2. 快捷

支付宝内转账可以实现实时到账,支付宝提现、充值等在 1~2 天内到账,支付宝向银行卡转账可以选择次日到账,部分银行支持两小时到账。

3. 方便

支付宝提供接口给其他合作商家,商家可以在任何网站上生成使用支付宝按钮,从而使用支付宝收付款。对于用户而言,支付宝不存在跨行支付的手续费,又因其普遍性,在绝大部分的购物环境中都可以使用,只需要一个账户就可以基本满足日常的购物需求。

4. 免费

支付宝对用户提供的基础功能和大部分其他功能都是免费的,只有极少部分服务会收取费用。支付宝推出的余额宝业务,在为用户创造收益的同时,仍然是免费供用户使用的。

5. 众多合作方

支付宝通过与众多其他行业的公司进行合作,为用户带来更多的便利。运营至今,支付宝已与国内大多数银行达成合作,并在此基础上进一步与境外银行及 Visa、MasterCard 等国际组织合作,使得境外地区也可以便捷地使用支付宝。此外,支付宝与物流公司的深度合作,使用户能及时获取物流信息等。

6. 功能多样化

支付宝还为用户提供了理财功能。以余额宝为例,余额宝是支付宝旗下的一种资金管理服务,用户将支付宝账户余额转入余额宝后,即自动购买货币基金,享受货币基金收益。余额宝相比其他的基金,具有操作简便、门槛低、零手续费、可随取随用的特点。除理财功能外,余额宝还可直接用于购物、转账、缴费、还款等,成为用户移动互联网时代的重要现金管理工具。

二、财付通

(一)简介

财付通是腾讯创办的第三方在线支付平台。财付通同样支持网银支付和先充值再支付,提供提现、收款、付款等功能,还提供充值、机票购买、生活缴费等日常生活中的便捷服务。凭借微信庞大的用户量和高使用率,财付通成功实现线下支付逆袭。与支付宝不同的是,财付通利用微信社交关系链的高频场景,通过春节红包、朋友转账等形式实现快速发展,交易规模维持在较高水平。东兴证券2020年发布的《第三方支付产业》报告表明,财付通无论是用户数量还是其在移动支付市场的份额,在短期内仍将保持高于支付宝的增速。

与支付宝相同,财付通也采用128位SSL加密技术,设立双重密码来执行一般操作和支付操作,在提现时需检验认证姓名和银行登记姓名是否相符,并用手机短信通知等措施来保障支付流程的安全性。区别于支付宝,财付通是国内首家通过中国国家信息安全测评认证中心认证的电子支付平台。

(二)注册

财付通的注册可根据用户使用习惯,选取不同账号进行,具体过程如下。

1. 选择账号

用户可以选择使用个人 QQ 账号、E-mail 账号或者手机号注册财付通账户。拥有 QQ

账号的用户,只需要在财付通网页上用 QQ 账号激活财付通账号即可。选择 E-mail 账号或手机号注册的用户需要按照要求输入相应的账号密码进行验证,之后完成注册。

2. 设置个人信息

注册完成后,用户需要填写个人信息,包括真实姓名、身份证号等。

(三) 支付流程

作为第三方支付平台,财付通在功能上与支付宝类似,其支付流程也同样有余额支付、快捷支付等方式,如图 4-13 所示。

获取订单信息 ➡ 关联财付通平台 ➡ 选择支付方式(余额支付、快捷支付等) ➡ 确认支付至财付通平台 ➡ 验收货物确认支付至商家

图 4-13 财付通支付流程

(四) 特点

1. 安全性

技术层面采用 128 位 SSL 加密技术,拥有数字证书、安全控件等一系列保障安全的措施。非技术层面采用双重密码、短信验证等方式保证支付为本人行为。从使用过程看,需要注意的是,由于大部分账户由 QQ 号注册,在 QQ 被盗之后存在一定的风险。

2. 快捷方便

财付通支持网上付款、生活缴费功能,同时也向商户提供接口以便商户使用财付通收付款。财付通较之于支付宝还更多地结合了购物的功能,提供彩贝、优惠券等内容。

3. 免费

目前为止,个人版财付通实行免费使用政策。

4. 基于 QQ 和微信的庞大用户群

腾讯用户群体庞大,截至 2019 年,微信月活跃账户数达到 11.648 亿,QQ 智慧终端月活跃账户数为 6.47 亿,收费增值用户注册账户数达到 1.8 亿。这样庞大的用户群为财付通的使用提供了强大的后盾。

5. 众多合作伙伴

财付通的合作银行有:中国工商银行、招商银行、中国建设银行、中国农业银行、中国银行、中国邮政储蓄银行、交通银行、上海浦东发展银行、广发银行、中国民生银行、中国光大银行、中信银行、兴业银行、深圳发展银行、平安银行、北京银行及中国银联等组织。

财付通的合作商户有:易迅网、中国南方航空、QQ 网购、当当网、京东商城、拍拍、途牛旅游网、凡客诚品等。

第七节　移动支付

　　移动支付是指用户通过移动终端（通常是手机、平板电脑等）对所购买的商品或服务进行账务支付的一种支付方式。用户通过移动设备、互联网，或者近距离传感直接或间接向银行或金融企业发送支付指令，从而产生货币支付和资金转移，实现资金的移动支付。21世纪以来，随着通信技术及移动互联网的发展，移动支付逐渐普及并在世界范围内急速发展。本节主要以使用最为广泛的移动设备手机为例，来介绍以手机支付为代表的移动支付。

一、移动支付概述

(一)移动支付的重要性

　　随着手机等移动设备的普及，以及用户网络消费意识的增强，移动支付在人们的生活中占据越来越重要的地位。

　　对用户而言，移动支付除了具备常规的安全、价格低廉的特点外，较之普通电子支付还更加方便、快捷，而且避免了携带多种信用卡、会员卡等带来的使用烦琐。用户只需要一部手机就能完成整个交易流程。

　　对商家而言，移动支付因为能给用户带来无可比拟的消费体验，存在着巨大的需求，因此也必然是众多商家的必争之地；另一方面，移动支付具有非常良好的拓展性，一旦拥有成功运行的机制，客户群体将会飞速地增长，这也使得移动支付越来越成为融合线上线下的一种主流支付方式。

(二)移动支付机制

　　移动支付是通过移动设备端读取、确认支付信息，账户所在服务器更新账户信息来最终完成支付。对用户而言，只需在移动设备上浏览所需信息，然后确认支付即可。

　　根据支持主体的不同，一般有以下3种运营机制。

　　(1) 运营商为主体的移动支付。在境内，是指由移动、联通、电信来构建、管理和维护的移动支付平台。现阶段仅仅提供一些小额费用的缴纳，如话费充值等，并未在市场中占据较大份额。

　　(2) 银行为主体的移动支付。由银行提供交易平台并进行资金管理，由运营商提供信息的浏览，整个支付流程均在银行的平台上进行。因为银行在金融管理方面得天独厚的优势，加之用户对银行安全的信任，银行为主体的移动支付在市场中占有一席之地。

　　(3) 第三方支付为主体的移动支付。这是由支付宝、财付通等第三方机构构建和维持交易的平台，同样由运营商提供信息浏览，在第三方平台上完成支付。这一机制的重点在于支付过程中由第三方担保资金安全并暂为保管，消费者完成购物得到商品后再确认支付，保证了消费者的权益，所以第三方支付得到了消费者的青睐，在移动支付市场中占有最大的份额。

(三)移动支付的安全

移动支付的安全主要由两方面来保证。从技术层面上来说,在传输过程中普遍采用128位SSL加密技术,而且各个商家均推出自己在移动平台上的客户端,内置自主研发的保密技术,进一步保障支付过程的安全;从操作层面上来说,对客户的资金一般都提供保险业务,而且部分提供先行赔付的服务,以消除客户对资金安全的担忧。

(四)移动支付的经济价值

从宏观方面来看,移动支付因为不涉及现金,所以不受钞票发行量和流通速度等因素的限制,同时又具有方便快捷的特点,但是需要谨慎经济泡沫的产生,在良好管理的前提下,会极大地推进消费水平和生产力的发展。

从微观方面而言,移动支付相当于为企业提供了一个全新的业务增长点,企业涉足移动支付能很好地提升企业效益,而且因为固定资本少,退出障碍相对较小,有利于企业规避风险。

二、NFC支付

(一)简介

NFC是一种利用短距离的高频无线通信技术,实现设备间10厘米内数据交换的技术。

由于NFC所支持的是两台设备之间的连接,不存在被其他设备入侵的威胁,因此拥有较高的保密性与安全性。在此技术上发展而成的NFC支付,是使用手机、平板和各种移动终端进行移动支付的一种手段。因此,NFC支付就同时具有NFC技术所带来的安全性、实时性和移动支付所享有的移动性等特点。NFC支付主要有3种类型的应用:卡模拟模式、P2P模式和读卡器模式。其中的卡模拟模式是NFC支付的主要类型,提供手机支付、手机票、手机一卡通、会员卡等功能。

(二)使用流程

NFC支付,从2003年出现至今已经经历了近20年的发展,"宝剑锋从磨砺出,梅花香自苦寒来"。据观研天下《2019年中国NFC支付市场分析报告》显示,NFC的市场规模增长迅速,相较于2017年的48.9亿,2018年第一季度就达到29.4亿元,并且,2018年市场上2000元以上的智能手机都已具备NFC功能,具备NFC功能的手机拥有钱包功能,可以把所有卡片(银行卡、门禁卡、校园卡、会员卡、公交卡)都装在智能手机钱包APP里,手机钱包是互联网金融服务公司生态获客的入口。作为一个流量的入口,手机厂商都在打造自己的钱包功能,并全力拓展互联网金融方面的服务。NFC支付使用流程如图4-14所示。

设备接触建立连接 ➡ 手机应用确认收付款 ➡ 支付完成

图4-14 NFC支付使用流程

(三)特点

NFC 支付主要特点如下。

1. 创建速度快

设备之间的连接在 1/10 秒内完成,远高于普通的蓝牙连接速度。

2. 安全性高

短距离内的点对点连接,可以避免其他设备窃取数据,而且可以进行普通和高级加密(Advanced Encryption Standard,AES),从而使其安全级别进一步提高。

3. 其他特点

其他特点还有诸如干扰低、传输速度低(将来可提高至 1 兆比特/秒左右[1])、耗能低等。

NFC 支付与蓝牙的比较可扫描二维码了解相关信息。

NFC 支付与蓝牙的比较

三、二维码支付

(一)简介

二维码是在一维码即条形码的基础上扩展而成的,二维码的长度和宽度均记载数据。同时二维码具有定位点和容错机制,所以二维码在任何方向下均可读取。即使在有污损时,也可以被正确读取。

二维码自身不具备安全性能,可以轻易被复制和读取。但是二维码读取所获得的内容为数字串,需要再经过解码才能还原至所需信息,在不知道算法的时候,数字串极难被还原为可用信息。同时,如果采用行业通用的算法标准,就可以保证在任何设备上都可以正确的读出信息。因此可以在这一环节进行加密处理来提高支付的安全性。

二维码支付正是建立在这样的基础上,在通用算法下读取信息,再通过加密算法确保支付过程的安全性。

实际使用中只需使用手机等设备扫描二维码,再在应用中进行相应的确认操作即可。

(二)使用流程

付款方打开手机上相应 APP(如支付宝、微信支付)的二维码,手机会自动进入相应的付款界面。收款方扫描付款方展示的二维码后,付款方在手机端确认金额,输入密码完成支付,如图 4-15 所示。

使用手机上相应 APP 的二维码 ➡ 付款方扫描二维码 ➡ 确认金额,完成支付

图 4-15 二维码支付使用流程

---

[1] 雷洪斌.基于 NFC 技术的手机支付研究综述[D].上海:上海交通大学,2007.

(三)特点

1.设备支持

需要用户拥有支持读取和使用二维码的设备。根据现有情况,采用主流操作系统 iOS、Android 等的手机设备上,都能免费得到使用二维码的 APP。

2.方便快捷

二维码储存的信息量较大,从手机端可以直接读取所有信息,而且二维码可以直接复制使用,便于传播。对于用户而言,几乎可以做到一键完成支付,或者小额情况下可以直接扫描完成支付,极大地缩短了支付所需的时间。

3.安全性

二维码支付的安全性取决于网络支付过程中的安全性。在支付宝、财付通等第三方支付平台及网银的成熟发展下,网络支付的安全性能够得到保障,所以二维码支付的安全性也是有保障的。

四、拉卡拉支付

(一)简介

拉卡拉支付成立于 2005 年,是国内领先的第三方支付企业,2011 年首批获得中国人民银行颁发的"支付业务许可证"。拉卡拉支付通过线上＋线下、硬件＋软件的形式为中小微商户提供支付收单服务和经营服务等,推出了拉卡拉智能 POS、拉卡拉收钱宝盒、拉卡拉收款宝、拉卡拉云小店、拉卡拉收款码、拉卡拉汇管店等产品。截至 2019 年上半年已累计服务商户超过 2100 万家,业务覆盖商超、便利店、社区零售店、物流、餐饮、物业、保险、贸易等行业。

(二)使用流程

首先,在拉卡拉 POS 机上选择消费功能,查看商家和卡号信息后,刷卡并按确认键;其次,用户确认并输入消费金额及密码;最后,输入密码并确认后,将在短时间内成功刷卡并得到打印的收据。如图 4-16 所示。

图 4-16 拉卡拉支付使用流程

(三)特点

拉卡拉从支付切入,为中小微商户提供以下四方面的特色服务。

1.云收单

向中小银行和持牌机构输出包括银行卡收单、条码支付、风险监控等在内的整体支付受理解决方案。

2. 云小店

通过"门店收银＋线上 H5 商城＋小程序商城"实现线上线下一体化模式,帮助商户拥抱新零售。

3. 收款码

实现聚合扫码收款、聚合店铺服务,全面覆盖微信、支付宝、云闪付、翼支付等主流扫码渠道。

4. 汇管店

帮助商户打造专属的线上官网,定向推送、定向服务,进行精准营销。

第八节　其他支付模式

一、生物识别支付

人工智能技术应用的不断落地为移动支付带来了新的想象空间,以生物识别技术为基础的支付方式开始兴起。所谓生物识别支付,是指用人的生物特性,如指纹、脸、静脉、虹膜、声纹等代替传统的支付模式,实现在各类支付场景下的应用。

2013 年,支付宝开通了声波支付,其原理是利用声波的传输,完成两台设备的近场识别。其具体过程是,在第三方支付平台的手机客户端里,内置有"声波支付"功能,用户打开此功能后,用手机麦克风对准收款方的麦克风,手机会发出一段"咻咻咻"的声音。收款方设备听到这段声波之后就会自动处理,用户在自己手机上输入密码,收款方设备就会放出商品。

根据中国支付清算协会的统计显示,2018 年以来,人脸识别在手机解锁、身份验证、支付等方面广泛应用,并已成为主流趋势。目前,85％的用户愿意使用刷脸支付等生物识别技术进行支付。随着刷脸支付、指纹支付的不断普及,声波支付的用户量逐渐减少。2019 年 1 月,支付宝宣布声波支付功能正式下线。2019 年 4 月,支付宝的"蜻蜓"、微信的"青蛙"相继投入商用,两大巨头在收银台上的对垒日渐激烈,昭示着刷脸支付时代的大幕已经拉开。

以刷脸支付为代表的生物识别支付的发展及普及,对于提升用户移动支付体验、改善商户经营效率、带动经济社会智能化发展具有重要价值。随着 5G(5th Generation Mobile Network,第五代移动通信技术)、AI(Artificial Intelligence,人工智能)、IoT(Internet of Things,物联网)等前沿黑科技的加速应用落地,在保证用户隐私安全的前提下,中国刷脸支付产业将进一步发展并带动相关移动支付产业链的腾飞。

二、微信支付

微信支付是腾讯集团旗下的第三方支付平台,致力于为用户和企业提供安全、便捷、专业的在线支付服务。以"微信支付,不止支付"为核心理念,微信支付为个人用户创造了多种应用场景,如购物、吃饭、旅游、就医、缴纳水电费等。除了接入线下应用场景,微信支付也致力于在电子商务平台上进行推广。例如,微信支付提供支付后直播预约、品牌红包、品牌发券等服务。

微信支付的流程如下。

(1)用户通过分享或扫描二维码进入商户小程序,进行购买并完成选购流程。

(2)选购完毕后将调用微信支付控件,用户开始输入支付密码。支付成功后,商户后台将收到支付成功的通知。

(3)返回商户小程序,显示购买成功,微信支付公众号下发出支付凭证。

详细支付流程如图 4-17 所示。

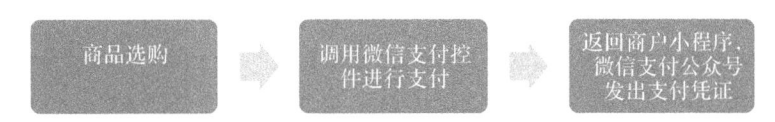

图 4-17 微信支付流程

三、几种支付方式比较

目前主流的移动支付方式包括 NFC 支付、支付宝支付、微信支付和生物识别支付。它们都拥有很快的支付速度和很高的安全性,且支持主流手机设备。在支付速度方面,生物识别支付能自动识别用户的指纹和面部信息,无须扫码等支付动作,因此在支付速度上更加快速。在安全性方面,NFC 支付的相关模块内置于移动设备中,无法通过粘贴、替换等手段造假,同时 NFC 技术的通信拥有双向鉴权、数据加密等手段,能达到金融级别的安全等级,相比于其他移动支付方式具有较高的安全性。在普及度方面,目前支付宝支付、微信支付和生物识别支付在境内的普及度都较高,而 NFC 支付在境内并没有得到很好的推广。几种支付方式的比较如表 4-1 所示。

表 4-1 几种移动支付方式比较

支付方式	支付宝支付	NFC 支付	生物识别支付	微信支付
支付速度	快	快	很快	快
安全性	较高	很高	高	较高
支持设备	主流手机设备均可	主流手机设备均可	主流手机设备均可	主流手机设备均可
相关内容普及度	高	较低	高	高

注:相关内容普及度为生活中相应的技术使用范围,如二维码在生活中应用是否普遍,这里并不局限于支付行业。

第九节 境外常用支付工具及应用系统

目前,境外应用较为广泛的网上支付工具有 PayPal、Swish、Paylah、Line 和 Kakao Pay 等。

一、PayPal

(一)简介

　　PayPal是一家总部在美国加尼福尼亚州的在线支付服务商,其开发的PayPal第三方支付工具于1999年正式上线,经过多年发展,已成为全球化的支付平台。截至2020年第二季度,PayPal在全球200多个国家和地区拥有约3.46亿个账户,支持100余种币种,因此,可以方便用户在全世界范围内购物和销售。截至2019年,在跨国交易中有超过90%的卖家和超过85%的买家认可并正在使用PayPal电子支付业务。

　　PayPal的多币种支持特性,对买家而言,可以实现如下功能:①以选定的币种支付购物款项;②付款将自动兑换为用户需要的币种;③以另一种币种发送付款,账号中不需要有该币种的余额。对卖家而言,可以实现如下功能:①直接以用户选定的币种接收付款;②提现转入用户的当地银行账户中时,不需要支付币种兑换费;③使用目前的PayPal账户管理多币种付款;④持有一种币种的余额,仍然可以接收多币种的付款。

　　PayPal在线支付服务创建于1999年,在1999年底,PayPal的账户数量为1.2万,交易金额为23.5万元。此后,PayPal在中小企业中取得了空前的成功。它的主要特点是使用ACH(Automatic Clearing House,自动清算中心)借记,也允许用户通过信用卡或ACH转账向账户中载入资金。2003年10月,PayPal与CyberSource达成合作,向商家提供免集成的支付工具,CyberSource成了PayPal的一个支付网关。2015年,PayPal以PYPL的股票代码形式在美国纳斯达克证券交易所挂牌上市。

　　PayPal也提供基于WebService技术(SOAP、WSDL)的简易工具,通过公开其技术标准,开发人员将PayPal集成至现有的支付系统当中,甚至其开发工具当中,使商家直接与PayPal相连,有利于商家跟踪与管理销售交易。

　　目前,美国已有1/3的网上消费者拥有PayPal账户,PayPal最吸引买家之处在于个人敏感信息不必透露给商家。另外,美国的用户还可以通过加入公司提供的"货币市场基金"等方案获得账户余额的利息收入。

(二)使用流程

　　PayPal的使用流程如下,具体如图4-18所示。

　　(1)点开"我的PayPal",点击付款选项卡,进入付款页面,输入详细的付款信息,比如对方的PayPal账号、付款金额等。

　　(2)全部填完付款所需要的信息后,确认付款详细信息。如果付款信息有误,请点击更改,把所需更改的信息更改好。

　　(3)如果付款信息全部正确且不需要再更改时,确认付款方式和送货地址。如果有误,请点击更改,然后进入下一步。

　　(4)可以选择向付款接收方发送电子邮件,以便收款方及时收到付款通知,然后确认收款方邮件地址准确,点击付款即付款成功。

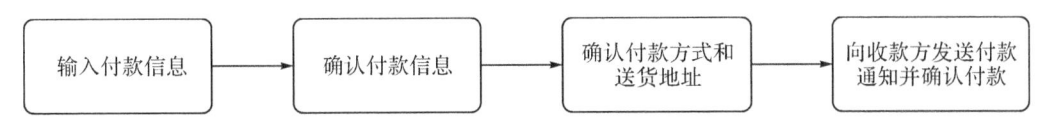

输入付款信息 → 确认付款信息 → 确认付款方式和送货地址 → 向收款方发送付款通知并确认付款

图 4-18 PayPal 使用流程示意

(三)PayPal 的特点

1. 安全性

即使是小额支付,在运营初期,安全性仍然是 PayPal 当时面临的最大问题,为此,PayPal 使用一些商用加密技术来保护用户数据,这些技术也是一些全球性银行(比如瑞士信贷第一波士顿银行、花旗银行、汇丰银行)所使用的。2018 年,PayPal 收购反诈骗风险管理平台 Simility,以此加强自己的相关安全功能。

PayPal 的账户政策利于用户,它允许用户不必开设账户即可进行一次性的支付,这意味着在决定是否向 PayPal 提供个人敏感信息之前用户就可以使用 PayPal 服务。

2. 低费率

商家可以享受低廉费率,商家使用 PayPal 的交易手续费率是 4.4%+0.3。

对于视频游戏、在线贺卡、在线文章、移动内容、数字音乐等小额数字内容及 2 美元以下的交易,PayPal 采用的定价模式为每笔交易收取 5 美分的固定费用+5%的交易佣金。商家可以根据自身的业务模式选择原有的计价方式或采用新费率。相对原有费率,商家负担的费用可节省 40%~60%。通常微支付购物采用定制或预充值方案,新费率作为原有收费模式的补充,为逐笔支付提供更低成本的选择,有利于买方更加灵活地选择支付模式。

3. 境外平台建设

除了在支付领域和方法上继续创新外,PayPal 也不断在全球开疆拓土。2019 年,PayPal 通过子公司美银宝信息技术(上海)有限公司,收购海航集团旗下第三方支付公司——国付宝信息科技有限公司 70%的股权,成为国付宝实际控制人并进入中国支付服务市场,成为首家进入中国大陆市场的外资支付机构。

二、Swish

Swish 作为瑞典的代表性移动支付系统,是欧洲移动支付系统协会的成员。该服务于 2012 年由 6 家大型瑞典银行和瑞典中央银行合作推出。截至 2018 年 9 月,它拥有 650 万用户。

Swish 通过智能手机应用程序提供服务,用户的电话号码通过该应用程序连接到他们的银行账户,这使得实时转账成为可能,几秒钟后双方就会收到确认。Swish 要求用户在参与该系统的瑞典银行中有一个银行账户,以及一个瑞典身份证号码。

Swish 最初是为个人之间的交易而设计的,但很快它就开始被用于跳蚤市场和教堂服务,并被体育俱乐部和其他组织用作小型活动的支付手段。在这些活动中,信用卡读卡器太贵并不适合支付,之后,希望避免信用卡收费和简化在线支付的小公司也纷纷效仿。2017 年 1 月,Swish 推出了基于网络的销售和服务,并很快流行起来,用户可以通过扫描二维码进行支付。

三、PayLah

PayLah 是新加坡 DBS 银行旗下的支付钱包服务，是当地最受欢迎的支付应用程序。PayLah 类似于支付宝，也使用手机扫码收付款，只需要找到支持 PayLah 的商家，即可扫码支付。

PayLah 可用于预订旅行、订购午餐、为节目评分等场景，用户可以跟踪和赎回自己的 DBS/POSB 卡积分，并享受个性化的奖励。发展至今，PayLah 有超过 18 万的接纳点，越来越多的合作伙伴如小贩中心、零售店、体育中心和餐馆，都已经引入使用 PayLah 支付系统。

四、Line

Line 是日本的国民级免费通信应用，于 2014 年 12 月上线，是日本版的微信。2016 年年中的数据显示，Line 拥有 2.18 亿活跃用户。至 2020 年 6 月，Line 在日本已拥有 8400 万活跃用户。

在 Line Conference Tokyo 2016 年度大会上，Line 推出了具备现金储存及预付功能的 Line Pay Card 和 Line Points。Line Pay Card 其实是一种实体卡片，其功能是现金储值功能，使用者只需要带着 Line Pay Card，就可在日本超过 1200 万商店消费，且不像信用卡一样有年龄使用限制，任何年龄都可以申请使用。Line Pay 的主要市场为日本、泰国、中国台湾和印度尼西亚。截至 2019 年 2 月，在以上四个国家（地区），Line Pay 拥有 4000 多万注册用户。

由于有巨大的人均 POS 量，日本国民的大多数支付场景仍旧被卡基质支付工具所占据。目前日本主流的电子货币包括网购用的 Edy、坐地铁用的西瓜卡、购物用的 WAON，以及由通信运营商主导的用于手机支付的 d Pay、au Pay 等。

五、Kakao Pay

韩国国内主要的电子钱包有 Kakao Pay、Toss、Samsung Pay、Naver Pay、Payco、SmilePay 等，其中 Kakao Pay 用户数量最大，在韩国也最为流行。Kakao Pay 是韩国的国民级社交软件 KakaoTalk 旗下的支付品牌，腾讯是其第二大股东。在 2014 年 9 月，KakaoTalk 推出了自己的移动支付服务 Kakao Pay，在书店、超市、食品外卖和团购等领域推广移动支付。Kakao Pay 允许用户进行移动支付和在线交易，支持使用近场通信和二维码进行非接触式付款。Kakao Pay 于 2017 年得到蚂蚁金服的 2 亿美元投资。根据 2020 年 7 月的统计结果，KakaoTalk 在韩国的用户总数为 3559 万人，而 2020 年韩国人口总数约为 5184 万人，可见 KakaoTalk 在韩国的普及度。

六、中日韩移动支付技术在亚洲其他国家（地区）的推广

在亚洲，面对中日韩在数字经济发展方面的遥遥领先，其他国家（地区）也纷纷出台支持政策来促进发展以数字支付为起点的数字经济。疫情期间，无论是在家点外卖还是用支付宝在手机上付款，以无接触服务为主的数字生活方式迅速扩散至东盟及南亚国家（地区）。以数字支付为基础的无接触服务，改变了这些国家（地区）用户倾向于使用现金的传统习惯。

据德勤咨询公司 2020 年发布的《后浪来袭：东盟与南亚的璀璨数字生活》的报告显示，疫情后，东盟和南亚 78% 的消费者增加了数字服务的使用。线上网购、朋友转账和线下零售支付成为数字支付最常见的三大应用场景。

与此同时，东盟和南亚地区各国（地区）的电子钱包，也纷纷与中日韩等国领先的移动支付企业，如支付宝、Kakao Pay 等建立合作，通过效仿这些国家在数字支付领域的先进经验，迅速建立起自己的数字支付 App，因地制宜地积极创新。例如，马来西亚版支付宝 Touch'n Go、泰国的 TrueMoney、菲律宾的 GCash 等。

从各类网上支付工具和平台在各国（地区）的发展历史和现状来看，要成为一种广为接收的甚至是跨境的支付工具，不仅需要兼顾商家和客户的需求，创新其商业模式，也需要不断地延伸应用场景，培养用户习惯。两种最早推出的电子货币 CyberCoin 与 DigiCash，先后在北美停止使用。这里固然有技术因素，更多的可能还是因为人们的支付习惯问题。同样，考虑到日本民众习惯于卡基支付，所以 Line 最终放弃了移动支付，改为发展卡基支付。然而，2020 年疫情的暴发增加了人们对线上无接触支付的需求，因此越来越多的国家（地区）加快了对移动支付的推进。

此外，我们还必须看到，历史上，但凡向社会引入新型支付手段，如果是法定货币，为公众接受是理所当然的，但如果是非官方发行的支付手段，要想赢得关键的大多数人的认可，首先要考虑的是如何令商家和用户共同接受，开发方处在用户和商家之间的两难境地。数字现金、信用卡、智能卡等支付工具，本质上属于网络产品，因此，为方便系统间的交叉运作，在发行人之间广泛达成统一的标准同样势在必行。

本章小结

支付效应的理论机制及影响因素

网上支付是交易者（包括消费者、企业和银行等）使用安全的电子支付手段，通过网络所进行的货币支付或资金转移，是买卖双方在网上发生的一种资金交换活动。本章着重介绍了网上支付的概念、特征，以及常用的网上支付工具和支付平台，并对国内外相关领域的最新发展做了介绍。

1. 网上支付是消费者通过互联网，借助网上银行系统进行交费的支付方式。网上支付工具是网上支付的形式和载体，主要有信用卡、数字现金、电子支票和第三方支付工具等。

2. 信用卡支付的 4 种类型是：无安全措施的信用卡支付、通过第三方代理人的信用卡支付、简单信用卡加密支付和 SET 信用卡方式。

3. 数字现金是一种表示现金的加密序列数，可以表示现实中各种金额的币值，具有现金的属性。

4. 电子支票几乎与传统支票有同样的功能。使用电子支票，买方不必使用写在纸上的支票，而是可用计算机生成的支票进行支付活动。

5. 目前，我国应用较为广泛的网上支付系统有银行网上支付平台、支付宝、财付通等。

6. 境外常用的网上支付工具有信用卡、PayPal、Swish、Paylah、Line 和 Kakao Pay 等。

关键词汇总

1. 网上支付：是消费者通过互联网，借助网上银行系统进行交费的支付方式。

2. 网上支付工具：是网上支付的形式，是实现网上支付的载体。

3. 数字现金：是一种表示现金的加密序列数，可以表示现实中各种金额的币值，具有现金的属性。

4. 电子支票：一种网上支付工具，包含支付人姓名、支付人金融机构名称、支付人账户名、被支付人姓名、支票金额。

5. 智能卡：是在智能芯片上存储用户信息的电子货币。

6. 光卡：是一种新型的、安全性高、存储量大的电子货币。

7. 第三方电子支付平台：是融购物流程、支付工具、安全技术、认证体系、信用体系及现在的金融体系于一体的第三方综合平台。完整的支付平台应该能提供验证、银行转账对账、账务管理、交易处理、代缴代付等全方位的金融服务。

8. 支付宝：是支付宝公司针对网上交易而特别推出的安全付款服务，其运作的实质是以支付宝为信用中介，在买家确认收到商品前，由支付宝替买卖双方暂时保管货款的一种增值服务。

9. 财付通：是腾讯创办的第三方在线支付平台，支持网银支付和先充值再支付，提供提现、收款、付款等功能，还提供充值、机票购买、生活缴费等日常生活中的便捷服务。

10. 移动支付：是指交易双方为了某种货物或者业务，通过移动设备进行商业交易。移动支付所使用的移动终端可以是手机、PDA、移动 PC 等。

11. 近场通信（NFC）：又称近距离无线通信，是指利用短距离的高频无线通信技术，实现设备间 10 厘米内的数据交换。

12. PayPal：是 PayPal 公司开发的一种网上支付系统，截至 2020 年第二季度，PayPal 在全球 200 多个国家和地区拥有约 3.46 亿个账户，支持 100 余种币种，因此，可以方便用户在全世界范围内购物和销售。

本章习题

1. 简述网上支付的特点。
2. 简述数字现金的工作方式。
3. 比较电子支票与传统支票的异同。
4. 理解并掌握消费者使用不同支付工具的行为特征和可能的影响因素。

第五章

网络银行

第一节　银行信息化的发展

信息技术的发展极大地推动了金融创新,加剧了金融竞争。银行信息化的应用,不仅使得银行在成本降低、业务创新、服务质量提升等方面受益匪浅,也改变了商业银行的经营模式。

早在20世纪60年代初,美、日就已采用单机处理核算数量大、计算简单、重复性强的业务,如日常记账、编制报表、数据统计和支票处理等业务。此时,银行计算机的应用更多体现在提高记账效率、降低经营成本上,应用的软件多以改善会计系统为主。这一时期,也被称为"后台电子化"时期。

20世纪70年代初期,随着主机—终端概念的提出,美、日等发达国家开始使用计算机系统,用终端与中央处理机联结处理日常的活期存款、票据往来、定期存款及汇总结算业务。这不仅提高了银行前台的工作效率,还使银行计算机的应用从后台走向了前台。

20世纪70年代中期之后,随着计算机网络和数据库等技术的快速发展与充分应用,美、日等国在银行信息化的过程中,十分重视成本核算中的效益,试图通过银行间数字通信,以争取更多的银行共同利用设备来实现资源共享,降低成本。信息技术在降低银行业务成本、提高效率的同时,也成为银行开拓市场的重要手段,从而导致了银行业务的不断创新,使得银行业务从单家银行独立经营,发展到各家银行联合经营,利用银行通信网完成客户资金调拨、银行资金调拨、外汇交易转账及对账、储蓄通存通兑,以及其他一些业务,如自动取款机业务、销售点业务、信用卡业务、家庭银行业务及办公室自动化业务等。

通过计算机网络实现储蓄业务的通存通兑,使得客户不论在哪个银行开户,都可以到任何一家银行存款取款。同时,各大商店、超级市场、车站、机场等公共场所,都安装有现金自动付款机,昼夜向客户提供服务,客户只需将带有磁条的储蓄卡插入读卡器孔内,通过键盘按下个人识别码、功能码和取款金额及不同钞票面额的选择键,机器即可自动将现金送出来。操作方便,手续简单,取一笔款用时不到半分钟的时间。

进入20世纪90年代之后,随着网络的兴起,网络银行(Internet Bank)应运而生。存、贷、收付转账、信息查询等绝大多数业务,都可以在网上完成,并且可以实现24小时服务。与此同时,信息技术不再仅仅局限于银行业务的处理,而是更多地表现在对银行业务流程加以优化及对传统银行的改造上。传统银行的营业点(金融零售店)作用已经开始削弱,设置更多营业网点的竞争方式,已经失去意义。

作为 21 世纪新兴的金融业服务系统,网络银行已经成为现代银行业的重要组成部分。进入 21 世纪以来,我国网络银行在业务量、技术水平和服务内容上发展迅猛。2011 年以来,传统银行业积极应对互联网金融等新兴产业的挑战,加速互联网化转型,网上银行用户数量不断增加。据中国银行业协会发布的《2020 年中国银行业服务报告》统计,2020 年银行业金融机构离柜交易达 3708.72 亿笔,同比增长 14.59%;离柜交易总额达 2308.36 万亿元,同比增长 12.18%。手机银行交易达 1919.46 亿笔,同比增长 58.04%,交易总额达 439.24 万亿元,同比增长 30.87%;网上银行交易达 1550.30 亿笔,交易总额达 1818.19 万亿元,同比增长 9.68%。从网络银行、手机银行到第三方公司进入银行传统支付、借贷等业务,再到纯网络银行(如网商银行、微众银行等),信息技术和互联网技术加快推动着银行信息化的发展,使得银行不断以崭新的面貌出现在公众面前。

第二节 银行自动化应用系统

一、概述

银行的管理信息系统(Management Information System,MIS),一般可以分为 4 层:作业层次、控制层次、管理层次和营运层次。有一个完整优秀的作业层次的信息系统,才可以轻松地提供其后 3 层的控制、管理、营运信息。所以本章所说的系统,是银行各项作业、各类服务、各类经营的基础,这是非常重要的。

我们给出了银行自动化应用系统示意图(见图 5-1)。

(1)ATM 是客户进行自我服务的一个银行终端,可办理存款、取现、转账、查询等业务(早期简单的存款机,一般是不联网的单机)。ATM 现已大量使用,遍布银行营业大厅、走廊、工厂、医院、大厦、机场、火车站等场所。

(2)POS 机是与银行计算机相连的,安装在商场、超市、加油站等处的一台计算机及相关设备。顾客购物后,可通过 POS 机用借记卡、信用卡付款,POS 机立即做相关传输和账务处理。此外,POS 机还可核对支票。

(3)企业电子转账服务可办的主要业务是:联网转账(境内外)、联网账务状况报告、存款情况报告、工资直接转账支付、事先授权支付、投资管理、企业现金管理等。

(4)家庭银行使客户可在家中通过网络、电话或有线电视办理付账、查询余额、止付、签发、转账等业务,同时可进行财务管理,了解有关账户的账务状况报告,并向银行咨询投资。

(5)分支行间的即时联网作业系统 OLTP(On-line Transaction Processing)可即时处理有关账务和报表,还可使支行的未达账归零。

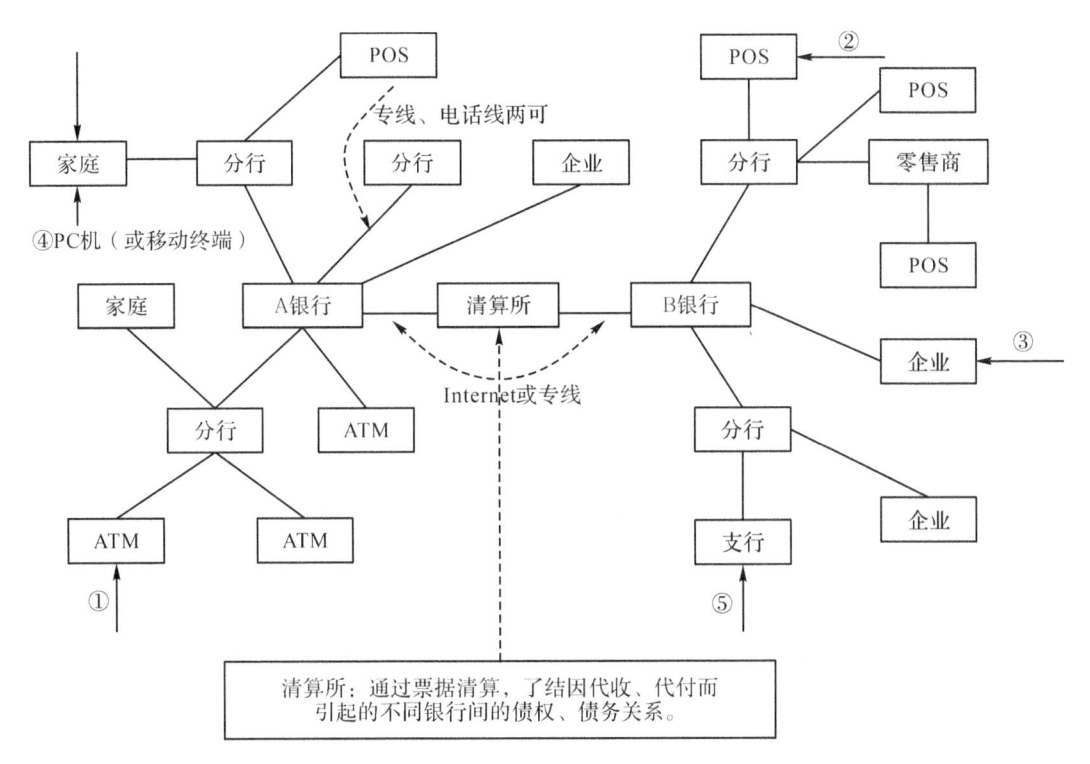

图 5-1　银行自动化应用系统示意

此外，银行自动化应用系统还有银行内部的信息系统和银行往来通信系统。

银行自动化所需的应用系统，种类繁多，简单分为金融业务自动化的应用系统与金融机构中非有关业务的系统，如人事、薪资、服务、总务等。如表 5-1 所示。

表 5-1　银行业务自动化的应用系统

系统层次结构	相关系统	网络特色
国际银行往来通信网络系统	SWIFT、CHIPS、CHAPS	国际行际网络
境内银行往来支付清算通信网络系统	FEDWIRE、中国现代化支付系统	境内行际网络
跨行通存通兑、转账，以及与商家、海关往来通信网络系统	EPS、POS、EDI	国际行际网络 POS/EDI 网络
银行往来支票清算系统	MICR	国内票据交换
总、分行间往来清算系统	汇款、资金调拨	行内行间网络
分行与下属行、处、所业务即时联网作业系统	储蓄、ATM、信贷、外汇、资金、信用卡、账务等	行内联网
分行对企业、家庭服务通信网络系统	企业银行、家庭银行、电话银行	行外服务网络
国际金融交易信息系统	REUTERS、FX、MM、BONDS、DERIVATIVES、TELERATE	国际专线

续 表

系统层次结构	相关系统	网络特色
营运管理信息系统	MIS/EIS、ALM	高度集中、快速处理
境外分行信息系统	G/L、TREASURY、LOAN、TRADE FINANCE、RETAIL	独立系统

二、银行往来通信网系统

(一)环球银行金融电信协会

1. 概述

1973年5月,来自15个国家的239家银行正式成立了国际金融电信网络系统,全称为环球银行金融电信协会,即SWIFT。这是一个非营利性的国际组织,总部设在布鲁塞尔,最高机构为董事会。SWIFT的主要功能是为全球银行提供金融数据处理和通信网络服务,该系统于1977年5月正式投入服务。中国银行于1984年加入,是该组织的第1034家成员行,并于1985年5月开通使用。目前,SWIFT的服务已经遍及全球200多个国家和地区的11000多家银行和证券机构、市场基础设施和公司客户。在欧美国家,由SWIFT传输支持的业务占银行间清算业务量的80%以上。SWIFT可在各种类型的支付系统之间建立连接,包括CLS(Continuous Linked Settlement,连续联结结算)、Netting(净额系统)、证券交易系统、国际证券集中托管系统、RTGS(Real-time Gross Settlement,实时全额结算系统)等。

SWIFT系统,可以让每一位会员银行利用行内的SWIFT终端设备,将付款信息、通知信息在几秒钟内,传送到全世界各地的其他会员行中,完成付款和通知的合法手续,是目前全球金融界中最方便的通信体系之一。近年来,各国银行已经把SWIFT制定的外汇业务格式作为往来清算的标准,把SWIFT协会指定的银行标识码作为唯一共识的银行往来清算账号。SWIFT已成为世界银行间外汇业务新的环球清算体系,对一家处理国际业务的银行来说,进入SWIFT系统的完善程度和系统级别已成为衡量其电子化自动清算水平的标准。

2. 组织机构

(1)机构组成

SWIFT的会员仅限于银行和金融机构,申请加入协会的会员必须填写申请,购买相应股份,由SWIFT年会审议批准,才能成为它的会员和股东。SWIFT董事会成员是根据各会员银行持股份额,经董事会提名、大会通过而产生的。董事会设有7个部门,分别是:银行协调部、业务操作部、终端服务部、研究发展部、软件开发部、产品计划部、财务及行政管理部。SWIFT总部每年召开一次技术研讨会和全体股东年会,每月发布一期期刊,发表各国银行SWIFT发展动向,每季发行一本SWIFT银行标识代码手册,并公告新注册和被注销的银行名单。

SWFIT通信网络设有3个操作中心(Operating Center),也称为交换中心(Switching Center),分别是:纽约操作中心、阿姆斯特丹操作中心和布鲁塞尔操作中心。各中心之间采用全球SWIFT X.25网络相连,3个操作中心将发报行和收报行连接起来,其中,前两个操作中心主要负责业务处理,而布鲁塞尔操作中心主要负责文件传输和财务信息备份。操作中心是 SWIFT 的核心。SWIFT 通过操作中心将发报行和收报行连接起来,由收报行进行交易处理。布鲁塞尔操作中心支持卢森堡、德国、芬兰、奥地利、比利时、意大利和西班牙等国的区域处理中心;阿姆斯特丹操作中心支持瑞士、瑞典、英国、挪威、法国、爱尔兰、荷兰和希腊等国的区域处理中心;纽约操作中心支持北美、拉丁美洲和亚洲的区域处理中心。

1986 年,SWIFT 关闭了布鲁塞尔操作中心,将其业务转移到荷兰新增设的一个操作中心。各会员银行利用地区工作站,应用多功能的 X.25 网络与操作中心进行连接。每个操作中心都有足够的冗余备份,彼此之间通过全双工链路连接成一个环,以保证在某个操作中心发生故障时,另一个操作中心能够及时地展开备用处理。

SWIFT 的传输网络分为网络管理中心、核心网络、校验网络和界面网络 4 个层次。银行用户可以用拨号线、电话专线与接驳站联机,由于网络上 X.25 机均有备份,主要网络有后备线路,网络可靠性为 99.93%。操作中心备有双重后备发电机、继电器设施、电信网络及 24 小时查询服务。网络和系统管理设置于美国和荷兰的操作中心,遇到故障时,另一个中心网络智能工作台可以照顾整个 SWIFT 网。网络的设置和更改,由比利时网络操作部统一运筹管理。一般情况下,每个国家都有一个区域处理中心,少数较小的国家共用一个区域处理中心。操作中心通过 9600b/s(比特/秒)全双工国际数据通信链路与区域处理中心连接,各成员行则通过网内数据通信链路同区域处理中心连接,成员行的所有进出电文必须通过区域处理中心才能发出或传入。

成为正式会员的银行一般是商业银行总行,会员银行之间可以相互交换收发 SWIFT 电信的密押。SWIFT 网还具有广播功能,会员银行可以方便地交换各种重要新闻,以进行信息交流和往来。

(2)服务项目

SWIFT 可为会员银行提供广泛的日常事务处理功能,除了通常的 FIN 服务之外,还有一些其他的信息服务项目。以下做一简单介绍。

①FIN 服务

主要包括客户汇款(Customer Transfer)、银行汇款(Bank Transfer)、外汇兑换和货币市场确认(Foreign Exchange and Money Market Confirmation)、贷款/存款(Loans/Deposit)、托收(Collections)、行际证券交易(Interbank Security Trading)、黄金及贵金属交易(Gold/Precious Metal)、跟单信贷(Document Credits)、旅行支票(Traveler Check)、报告/确认(Statements/Confirmation)、担保(Guarantees)、银团(Syndication)等。

②其他服务

a. 全球服务运行

SWIFT 的宗旨是使用户从所提供的服务中获得最大利益,为此,SWIFT 专门建立了用户支持中心,制订培训计划,并为用户负责产品的安装及提供有关资料。

b. 标准化

SWIFT 的报文标准化使金融界的交易变得更加简单而安全。这些标准为金融报文的传送提供了多个国家通用的语言,这使得 SWIFT 在全球金融市场中保持了"标准制定者"的地位。

1995 年,SWIFT 建立了"标准化实验室",该实验室主要从事两项工作:一是研究推行新标准的可行性,即在以旧标准为基础开发的系统上处理新的标准;二是寻找一种新标准的发布方式,使新标准可以随时应用户的要求被下载。这两项工作的成功,一方面可以应市场的需要及时地增加新的报文标准,另一方面可以使用户能够根据自己的实际情况自由选择使用标准。

c.信息服务

信息服务是向用户提供"SWIFT 解决方案"的中心组成部分。为此,SWIFT 建立了数据库和有关目录,收集和维护有关信息,以帮助用户提高效率和增强直接切入处理能力。

SWIFT 对统一的银行标识码(Bank Identification Code,BIC)数据库进行不断地改进,1987 年引入 BIC 后,可以准确地标识交易中所涉及的金融机构,1995 年开始使用新的 BIC 数据库(BIC Database Plus),新库将 BIC 目录与国家标识码合并,用户可以通过某种机器可读的格式以鉴别更多的金融机构。

表 5-2 列出了 SWIFT 的主要服务、市场和相应的业务系统。

表 5-2　SWIFT 的主要服务、市场和业务系统

SWIFT 服务	SWIFT 市场	SWIFT 界面软件	SWIFT 新型业务系统	SWIFT 其他业务
全世界金融数据传输	金融报文传输	SWIFT Alliance Entry	RTGS:实时横向清算	STP 分析
文件传输	FIN:安全报文传输(具有自动化处理能力的结构化金融报文传输处理)	SWIFT Alliance Access	CHAPS:清算所自动支付系统	报文标准化
直通处理	FIN COPY:安全报文存储(应用于清算、结算支付、证券及其他金融的存储服务,第三方公证)	SWIFT Alliance Workstation	CREST:英国证券清算系统	客户培训
撮合、清算和净额支付服务	FIN INFORM:报文查询服务	SWIFT Alliance Gateway	HKMH:香港货币当局系统	
操作信息服务	大型文件传输	PC Connection		
软件服务	对冲清算	St200		
认证技术服务	净额结算	St400		
客户培训	操作信息服务	St300		
资源库服务	BIC 数据库			
	SSI/FX Directory			
	Payments Directory			

SWIFT 系统为国际业务处理方面带来了很大的变化,为成员提供了低成本、高效率、跨区域的安全通信服务,具体表现在以下几个方面。

第一,提出了世界性金融网络数据传输的标准,促进了业务作业标准化。

第二,加快了国际支付和通知的速度和可靠性。

第三,减轻了数据准备的工作,提高了数据的可靠性。

第四,大幅降低了通知成本,让银行有机会赚取高额的通知差价。

第五,提高了其他相关信息自动化的处理能力及效率。

银行在进行国际业务时,必然与境外的银行之间有报文往来,这些报文除了少数是利用电传传递的,大部分是通过SWIFT传递的。SWIFT网络传输除了快捷、廉价和安全外,还具有规范化的特点,便于计算机处理,以提高业务效率,因此,各银行在设计国际业务处理系统时,应考虑与SWIFT进行直接通信的能力,以减少人工介入,提高效率,充分发挥SWIFT这一银行间报文传输的主渠道作用。

需要注意的是,SWIFT仅仅为全球的金融机构提供通信往来服务,并不直接参与资金的调拨。

(二) CHIPS

CHIPS(Clearing House Interbank Payments System)是一个私有化的网络,是由纽约的清算行协会(New York Clearing House Association,NYCHA)经营的支付系统。CHIPS是美国两个核心支付系统之一,也是一个美元大额清算系统,其结算通过另一个核心支付系统——美联储的FEDWIRE完成。

随着纽约地区资金调拨交易量的迅速增加,纽约清算所在1970年正式成立了CHIPS。采用的是联机作业方式,通过清算所的转接中心与9家银行终端连接。1982年,成员行共有位于纽约地区的银行100家。20世纪90年代,CHIPS发展成为由12家核心货币银行组成、有140家金融机构参加的资金调拨系统。CHIPS的参与银行分为如下3类。

(1)纽约交换所的会员银行,这些银行在纽约联邦储备银行有存款准备金,具有清算能力。

(2)纽约交换所的非会员银行,也被称为参加银行。这些参加银行需经过会员银行的协助才能利用CHIPS系统进行清算,除此之外,还可以接受往来银行的付款指示,并利用CHIPS将相应资金拨付给指定银行。

(3)美国其他地区的银行及外国银行,主要有美国其他地区银行设于纽约的分支机构及外国银行设于纽约的分支机构或代理行。

这种层层代理的体制,构成了CHIPS庞大的国际资金调拨清算网络。国际银行间利用纽约的美元国际金融中心地位,将外汇、欧洲美元(Eurodollar)和国与国之间的美元付款等交易,通过CHIPS来达到快速准确清算其美元头寸的目的。目前全球的美元交易,约有96%是通过CHIPS达成的。中国银行纽约分行充分发挥其地域优势,在自动化系统中,通过CHIPS进行美元清算。金融机构可通过CHIPS私有IP网络或SWIFTNet与CHIPS连接,支持ANSI X.12、UNEDIFACT、XML多种消息格式。CHIPS直接会员在CHIPS开设清算账户,同时在纽约联储银行开设结算账户,CHIPS自身也在纽约联储银行开设结算账户。CHIPS进行双边/多边连续轧差清算,日终通过FEDWIRE完成结算。

基于SWIFT的全球金融通信服务和CHIPS国际资金结算功能,可以完成不同国家两家银行账户之间的资金转移。具体过程如图5-2所示。假设银行X和银行Y分属两个不同的国家,现在X的客户甲要求X代为支付一笔款项给客户乙,而乙的开户银行是Y。这种资金转移可能有多种情况,我们讨论最为复杂的一种情况。假设X、Y这两家银行不是往来银行,而它们之间也不存在与两者均有往来关系的第三方银行。在这种情况下,X和Y只能通过各自的代理行A和B,当然代理行A和B应该是CHIPS的会员,这样,通过CHIPS系统,就可以达到客户甲和乙之间资金的相互转移。

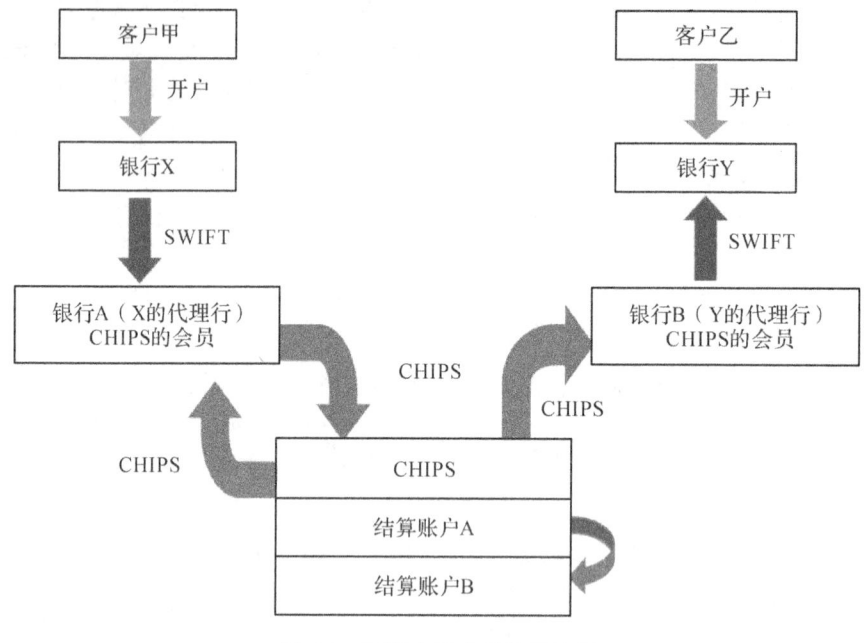

图 5-2 国际电子支付结算流程

(三)CHAPS

CHAPS 的全名是 Clearing House Automated Payment System,于 1984 年 2 月在英国正式成立。

CHAPS 同 CHIPS 一样,是国际银行利用伦敦的英镑国际金融中心的地位,将外汇和国与国间的英镑付款,通过 CHAPS 来达成,即能快速准确地掌握其英镑头寸并完成清算。银行可以通过会员银行的代理关系,达成此目标,而不需直接成为会员。但也有不同,如里昂现代银行,当初为了迅速发展其公司银行业务及建立 2300 个法国分行和 900 个欧洲分行的网络,特别建立了一套"Global Treasury Cash Management System"(全球国库现金管理系统),并且加入 CHAPS 成为会员,这样使得里昂现代银行在当时的美元、ECU(European Currency Unit,欧元诞生前的欧洲代币单位)、比利时法郎、德国马克、荷兰盾、意大利里拉、西班牙比索、法国法郎外更增加了英镑的即时清算的功能,从而完成它的大欧洲金融战略任务,使该银行具有显著的竞争优势。

(四)FEDWIRE

FEDWIRE 即联邦储备通信系统,是美联储的核心支付系统,主要用于美国 12 个储备区的所有成员银行和其他金融机构之间的资金转账。该系统自 1966 年酝酿建设,到 1971 年全面建成应用。

(五)境内银行支付清算通信网络系统

各银行的营业单位和其他银行与中央银行之间的往来,不论是汇款至他行,还是银行间的提款、付款等资金调度都应该有一个全国性的自动化网络系统,提供给各金融机构来使用。如美国境内,各银行都可以通过 FEDWIRE,直接和其他银行做资金的划拨,它为资金划拨的及时性和清算的准确性提供了可能。而在我国,中国现代化支付系统也具有这样的功能(有关中国现代化支付系统的情况介绍,具体参见本文第一、二章)。有了这样的系统,全国的资金流通可以快捷准确地进行,银行资金的利用度将大幅提高,金融市场的效率也可大幅提升。

(六)跨行通存通兑、转账,以及银行与海关、商家的往来通信网络系统

随着现代科技的发展和金融界竞争的愈发激烈,各国银行界都投入巨资进行银行卡支付体系的建设。这里,我们以 ATM 和 POS 终端为例,来介绍跨行通存通兑、转账系统。

从 ATM 发展历史来看,自 1969 年纽约化学银行安装了使用磁条卡的 ATM 机,并制定了磁条加密解密的标准以来,ATM 在各国都得到了巨大的应用。2008—2016 年,我国 ATM 数量增长率约为 20.56%,该行业发展迅速,增速远超人们对市场的预期。

银行系统销售点(POS)业务的含义是:银行只需要在大型百货公司、超市、加油站等处安装一台适当的计算机设备,并与银行计算机系统相连,同时发给顾客一张特别卡片,顾客在上述场所进行消费活动时,只需出示卡片,经收款人验核无误后即可转账,而不用付现金或支票,从而减少了社会上的现金和支票的流通。第一台 POS 机是 1971 年美国俄亥俄州哥伦巴斯花旗国际信托银行推出使用的。21 世纪初期,POS 机在各国和各地区都有很大的发展。

然而,自 2014 年以来,数字支付尤其是移动支付在全球范围内的大规模普及迫使 ATM 和 POS 终端行业的快速发展趋于终结。在经历了长期的增长态势后,ATM 的数量增长走到了拐点。如图 5-3 所示,2019 年,中国 ATM 机保有量为 109.77 万台,相比上一年减少了 1.31 万台。由此可见,随着智慧银行的发展,传统 ATM 机将逐步退出市场,智能 ATM 机的需求将在未来增加。

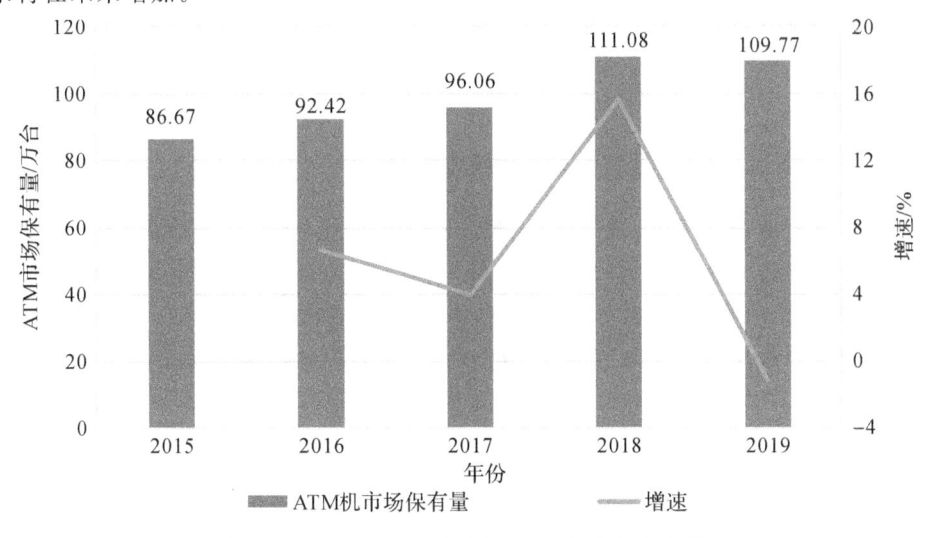

图 5-3 2015—2019 年中国 ATM 机市场保有量

资料来源:根据中国人民银行官网相关资料整理,http://www.pbc.gov.cn。

至于银行与海关的连接,则利用 EDI 的技术,将相关的资料,由贸易公司、海空运公司等端点,直接传至海关,海关将需缴的费用传至银行,银行接收后,自动扣款转账,传回海关等单位,以加快通关的速度。新加坡在这方面的经验,可为亚洲国家借鉴。

(七)银行往来支票清算系统

欧美等国家是一个以支票、信用卡为主要支付工具的社会。在支付业务的处理过程中,如果用手工进行处理,需要投入大量的人力,而且难免出错。因此,在国际上,大多数银行都把支票处理机与计算机连接,操作人员只要把收到的支票放入 MICR（Magnetic Link Character Reader,磁性墨水字符阅读器）,即可自动清分。机器记录每张支票,再按不同的银行,将支票归纳整理至同一处,同时记录同一银行下支票的总笔数和总金额,再通过本行计算机与其他银行结算,并打印出清单,然后将清分出来的支票到支票清算所进行交换。支票处理机每分钟可清分 1400 张支票,大大加速了资金周转,提高了资金利用率。

为了提高支票清算效率,中国人民银行成立了支票影像交换系统,为支票清算搭建了"快车道"。该系统能够将支票的实物传递转化为影像传递,打破了不同银行的边界壁垒和同城区域的空间限制。

(八)总、分行间往来清算系统

银行内部,总行与分行间及分行与分行间的汇款往来,资金划拨解付等作业,需要构建一个系统,以便可以正确、有效地传输支付指令与对账信息。这在幅员辽阔的国家,更为必要。

信息传输的媒介可以是电传、电话线、X.25 或卫星。而支付指令等传输的控制方法,则可以采用端点认证、序号控制、测试密钥、乱码化数据加密标准、自动侦测、二段式确认、自动重拨,或即时联网作业系统等国际上银行自动化中常用的技术,来建构此网络体系。

运用此系统,可以使特定的银行与行际支付清算系统连接,或与国际银行 SWIFT 系统连接,形成全国或全球的金融信息交通网。这样可以有效地调度行内资金,并且可以有效地参与行际及国际的资金拆放市场业务,争取更多的营运绩效和利润;同时,也方便了银行的作业和管理。

(九)分行与下属行、处、所业务即时联网作业系统

境内银行储蓄业务繁多,数量庞大,一般占总业务量的 70% 以上,因此,银行首先将储蓄业务纳入计算机处理。在我国,储蓄、信贷、外汇、资金、信用卡、账务等业务,是直接由各地分行及其下属支行、分理处、储蓄所等组成的业务网点,来提供给一般个人或企业相关的服务。在金融业面临高度竞争的时代,各网点的即时联网自动化系统,是争取与运用资金的重要经营工具,而相关的作业应用系统也可以帮助银行提高工作的正确性、服务的便捷性、营运的绩效。

目前,此类系统已进入最新的一代,除了具有 OLTP 的功能之外,还能将各类作业自动联动生成相关的账务,使得全行的账务能及时反映最近的状况,并提供 24 小时不间断服务。这不但能防止账务的记错及作弊,还可将分支行、储蓄所的未达账归零,因而成为重要的管理工具。

同时，在柜台系统方面，也有相当大的发展。随着信息技术和设备的不断发展和进步，过去非智慧型的终端设备，已逐渐被淘汰，智慧型的硬件和软件开始跃上舞台。而多媒体及影像技术的发达，使得各类行内信息可以互相传达，印鉴签名信息也是其中之一。数字影像技术的广泛应用，使得成员行之间即时的异地交流成为常态，从而大大地提高了银行的工作效率。

(十)分行对企业、家庭服务通信网络系统

企业银行及家庭银行是银行另一日益增长的业务现象，这种业务是在企业或家庭安装一台个人计算机(PC)，通过网络与银行计算机中心相连接，顾客可在自己的办公室或家里通过 PC 机办理各种业务，如两个账户之间转账、查询某个账户的余额、要求银行发给最新的账单，或请银行计算中心分析一笔投资的可行性及投资效果的预测，以及发送信贷信用证的申请书给银行，并要求银行发回信用余额等信息。移动端设备的不断普及和广泛应用，使得这种远程实时的处理系统在使用上变得越来越方便。

(十一)国际金融交易信息系统

当你走进银行总行、大型国际业务分行或境外分行的资金室，你将看到交易员拿着电话和境外的交易员讲个不停，前面是一大堆的电脑屏幕，显示着花花绿绿的曲线和数字。这一场景展示的就是国际金融的报价与交易系统的实际运行。该系统通常是由美国的路透社(Reuters)、德励财经(Telerate)等通讯社或公司提供的，资料显示国际最新的即时外汇汇价、期货价格，以及利率和其他金融商品的行情及走势分析图。

另外还有各软件公司提供的交易决策辅助软件，可以将各大通讯社国际交易行情接在一起，并将信息传给更多的交易员且提供各类公式以判断走势；同时可以分析行内外汇的头寸，分析其分布情况、资金的流量等信息。另外，还有交易处理与管理系统，除了提供头寸、风险、资金流量等管理信息外，同时也可以将任何一笔新的交易输入电脑，产生通知及做账。

三、银行管理信息系统

银行的管理信息系统 MIS 是以整体业务资料为基础，充分利用一些加工工具，来灵活多样地反映多层次信息的管理系统。一般银行的系统从底层到高层来看，可以分为 4 个层次：作业层次、控制层次、管理层次、营运层次。MIS 的信息主要是从作业层次之外的其他 3 个层次中得到的。

(一)银行 MIS 的目标

银行 MIS 的目标如下。

(1)协助制订营业计划，以掌握营业单位存放款金额，收益金额等的时序性，以及营业单位存放款及利益目标的计划。

(2)资金调度管理，用以掌握资金流量及需求、资金成本变化、资金收益的规划与管理，以及资金来源与运用规划模式。

(3)进行预算与实际的比较，包括营业单位业绩的管理和营业单位业务费用的管理。

(4)收益管理，用以掌握各顾客利益成本和各分行利益成本，或掌握各顾客利益成本和

各部门利益成本。

(5) 协助营业活动,主要是协助外务人员的外务活动,充实各项顾客信息。

(6) 协助贷款事务,包括充实顾客往来及信用情报、融资申请表自动化、简化审查事务及自动化的延滞付款管理等。

(7) 对顾客的咨询服务,包括协助顾客理财咨询服务事务,提供金融市场、各地区经济及产业状况等信息。

(8) 对内部管理加以充实,包括人事情报、事务量分析和成本计算等。

(二) 经营计划辅助系统

1. 经营计划

经营计划,即依据过去经营实绩,参考现在经济金融情况,作为往后经营之计划参考。

2. 预算管理

预算管理,即通过预算编制使各项资源合理分配,并进行追踪管理。

3. 财务管理

财务管理,即通过各项财务分析和控制来维持合理的考核。

4. 绩效考核

绩效考核,即对各项计划与实绩进行比对并考核各项业绩。

5. 营业网点规划

营业网点规划,即通过各种信息的收集、储存和分析,了解分行周围潜力、分行特性及其他同业竞争状况,制定营业的设置方案。

(三) 收益管理

1. 成本分析

成本分析是对各商品、各分行的成本及成本结构做时间序列变动分析,并用以作为各项收益管理的依据。

2. 费用管理

费用管理是对各项费用依部门、分行、商品、结构不同做时间序列变动与预算差异等的分析管理。

3. 收益管理

收益管理是对不同顾客、分行、商品、市场等的营业收入、资金收益、手续费、兑换收益等各项收益的结构及时间序列变化加以分析。

(四) 行销支援

1. 存放款业绩管理

存放款业绩管理是对不同分行、不同商品的各种营业量依时间序列进行累积分析,以供业务推广参考。

2. 市场资讯

市场资讯包括人口密度、收入分布、消费水平和经济情况分析。

3. 业务量分析

业务量分析是以科学的业务量分析作为人员配置、业务效率管理、成本计算等的基础。

(五)顾客管理

1. 顾客基本材料

顾客基本材料包括顾客基本资料、信用情况、行业地位等。

2. 顾客往来业绩

顾客往来业绩是对客户往来情况做时间序列变动分析。

3. 顾客损益分析

顾客损益分析是对客户对银行损益的贡献度进行分析,以此作为议价的参考资料。

4. 顾客集团户管理

顾客集团户管理是指对顾客的关联企业的管理。

(六)环境信息

1. 国际经济资料

国际经济资料包括出口 L/C(信用证)统计、输入 L/C 统计、进出口价务指数、国际收支、通关统计、外汇储备等。

2. 经济指标

经济指标指包括国民生产总额、批发物价指数、消费物价指数、失业率、工业统计、制造业出货统计等。

3. 金融经济指标

金融经济指标包括金融机构存放款余额、利率、汇率、票据交换资料、汇票等、股价指数、输入输出金额、贸易收支、经常收支、资本收支等。

4. 分行环境资料

分行环境资料包括人口密度、就业人数、所得分布、消费水平、商店数、土地价值、交通状况、公共投资、同业情况等。

(七)分行信息

分行信息指各分行管理所需的有关业务及事务处理的信息,一般以一个营业单位为统计单位,通过这一信息可做出全行各个期间的统计分析表。具体包括如下内容。

1. 分行基本资料

分行基本资料包括地区、设立日期、性质、地区居民所得水平、人口密度、经理人员、辅导人员、管理分区等。

2.资源资料

资源资料包括经费预算、员工人数。

3.交易统计资料

交易统计资料包括各种存款、放款、汇款、外汇、信托目标额、实绩、营运量等。

4.成本效益资料

成本效益资料包括利息收入、手续费收入、利息支出、手续费支出、人事费、业务费用支出、损益结构分析。

5.效益分析

效益分析包括业务量、成长率、平均工作量、员工绩效分析。

(八)人事信息

人是银行最基本、最宝贵、最重要的资源,但是要如何使人适得其所,发挥最大的潜能则是人事管理的课题,因此人事信息档案必须能合乎下列诸项需求。

1.作业目的

作业目的涉及工资计算、权利、选调等。

2.考核目的

考核目的涉及人员的升迁、奖罚之考核。

3.管理目的

管理目的涉及人力资源的调度、人事管理。

4.政策目的

政策目的涉及调动、训练、补充等。

5.计划目的

计划目的涉及组织、人力、扩增等规划。

人事信息涉及的内容有姓名、代号、出生日期、性别、学历、住址、薪资金额、家族、健康情况、行内经历、资格、职务、保险、出勤情况、训练、考核、考试、退休等。

(九)风险管理

金融自由化竞争激烈,社会环境变化迅速,使得金融环境的各种风险扩大,进而影响到银行利益,甚至威胁到银行生存,因此现代银行无不投入相当大的精力在风险管理方面。

1.信用风险

信用风险是指授信资产产生到期无法收回的风险。

2.利率风险

利率风险是指利率变动所产生的损失风险。

3.流动性风险

流动性风险是指长短期资金所形成的流动部位、期限差等造成的风险。

4. 兑换风险

兑换风险是指外汇头寸、汇率变动产生的风险。

5. 债务风险

债务风险是指对往来的国家,银行都须考虑其债务风险。

6. 企业数据保护系统风险

企业数据保护系统风险是指因灾害、故障、系统失误、人员管理、系统开发、营运管理等产生的风险。

7. 系统风险

系统风险是指清算支付、契约法律、支付系统异状、共用系统的失误等。

8. 事务风险

事务风险是指制度、冒用、冒领、现金处理、重要文件的保管等产生的风险。

总之,MIS须提供更多、更完整、更好的信息,以供决策者参考。

(十)资产负债管理

所谓资产负债管理(Asset-Liability Management,ALM),就是随着经济金融环境的改变,对银行资产及负债的管理。资产负债管理要求一方面能尽量避免可能发生的风险,另一方面能降低风险的损失并增大收益(风险最小化/收益极大化)。要促使银行收益极大化必须增加收益率(放款利益+债券利益),减少费用(存款利息+外部资金利息+营业经费),并以财务会计为基础谋求利益最大的资产负债管理。

资产负债管理的目标是在政策界定的适宜风险范围下,追求净利益的极大值,由资产负债表中得知其风险结构,并通过一连串风险与报酬的取舍分析,来作为银行经营决策的依据。资产负债管理提供了下列有效的解决方案。

1. GAP法

以利率敏感性资产(Rate Sensitive Asset)与利率敏感性负债(Rate Sensitive Liability)的差距(GAP),来测定利率变动对收益的影响程度,进而控制GAP,以管理收益。

2. 利率敏感性分析法

该方法以利率敏感性比率(利率敏感性资产/利率敏感性负债)作为银行对利率变动风险之政策性变数。利率敏感性比率的计算公式为

利率敏感性比率=(短期放债+短期债券)/(外部资金+市场性资金+变动性存款)
　　　　　　=短期资金/变动性资金

利率敏感性比率应设定适当水准,目的在于减少利率的变动性(规避风险),亦即谋求利差的安定。

3. 模拟法

该方法将资产、负债各项目的利率预测与资金量预测组合编制成预计的资产负债表(B/S)、预计损益计算表(P/L)等,以评估其在各种政策变动下的利率绩效。模拟法是根据利率与资金量来预测未来状况的动态分析方法,其优点在于能够定量(数字)化表示利率变动对

资金损益的影响,而且可以任意变更利率及资金量的预测值,反复演练,直到满意为止。

以上 3 种方法是资产负债管理必备的分析法。

第三节 银行信息系统管理

随着科技的进步,银行的日常业务已逐步信息化,跨行通存通兑、跨行自动取款机等设备及服务,给客户带来了很大的方便。然而在享受信息化带来益处的同时,也带来了另一问题,即如何确保银行信息作业的安全顺利运转。以下,我们将从设备、程序、资料、作业、软件外包、软件防毒、网络安全、电子系统优化等几个方面来讨论。

一、设备的安全管理

银行信息化设备投资巨大,动辄数千万元,甚至数亿元之多,设备的损毁除了巨额金钱的损失外,也会造成客户无法作业、无法完成交易等问题。以下列举了容易造成设备安全风险的主要因素。

(一)人为破坏

此类不安全因素可通过对相关业务人员的权限设置和监管来防止。

(二)自然灾害

水灾、地震等自然灾害的发生是最难预测也最难以防治的,除了重视机房防灾外,亦需重视机房所在地点的选择(以不在一楼或地下室为宜)。

(三)火灾

火灾的防治,除了机房禁烟措施外,亦需注意管路装设的品质及消防设备的安装。

因此,金融机构除了要特别加强必要的灾害防护措施外,对负有重要任务的信息系统,平时就须设置备援设施,以确保信息系统的真正安全。

二、程序的安全管理

(一)以程序来影响信息系统作业的方式

以程序来影响信息系统作业的方式主要有以下几种。

1. 逻辑炸弹

在程序设计时,预留伏笔,当某一条件成立时,即启动破坏系统的行动,损毁系统内的资料及程式。

2. 金额转移

将客户账户的钱,转移至其他人的账户内,最大可能发生的时机是在利息计算时,把所有客户利息尾数部分,全部转入其账户内。

(二)防范措施

为防止前述违反银行正常电脑作业的犯罪方式,其管理方法如下。

第一,一个系统在开发阶段,程序设计的工作应由至少两个人来执行,不可由一个人负责全部程序的开发工作。

第二,程序设计和程序功能的测试,应安排不同人员来执行,程序不经严格测试,不应安排上线。

第三,系统设计和程序设计应安排不同的人员来担任。

三、资料的安全管理

银行的信息系统内储存大量的资料,如客户基本资料、账户资料、交易资料等,而由于网络的发达,通过网络达到转账或提款目的的情形越来越多。交易资料在通过公共网络传送时,可能发生如资料被窃或修改等情形,这些均会给银行或客户带来极大的损失,而确保网络资料的安全及保密性也成为银行安全管理的最重要课题,解决方法是使用数据加密标准(Data Encryption Standard,DES),即使用一种运算规则,将网络上传送的资料转换成另一种不易了解或毫无意义的字,使窃取者不能了解其内容,而传至接受方后可还原成原先的内容。

四、作业的安全管理

银行的信息系统作业,均由人来启动其交易,人的作业不正确,或者蓄意图谋不轨,也是银行应注重的课题,信息系统在设计时应做到以下几点。

第一,使用者确认。

使用者在使用系统之前,应先要求其输入使用者账号及密码,以确认使用者的身份。

第二,使用者功能及额度限定。

使用者只能被授权使用其业务相关的功能,且交易额度小于某一范围。

第三,主管授权。

特殊或大额交易应由主管授权确认(刷主管卡或主管输入密码)后,交易才能完成。

第四,使用记录。

交易完成后应保留使用记录,以追踪使用者的使用状况。

银行作业的顺利开展离不开依赖信息设备,如果没有严密的安全管理措施及程序,很容易引起不必要的损失,虽然信息设备也提供了某些安全管理的功能,然而真正制定管理程序并最终执行的还是人,管理程序需要人确切地执行,才能确保银行信息化作业的安全。

五、软件外包

一般而言,银行的信息系统不外乎自行开发、购买软件公司专业化服务方案或是使用现成套装软件等方式。对银行而言,处理外包作业,有下列许多优点。

(1)无须投资于庞大的硬件设备,无硬件增添及扩充的烦恼。

(2)无须投资复杂的软件系统,无软件不适用、维护不易的瓶颈。

(3)无须雇用大量人力用于开发及维护软件、操作软件。

(4)在初期业务量较小、收益支出无法平衡时,不但能节省开支且能加速达到损益平衡,亦可准确计算电脑作业的成本。

(5)便于全力策划业务目标,无电子作业无法配合的后顾之忧。

(6)能充分利用软件公司的业务经验,可立即上线作业并立即拓展业务。

六、软件防毒

设备安全对过去使用大型电脑的金融业而言,并无严重的问题。因为基本上它是属于较封闭的作业环境,如 IBM 等公司的大型系统,系统本身有严格的输入管制,只要配合适当的行政管理,可以说安全无虞。

随着信息化进程的推进,个人电脑甚至各种移动终端在前台扮演不可或缺的角色,个人电脑通过网络与各分行、总行电脑联网,提高了行员处理交易的效率与正确性。然而个人电脑及网络联网虽为金融业带来信息分享的实际利益,但也因为信息分享的开发结构带来相应的安全问题。

根据美国 Dataquest(迪讯)咨询公司对网络管理者的调查统计显示,威胁电脑安全的主要原因是病毒,其次才是非法使用者及电源不稳定等原因。

电脑病毒在全世界蔓延,其强大的破坏力已是不争的事实,关键在于防范,防范之道可分为防毒、侦毒、解毒 3 种。无论哪种都各有优缺点,对使用者在不同程度上会产生困扰,因此,要切实做好电脑的安全管理,除了安装反毒产品外,使用者本身的习惯更是不可忽视,防范重于后期的抢救。

七、网络安全

伴随互联网越来越深入地渗入银行信息作业的过程,网络安全成为一大安全隐患(如黑客通过非法手段访问或攻击银行信息系统)。在网络传输过程中,银行信息作业数据可能受到威胁,主要包括两方面:一是网络传输服务机制受到攻击,如破坏网络管理、地址解析、路由器等;二是传输的数据受到攻击,如数据被窃听、假冒或篡改等。

网络安全是一种特殊的质量体系,其与网络设备升级、服务增加和应用系统的更新均有关。鉴于网络安全的复杂性和动态性,需要长期维护和科学管理网络系统以确保网络安全。有关安全管理,我们还将在第六章中具体说明。

八、信息系统优化

网络银行业务实现了 7×24 小时运行模式,用户可以在任何时间、任何地点完成银行业务的电子化操作。因此,保证银行业务信息系统的高可靠性和高可用性变得至关重要,在优化银行业务信息系统时应注重解决以下问题。

(1)确保信息系统运行的稳定性,保证业务流程操作的连贯性和准确性。避免因为银行业务信息系统的故障,从而导致业务指令、资金支付等中断。

(2)增加用户体验感知,尽可能减少因页面访问超时、系统闪退等影响客户体验的事情发生。通过及时发现用户体验性能的瓶颈并进行相应的优化,不断提升网络银行的服务质量。

第四节　网络银行概述

随着互联网技术的迅速发展,人类社会的信息传播方式发生了根本性变化,传统的信息单向的矩阵传播方式被网络化、分布式、多向性的传播方式所取代。在这样的时代变革下,银行业也走上新的制度变迁道路,开始出现网络银行,并迅速扩散。

美国银行业首先打破了传统的经营模式,出现了全球第一家网上银行。1995年10月18日,全球第一家网上银行——安全第一网络银行(Security First Network Bank)在美国诞生,其股票于1996年5月23日在华尔街上市。

网络银行从产生到现在,历经了4个发展阶段。

第一阶段(1998—2000年初):这是网络银行发展的初级阶段。这个阶段的网络银行大多注重内容的查询及简单的银行业务查询,可称为内容属性期。受技术限制,网络银行业务种类单一,操作困难,安全隐患大。

第二阶段(2000—2004年):网络银行发展阶段。这个阶段的网络银行内容与交易量并重,各大银行将几乎所有的银行业务都搬到了互联网上,并以交易量为主,称为交易属性期。

第三阶段(2005—2008年):网络银行进入创新阶段。2005年以来,国内的网银发展步入了第三个发展阶段,称为创新期,即在银行大集中的环境下,网络银行开始在传统网络银行业务模式下进行创新。银行之间的竞争也主要体现在网络银行的业务及服务创新上,并开始出现了手机银行产品。

第四阶段(2009年至今):网络银行进入移动端发展。随着智能手机出现,网络银行开始步入移动端,并逐渐形成一种新的发展模式——手机银行。尤其是2010年以后,随着移动支付的爆发式增长,各家金融机构开始纷纷布局移动互联网领域,聚焦关注移动客户群体,并将手机银行业务视为核心业务发展,迎来网络银行发展的新阶段。经过10余年的发展,手机银行已成为用户占比最高的个人电子银行渠道。

网络银行提供了一种全新的银行服务方式,使得用户可以不受上网方式和时空的限制,无论在家里、办公室还是在旅途中都能安全便捷地管理自己的资产和享受银行的服务。用户只要在电脑上找到该银行的站点地址,就可以根据屏幕上的柜台提示办理开户、存款、付账、转账、贷款、购买保险等业务。

网上银行业务的出现,使银行更加贴近用户,能够为客户提供每周7天、每天24小时(7×24)的不间断服务。由于网络银行可以随时随地营业,客户因错过营业时间被银行拒之门外的现象将逐渐消失。

网络银行业务品种丰富而广泛,覆盖了除现金之外的所有零售银行业务和部分投资银行业务,包括为客户提供查询、转账、付款等基本理财服务,以及证券投资、基金销售、外汇买卖、贸易融资、抵押按揭贷款等多种业务。

网络银行让客户获得了更为便利、高效、低价,以及多样化、个性化的服务,因此在全球范围内都得到了迅猛的发展。据统计,美国网络银行总资产在美国金融市场的占比,从2002年的0.5%增长到2007年的1.6%,2014年这一数据增长到了3.1%。在韩国,2020年网络银行总资产占韩国金融市场总资产的 2.3%。银行的未来，必定是基于信息技术的、崭新的形态。

一、网络银行的概念

(一) 起源

网络银行，又称网上银行(Online Banking)或在线银行(E-Banking)，是信息技术在银行领域应用的必然发展趋势。网络银行基于信息技术的银行的演变，利用互联网技术构建银行站点，实现了银行及客户之间安全、方便、友好的连接，并通过网络向客户提供新的金融业务和新的银行服务。

通俗地说，网络银行就是通过在互联网上建立一个虚拟的银行柜台，来开展各项金融服务。它以一种全新的银行与客户的合作方式［即"3A"——Anywhere(任何地点)、Anytime(任何时间)、Anyhow(任何方式)］，为客户提供服务。网络银行使用户可以不受空间的限制，只要能上网，无论是在家里、办公室，还是在旅途中，都能够安全、快捷地管理自己的资产和享受银行的服务。

网络银行的出现，使得银行的服务从"固定销售点"方式转变为"随时随地"的方式，因此，也更显个性化、低成本和人情味。

(二) 网络银行的概念

网络银行是建立在互联网上的银行。

网络银行是一个很宽泛的概念，从不同的角度可以有不同的解释。尽管如此，许多机构和组织还是对网络银行进行了一些定性描述，形成了目前关于网络银行的一些定义。以下是几家权威监管机构的定义。

1. 巴塞尔银行监管委员会对网络银行的定义

1998年，巴塞尔银行监管委员会发表了题为《电子银行与电子货币活动风险管理》的报告。在这个报告中，网络银行被定义为：通过电子通道，提供零售与小额产品和服务的银行。这些产品和服务包括：存贷、账户管理、金融顾问、电子账务支付及其他一些诸如电子货币等电子支付的产品和服务。这个定义将网络银行的活动与传统银行的活动分成了两个相对独立的层面，使对网络银行的研究摆脱了具体技术和业务方面的局限性。

但这个定义覆盖的范围明显太小，与网络银行的实际发展不相适应。因此，2000年10月，巴塞尔银行监管委员会又发布了新的《电子银行集团活动白皮书》，对网络银行的定义进行了一些补充，使网络银行具有与传统银行对等的业务职能，从而使网络银行具有了相对独立的地位。

此后，巴塞尔银行监管委员会在2002年10月发布的《跨越电子银行业务的管理和监管》中，将网络银行重新定义为：一般为传统银行的延伸，将网络作为传输银行产品和服务的电子渠道。

2. 欧洲银行标准委员会对网络银行的定义

欧洲银行标准委员会在其1999年发布的《电子银行》公告中，将网络银行定义为：那些利用网络为通过使用计算机、网络电视、机顶盒及其他一些个人数字设备连接上网的消费者和中小企业提供银行产品服务的银行。这一定义主要是从银行客户的角度概括网上银行的活动,也有一定的局限性。随着网络银行在欧洲的发展,特别是在 2000 年后,欧洲中央银行在实际工作中已将网络银行的服务范围扩展到了所有客户中。

3. 信息系统审计和控制协会对网络银行的定义

信息系统审计和控制协会在 2002 年 10 月发布的《网上银行信息系统审计指引》中将网络银行定义为:使用网络提供远程银行服务的方式,提供的服务包括传统银行服务和新兴银行服务两类。

4. 美国货币监理署对网络银行的定义

美国货币监理署(Office of Comptroller of Currency,OCC)1999 年 10 月发表的《OCC 网上银行检查手册》中,将网络银行定义为:能使银行客户通过 PC 或其他智能设备进入银行账户和获得一般信息的系统,网络银行的产品和服务包括对公司客户的批发业务和对个人的零售业务。OCC 提出的"系统"概念,实质上表明了网络银行作为一个独立组织存在和运行的方式,避免了人们将网络银行活动与营销或宣传活动简单等同。同时将网络银行的业务扩展到"一般信息",也扩展了网络银行的外延。

5. 美联储对网络银行的定义

美联储 2000 年提出了一个内部使用定义:网络银行是指利用互联网作为其产品、服务和信息的业务渠道,向其零售客户和公司客户提供服务的银行。

从以上定义可以看出,虽然其中一些定义由于时间较早,使其涵盖的范围相对狭小,但均包含了以下两层含义:第一,利用互联网提供远程服务;第二,提供银行服务。

网络银行可以为任何与银行有正常业务往来的人随时随地提供安全的金融服务。具体来说,这些服务主要包括以下内容。

(1)用户可以通过互联网查询有关国家金融政策信息、市场利率、汇率、股市行情等即时金融信息,查询银行提供的金融产品信息,查询自己账户的余额,查询交易状况,向银行提出问题,获得银行的咨询服务等。

(2)用户可以通过互联网,提请网络银行提供有关账户服务,如开销账户、支付、转账、存取款(需其他手段辅助),向银行提交对账单请求对账等。

(3)用户可以通过互联网,得到购买保险、基金销售、外汇买卖、贸易融资、抵押按揭贷款等多种银行的服务。

(4)用户可以通过互联网获得银行的部分中间业务服务,如电子商务中的互联网担保业务、网上抵押按揭贷款评估(需其他手段辅助)等业务。

二、网络银行的模式

网络银行可以分为广义和狭义两种,其经营模式有很大的区别。

广义的网络银行是指银行利用网络技术,通过网络向客户提供开户、销户、查询、对账、行内转账、跨行转账、信贷、网上证券、投资理财等传统服务项目,使客户可以足不出户就能够安全便捷地管理活期和定期存款、支票、信用卡及个人投资等。可以说,网络银行是在网络上的虚拟银行柜台(见图 5-4)。

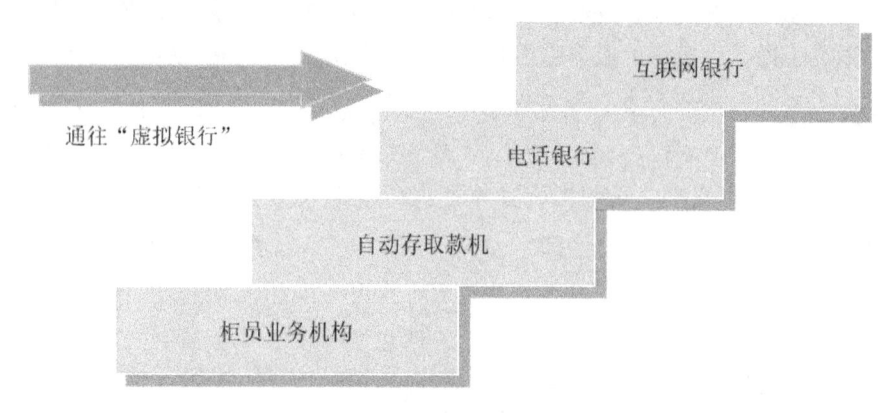

```
互联网银行
     电话银行
  自动存取款机
柜员业务机构
```
通往"虚拟银行"

图5-4　通往虚拟银行之路

　　狭义的网络银行(Net Bank)又可称为纯网络银行(Internet-Only Bank),是指没有分支银行或ATM,并提供GOMEZ网站(美国著名的网络银行评价网站)所界定的5种服务中至少一种(这5种服务为:网上支票账户、网上支票异地结算、网上货币数据传输、网上互动服务和网上个人信贷),且仅利用网络进行金融服务而无实体柜台的金融机构。这类银行所有银行业务交易都依靠互联网进行。

　　从我国现有的网络银行形式来看,我国网络银行全都依托传统银行建立,在传统银行的体制内运行,把传统银行业务利用互联网进行推广和操作,等于开设了一个新的电子化服务窗口。

　　网络银行与以往我们熟知的"电话银行""企业银行""家庭银行"有很大的区别。

　　所谓电话银行,是指客户通过电话与银行连接,从事查询、转账等相应的银行业务。

　　而企业银行和家庭银行,是客户通过专线与银行计算机系统连接(作为银行计算机系统终端的简单延伸),从事查询、转账、咨询等有关业务,并不能做到随时随地操作。

　　比较而言,网络银行的客户可以随时随地在不同的计算机终端上去上网申请各种银行业务的服务,不仅有储蓄、信贷、转账和支付,还有银行的中间业务、信用业务、国际业务及各种中介和理财咨询业务等。

　　由此可见,网络银行提供的是以网络为中心的集成化客户金融服务(见图5-5)。

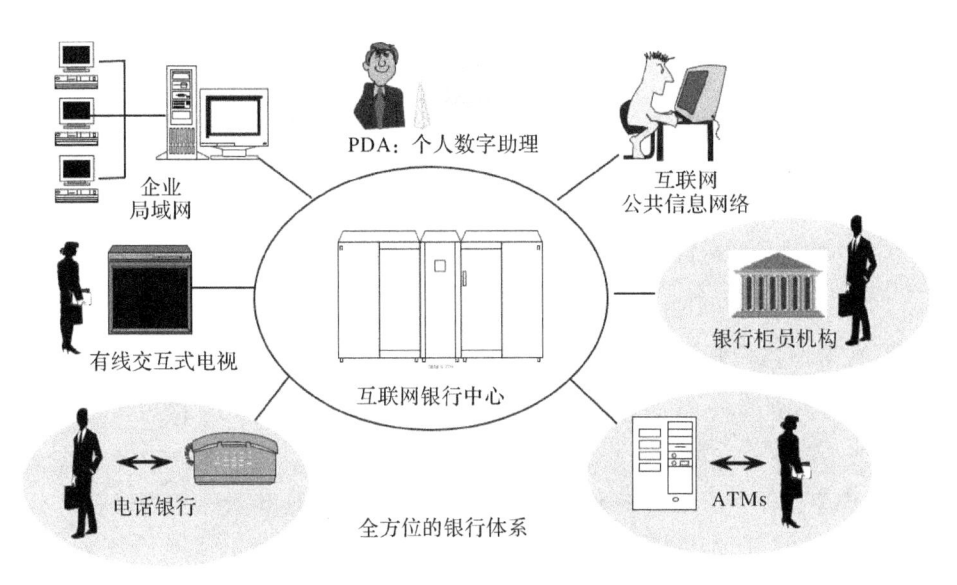

图 5-5　以网络为中心的集成化客户金融服务

三、网络银行的特点

网络银行提供了一种全新的金融业务模式,它具有如下特点。

(一)虚拟性

网络银行的虚拟性主要体现在网络银行经营地点、经营业务及经营过程的逐步虚拟化。经营地点虚拟性表现为网络银行没有实体的营业厅和网点,仅有虚拟化的地址,即网址。经营业务的虚拟化是指网络银行经营的金融产品和金融业务大多属于电子货币、数字货币和网络服务,且其产品没有具体的实物形态。而经营过程虚拟化是指网络银行经营的过程全部通过数字指令实现。

(二)超地域、时间性

网络银行的虚拟性直接导致其能够具有全天营业、不限地域和多服务手段的特征。网络银行的客户可以在任何时间、任何地点,通过各种数字手段使用银行提供的金融服务,使得办理银行业务变得更加便利、快捷,同时银行也能更好地满足客户的需求。如中国银行的企业网上银行在实现网络银行与后台业务系统自动联机处理的基础上,为客户提供实时高效、覆盖全国、7×24小时的财务管理、资金集中管理和现金管理服务。

(三)创新性

创新性即技术创新与制度创新、产品创新的紧密结合。网络银行本身是随着网络这一新技术而产生的,因此其自身就要求不断进行技术创新和吸收新技术。同时网络技术的应用直接改变了银行的经营和服务方式,这就要求必须对银行旧的管理方式和理念进行调整和改革,从组织机构和管理制度上进行创新。随着网络技术的不断创新,以及客户对银行的服务手段和产品需求的不断变化,也产生了对新产品开发的动力和压力。

(四)服务的广域覆盖性

通过网络技术,网络银行能够将银行、证券、保险等不同种类的金融服务集中在一起,使后台中分业经营的金融机构可以表现为一个整体,从而提升对客户需求的满足程度,扩大满足面,有利于获取新客户和留住老客户。利用网络银行这个渠道,整合银行的资金、信息、客户群等方面的优势,配套提供证券、保险等其他金融服务,将使银行由原来单一的存贷款中心和结算中心演变为无所不能的"金融超市"。

(五)服务的便捷性和高效性

由于网络银行大量采用自动处理交易,因此其服务具有高速和高效的特性。客户可以在提交交易指令后立即得知交易结果,大大提高了效率。网络银行可以同时处理成千上万笔交易,且错误率极低。网络的快捷性使得网络银行可以通过互联网向全球客户迅速推广和介绍产品和业务,同时也可以使银行的各项通知迅速正确地传递到客户手中。

(六)资源共享性

由于网络银行要求其业务通达的各实体银行(分支行)必须具有统一的、电脑可识别的编码和基本信息,因此客观上就要求这些银行(分支行)必须实现信息的同步和共享。同时网络银行的远程性和跨地域性,又使其系统的软硬件资源的共享成为现实可能。因此,在实际中,各家银行均对网络银行实现全部或部分的资源共享。

(七)低成本性

网络银行的虚拟性和超地域性,使网上银行的运营中心可以集中人员、硬件,也可以远离昂贵、繁华的商业中心,同时网上银行的自动处理功能可以承担大量传统银行的柜台业务,从而节约传统银行的人员和营业面积,使银行经营成本大幅降低。自助服务也大大降低了服务差错率,减少了银行的损失,从另一方面降低了银行的经营成本。根据英国艾伦米尔顿国际管理顾问公司的调查,利用网络进行付款交易的每笔成本平均为 13 美分或更低,而使用银行本身软件的个人电脑银行服务为 26 美分,电话银行服务为 54 美分,银行分支机构服务则高达 108 美分。网络银行的经营成本只占经营收入的 15%~20%,相比之下传统银行的经营成本占经营收入的 60% 左右。正是由于较低的经营成本,使得网络银行可以为客户提供较高的存款利息,从而吸引更多客户。

(八)互动性

网络银行支持服务的互动性。客户可以就一系列有先后顺序的交易逐个在网上银行进行操作,同时在短时间内就能根据交易结果随时调整自身的决策,决定下一交易,而这在传统银行基本是不可能的。

(九)个性化服务

相比于传统银行,网络银行的客户散布于不同的终端,传统的大众营销方式已不适合新的客户结构。在网络银行的竞争环境中,如何根据客户的实际需要,为客户提供个性化的服务,是网络银行竞争成功的关键所在。借助网络银行完善的交易记录,银行可以对客户的交易行为进行分析和数据挖掘,从中发现有重要价值的客户。通过对客户行为偏好的分析,细分服务市场,利用互联网交互性特点,制定投其所好的营销策略和服务内容,对产品进行金融创新,从而为客户提供量身定制的服务。

四、网络银行与传统银行的关系

网络银行是以传统银行为基础,结合新兴的信息科技发展起来的,网络银行是对传统银行的超越。

(一)传统银行业务是网络银行业务的基础

网络银行业务均是以传统银行业务为基础发展起来的,无论是业务原理还是产品,又或是服务对象、功能,均是以传统银行业务为基础的。同时,我国目前的网络银行,其业务的实现均必须依赖于客户首先在营业网点开户,并主要使用网络银行进行原有的传统业务及金融衍生服务。网络银行以传统银行业务为基础,为客户提供了比传统银行更为方便、安全、快捷的服务渠道。

(二)网络银行业务是传统银行业务的延伸

除实现的技术和渠道外,网络银行的服务对象、功能覆盖、产品范畴等均与传统银行基本重合,但网络银行又对传统银行业务进行了延伸。网络银行不是简单地将传统银行业务搬到网上来做,而是将银行业务从柜台延伸到任何可以使用互联网的地方,使银行业务不再有地域限制;同时,使银行业务从营业日的工作时间扩展到 7×24 小时的全天服务,使银行业务不再有时间限制;而且还可以提供公共信息服务(包括利率、汇率、经济新闻等),投资理财服务和综合经营服务等(包括网上商城、网上金融超市等),使银行业务的产品线获得了极大的扩展,客户能在任何时候、任何地方享受安全、准确、快捷的银行服务,也提升了银行的信息服务水平和服务质量。

(三)网络银行改变了传统银行的经营模式

网络银行打破了传统银行业务的时间、地域限制,可以接近于实时的速度搜集、挖掘和运用海量的信息,使银行能在更广的地域和范围开发、服务客户。网络银行可充分利用网络与客户进行交互式沟通,从而促使由以产品为导向的传统银行营销活动转变为以客户为导向的网上银行营销活动;同时网络银行可根据客户的要求,创新出个性化的金融产品,满足客户日益多样化的金融需求。

(四)网络银行的流通货币有别于传统银行

传统银行的货币形式以现金和票据为主,而网络银行流通的货币为电子货币或称为E货币。这种货币大大提高了金融效率,加速了资金流动,极大地降低了人工成本,减少了各种人为差错。电子货币流动性强的特点取消了传统货币的划分方式,更不可避免地导致银行对流动性需求的改变。从以上分析来看,网络银行比传统银行有巨大的优越性。

第一,网络银行是以计算机网络与通信技术为依托,以金融服务业为主导的现代化银行。网络银行不仅提供丰富的信息服务,而且进行实际的金融交易,使客户足不出户便能完成与银行的各种业务往来,实现银行对客户的零距离服务。

第二,网络银行突破了传统银行业务在时间上的限制,实行 7×24 小时全天候运营,使银行更加贴近客户,更加方便客户。

第三,网络银行能降低成本,提高效益,是银行竞争更加有效的手段。

第四,网络银行实现了交易无纸化、业务无纸化和办公无纸化。电子货币的使用,办公文件、凭证票据和证据的电子化,以及签名的数字化,使银行逐渐实现无纸化运作。计算机和数据通信网传送使"瞬间传递"变为现实。

第五,银行机构虚拟化,使银行的硬件投资和人员投资大幅度地减少,银行的工作重点转到如何提高网络银行的高新技术含量和技术水平上。

总之,和传统银行比较,网络银行比传统银行具有很大的优越性,网络银行不仅是电子商务发展的支撑点,而且是金融发展的新的增长点。

第五节　网络银行实例分析

21 世纪以来,网络银行在全球迅猛发展。数据和营销协会(Data & Marketing Association,DMA)的"2016 年消费者参与报告"显示,有 76% 的消费者使用过网络银行,而去银行分支机构和使用 ATM 机的消费者比例分别为 46% 和 45%,均低于网络银行。2018 年,法国、德国、意大利、西班牙和英国的五国网民中有 70% 的网民使用过网络银行[1]。据 eMarketer 统计,2019 年,美国 23~38 岁使用网络银行的人数有 5540 万,到 2022 年,这一数量将增加到 5750 万,占此年龄段人口的 3/4 以上。

我国网络银行的发展虽然起步慢,但进展迅速。尼尔森公司调查显示,2004 年,我国仅有 5% 的网民每天使用网络银行。然而,截至 2012 年底,我国的网络支付用户规模达 2.21 亿人,网民使用网上支付的比例接近 40%[2],这一比例远远高于美国与欧盟。2016 年,约1/3 的中国银行客户表示只使用网络银行,而这个数据在美国只有 12%[3]。2019 年,我国银行共处理网上支付业务 781.85 亿笔,同比增长 37.14%;移动支付业务 1014.31 亿笔,同比增长 67.57%;电话支付业务 1.76 亿笔,同比增长 11.12%。

一、境外网络银行发展概况

互联网起源于美国,网络银行服务也起源于美国。虽然公众对网络银行的安全问题一直存在顾虑,但美国网络银行业务仍继续保持稳定增长。目前,网络银行已经成为美国银行零售业务的正式渠道,接纳网上银行的用户也越来越多。

以下,我们将对具有代表性的境外网络银行做简单介绍。

---

[1] 根据市场调研公司 ComScore 相关数据整理,http://www.comscore.com。
[2] 根据中国人民银行相关数据整理,http://www.pb.c.gov.cn。
[3] 根据盖洛普咨询公司相关数据整理,http://www.gallup.com。

(一)安全第一网络银行

安全第一网络银行(Security First Network Bank,SFNB)创立于 1995 年 10 月 18 日。在最初的 8 个星期内,就获得了约 1000 名客户(开立了个人支票账户),这些客户遍布美国 40 多个州。安全第一网络银行总资产为 4100 万美元,由美国联邦储蓄保险公司提供保险,其总部设在美国亚特兰大市。

安全第一网络银行是网络银行的先锋,它被联机银行协会评为 1996 年最具创意的站点。安全第一网络银行创立了多个第一:第一家网络银行、第一家获得联邦监管机构认证可以在万维网上营业的银行、第一家获得联邦保险的网络银行、第一家在美国全部 50 个州都有客户及账户的银行、在网络上进行了第一笔银行交易的银行——在 1995 年 10 月 18 日给国际红十字会捐献 1000 美元。1998 年 10 月,安全第一网络银行在成功经营了 5 年后,被加拿大皇家银行金融集团(Royal Bank Financial Group)收购。

(二)美国银行

美国银行(Bank of America)原中文名为美国美洲银行,通过 https://www.bankofamerica.com 可以进入美国银行的主页,如图 5-6 所示。

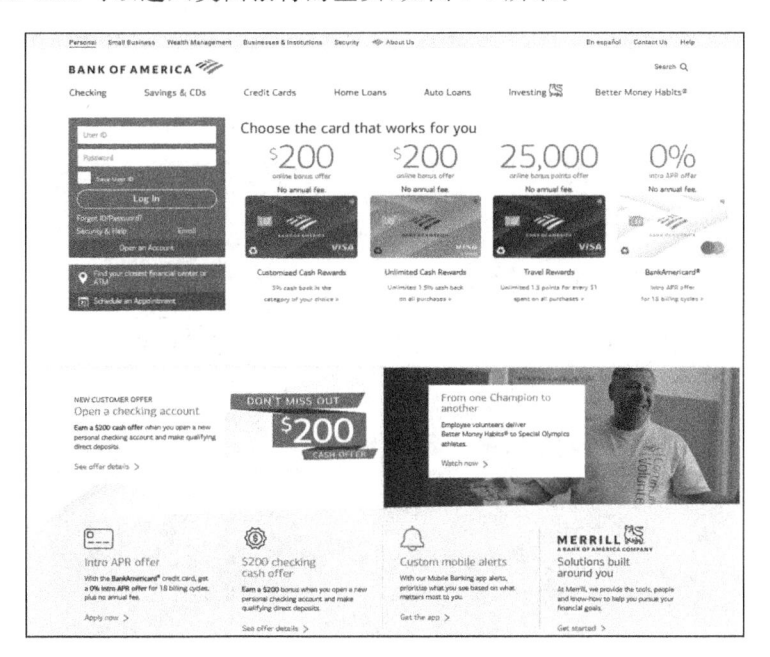

图 5-6 美国银行主页

美国银行最显著的服务项目就是家庭银行业务和建立客户自己的银行。家庭银行的目的是让客户在家里就能处理各种商业银行交易。它通过方便快捷的方式把客户与美国银行的支票账户服务连接起来。客户可以在任何时候、任何地点根据自身的需要通过网络进入美国银行的网络银行,管理自己的账户。

美国银行的网络银行是在线金融服务的领先者,拥有世界上最多的在线注册用户,其网络银行业务获得了全球范围内的认可。美国银行网络银行提供的服务主要包括个人金融服务、小企业金融服务，以及公司及机构金融服务等。在个人金融服务方面，美国银行提供的在线金融服务主要包括储蓄、贷款与信用、投资、专业金融服务和保险等，是其传统业务在互联网上的延伸。美国银行的家庭银行服务提供 24 小时的不间断服务，包括快速余额查询、账户信息、票据支付、转账、客户服务、各种信息下载等。

美国银行推出建立客户自己的银行的服务，很有特色。这些服务尽可能采用电子介质方式，节省了费用。如美国银行专门为网上支付而开设的电子钱包业务，当客户拥有自己的电子钱包后，可以通过任何一台联网的计算机登录自己的电子钱包，在网上进行方便快捷的支付。客户使用一次电子钱包后，其所有结账信息都会被记录下来，下次就不必再重复填写相关表格；同时，客户可以把多种信息，如客户的家庭、单位、亲朋好友的通信方式等相关资料记录在电子钱包里；并且客户可以利用电子钱包选择不同的支付方式，当信用卡即将过期时，电子钱包甚至可以自动提醒客户；如果客户在电子钱包中设定一些重要的日期，电子钱包会用 E-mail 的方式主动提醒客户注意。这些服务，无疑给客户带来了很大的方便。

(三) 美国纽约梅隆银行

除了超大型和大型国际银行积极开发网络银行应用以外，中小银行也积极通过应用新技术来增强自己的业务能力，以获得与大银行竞争的机会。

在美国的小型商业银行中，纽约梅隆银行（The Bank of New York Mellon Corporation）就是一个借助网络银行发展业务的著名例子。通过 Internet 网址 https://www.bnymellon.com，可以进入纽约梅隆银行的站点（见图 5-7）。

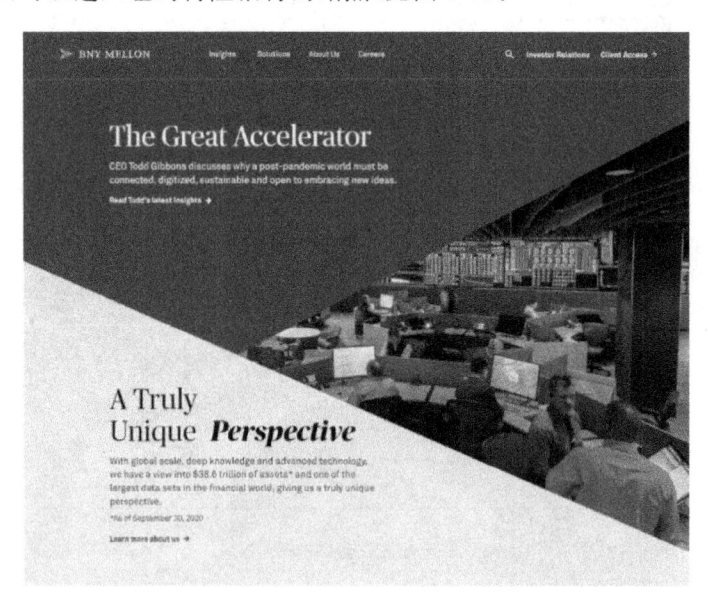

图 5-7 纽约梅隆银行主页

Mellon 银行成立于 1869 年，总部位于美国宾西法尼亚州匹兹堡市，是一家历史悠久、功能完善、业务较全面的小型商业银行，其资产总额为 406.46 亿美元，受托管理的资产约为 1 万亿美元。纽约梅隆银行的业务范围主要包括投资服务和银行业务两大部分，而银行业务又包括个人金融服务和商业金融服务两大部分，其中又细分为投资、PC 银行业务、支票与存款、信用卡、抵押贷款、一般借款、机构信托、全球证券信贷、投资信息服务、商业银行业务、中间市场银行业务、机构银行业务、国际银行业务、现金管理、保险、网络服务等。

早在20世纪90年代,纽约梅隆银行就积极应用新技术,成为在电子银行业务上领先的银行。他们开发的PC银行业务很有特色。客户使用纽约梅隆银行的PC银行业务,可以查询账户余额,在账户间转账、付款、订购支票,通过电子邮件与纽约梅隆沟通,甚至可以通过自己的计算机获得股票和共同基金的即时报价,这在当时是非常有吸引力的。

纽约梅隆银行在比较早的时候,就在网络银行业务方面有许多创举。如纽约梅隆银行与国际金融管理协会(Financial Management Association,FMA)联合进行了美国国内的一个电子商务项目。该项目的最初目标是让持卡的政府人员在网站上电子购物,之后该项目扩大了用户范围,为更多持卡用户提供服务。

在技术上,纽约梅隆银行通过一个网络支付网关来处理有关的交易,该网关由万事达卡组织负责开发与管理,使用的是IBM的技术。该项目使用的SET协议,是专门为在网络及其他开放网络上进行商品和服务支付时,保护消费者的银行卡信息而设计的。它集成了加密技术和数字认证技术,认证技术识别参加交易的各方的身份,保证消费者与合法的商户进行交易。

二、中国的网络银行概况

经过多年发展,境内各家银行开发了网络银行系统,以下主要介绍中国银行、建设银行、招商银行的网络银行情况。

(一)中国银行

1996年2月,中国银行在互联网上开始建设自己的主页,成为全国第一家在互联网上向全球发布信息的银行。此后,互联网银行的服务系统陆续开发并投入使用,涉及国际收支的申报、信用卡交易查询、集团客户服务等。

20世纪90年代末,中国银行在其全国分行行长会议上做出了"要重视科技,开发业务新品种"的部署,制定了"要加快互联网银行和新一代零售业务的推广步伐,提高服务效率,促进本、外币存款持续稳定增长"的发展方针,推出了自己的互联网银行服务。

中国银行作为原来的外贸专业银行,境外分行网点多、经营规范,在国际金融市场中取得了不少经验,因此在开发网络银行时,一开始就高投入、高起点,突出其外汇功能和个人服务。在网上支付系统中采用先进的SET协议,按这种协议实现的交易,比起只在信息传输中用SSL加密的交易,技术上提供了更高的安全级别。

(二)建设银行

建设银行在电子化方面经过十余年的发展,已经形成了一定的规模,开展网络银行建设的内、外部条件日趋成熟。1998年9月,建设银行总行和一级分行开通运行网络银行。

建设银行企业网是建设银行信息集成和信息服务的基础设施,是一个统一的信息通信、开发和应用平台。它的开通不但为互联网银行的建设打下了坚实的基础,而且能够提供统一的信息资源管理平台,统一的办公自动化应用平台和统一的事务处理平台。利用建设银行企业网,用户可以使用网上提供的各种功能。

(三)招商银行

招商银行于 1987 年成立,是中国境内第一家完全由企业法人持股的股份制商业银行,具有国内首个真正意义上的网络银行——"一网通"。进入招商银行网址 http://www.cmbchina.com,就可以得到如下免费服务(见图 5-8)。

图 5-8　招商银行网站主页

以下,我们以招商银行为例,来介绍国内网络银行的主要业务。

1. 网络银行的主要业务

(1)信息查询。包括发展概况、发展前景、招聘模式、机构设置等情况及招商银行业务介绍,如储蓄业务、对公业务、国际业务、特别介绍、便民服务等。

(2)家庭银行。只要客户在银行开立了普通账户——一卡通账户,均可通过手机、计算机或其他终端享受查询账户余额、查询当天交易、历史交易、查询一卡通账户信息及账户密码修改等服务。

(3)实时证券行情。通常,银行会在线发布实时证券行情,包括上海证券交易所股票、债券和基金信息,以及深证证券交易所股票、债券和基金信息。具体功能有:单只证券即时行情,指数或单只证券与成交量走势曲线图,A 股、B 股行情传送,基金和债券的查询等。

(4)利率、汇率查询。通过此窗口,用户可查询当天银行不同币种、不同存期的储蓄及对公利率,查询当日外汇汇率。

(5)个人网上银行。通过此功能,用户可以享受银行提供的以下多种服务。

①基本业务:主要提供网上银行基本和常用的功能,如账户查询、交易查询、定期交易查询、定活互转、通知存款转账、自助缴费、挂失、修改一卡通密码等。

②信用卡:应缴款查询、未出账单查询、历史账单查询、对账、网上支付交易查询、积分查询、额度调整、自动还款设置、购汇功能设置、缴款、修改查询密码、修改/设置预借现金密码、毁损补发等。

③转账汇款:包括本人账户互转、同城转账、异地汇款、跨行异地汇款、跨行同城转账、批量转账汇款数据编辑、批量转账汇款、查询转账汇款记录、收款方信息管理等。

④贷款:使用自助贷款功能,可以把存在一卡通内的定期本外币储蓄存款作质押,向银行申请贷款,贷款资金随时申请随时获得。

⑤外汇交易和买卖:个人客户委托银行把一种可自由兑换的外币兑换成另一种可自由兑换的外币,银行在接受客户委托后,即参照国际金融市场行情制定相应汇率予以办理。

⑥电子商务:使用其中的网上支付功能,可以通过专业版实现网上购物或实时付款结算。包括网上支付、网上商城、网上支付卡转账、修改支付卡密码、查询网上支付卡卡号、查询网上支付记录等。

2. 网络银行的功能及适用范围

目前商业银行提供网络银行业务种类、功能及适用范围如表5-3所示。

表5-3 网络银行功能及适用范围

应用名称	提供功能	适用范围
企业银行	账务信息查询、公司内部转账、对外支付、代发工资、银行信息通知	B2B
个人银行	账务查询、个人账户转账、代理缴费、网上支付、网上证券服务、按揭贷款月供计算	与B2C相关
网上支付	网上购物付款	B2C
网上证券	行情查询、委托、转账新股申购、配股	B2B/B2C
网上商城	目前只与零售网站链接,尚未提供销售平台	B2C

网络银行从3个层面提供服务。

(1)结算:包括银证资金清算、集团公司内部账户调拨资金、代发工资、付款等。

(2)理财:交易查询、总公司对分公司财务监控管理。

(3)B2B(Business to Business,企业对企业)交易:网上信用证,要求付款人和收款人均在同一银行开设账户,且付款人应存有足额保证金。

第六节　网络银行业务（与传统业务比较）

一、对公业务

（一）传统对公业务

(1)存款业务，包括对公活期、定期存款、通知存款、协定存款、委托存款等。

(2)贷款业务，包括授信、楼宇按揭贷款、固定资产贷款、流动资金贷款、国际商业银行贷款、银团贷款、世界银行转贷款，以及境内外卖方、买方信贷、票据贴现等。

(3)担保业务，包括出具预付款保函、工程投标保函、履约保函等。

(4)代理业务，包括代理收付款项、代理中国进出口银行卖方信贷、代理中国开发银行各类贷款业务等。

(5)发行金融债券、代理发行、代理兑付、承销政府债券，买卖政府债券。

(6)提供保险箱业务。

(7)经中国人民银行批准的其他业务。

（二）网上对公业务

提供余额查询、历史交易查询、对账单下载、行内转账、同城转账、异地转账、集团用户资金调拨、用户留言等业务。

1. 网上企业银行

网上企业银行主要为客户提供先进的金融电子化服务手段。客户只需进入网站，即可查询账务信息，包括母/总公司对旗下子公司或分公司的账务、企业资金内部转账、业外付款、支付工资等网上银行服务，并可申请办理国内信用证业务。整个系统有高度的安全性，快捷可靠。

2. 境内业务

境内业务包括账户和存款、贷款、支付结算、资金管理、供应链与贸易融资、票据、电子商业汇票、投资理财等。

3. 跨境金融

跨境金融包括国际结算、国际贸易融资、跨境投融资、外汇交易与避险、全球现金管理等。

4. 投资银行

投资银行包括债券承销业务、并购融资业务、并购顾问业务、结构性融资业务、市场交易业务、企业财富管理业务等。

5. 资产托管

资产托管包括保险资金托管、基金托管、客户资金托管、基金外包业务、跨境托管、券商及期货资金托管、商业银行理财产品托管、私募投资基金托管、信托资金保管等。

6. 企业服务

企业服务是银行基于金融和科技服务能力,围绕客户数字化经营与管理需求,为客户提供的面向业务、财务、税务、企业政务、公共事业服务及金融科技等在内的企业数字化服务生态。

二、个人银行业务

(一)传统业务

1. 储蓄

人民币储蓄、外币储蓄、储蓄通存通兑。

2. 个人信贷业务

存单质押贷款、凭证式国债质押贷款、个人住房贷款、个人住房装修担保贷款、汽车消费贷款、大额耐用消费品贷款、个人助学贷款、留学贷款、旅游贷款、个人综合贷款等。

(二)网上个人银行业务

网上个人银行业务主要包括个人贷款、储蓄业务、投资理财等板块。

1. 个人贷款

个人贷款包括个人住房贷款、消费贷、闪电贷。

2. 储蓄业务

储蓄业务包括教育储蓄、境内外汇款、个人通知存款、自助转账、个人结汇/购汇业务、定期储蓄、活期储蓄等。

3. 投资理财

投资理财包括招财金、纸黄金/白银、外汇期权、第三方存管业务、开放式基金、保险等。借助于这些业务,个人用户可以轻松地处理各种生活费用的支付、消费和转账等业务。

第七节 手机银行概述

一、手机银行出现的背景

(一)国际手机银行发展状况

继网络银行在全球的普及发展之后,移动通信技术及电子技术的飞速发展又一次改变了金融业的服务方式。银行及其他金融业务的发生场所已从传统的柜台、ATM 转移到互联网和移动平台。新经济时代信息技术和金融业的结合出现了新的银行形态:手机银行

（Mobile Banking）。

电子技术的进步,使得手机的功能大大拓展,原本许多复杂、费时的金融业务如今都可以在手机上轻松完成。2015年,谷歌(Google)在其发布的消费者网络行为报告中提到,在全球智能手机使用率高于PC使用率的21个市场中,有11个来自亚洲市场,包括泰国、马来西亚、新加坡、中国等。此外,亚洲还占据了全球智能手机使用率前10名市场中的5席。根据全球移动通信系统协会公布的《行动经济》报告,印度在2017—2020年就增加了约3.1亿手机新用户。图5-9展示了2017—2023年中国智能手机用户数量,据Newzoo研究公司统计,2020年全球智能手机用户约35亿人,占全球总人口的45%左右(见图5-10)。在拉丁美洲和非洲,拥有手机的人数远远超过拥有银行账户的人数。万事达卡在2020年的一项研究报告中指出,整个拉丁美洲的银行账户渗透率为55%,而智能手机的渗透率超过70%。据世界银行公布的数据,在非洲,只有34%的人口拥有银行账户,而44%的人口拥有手机。由此可见,通过手机开展银行业务是当前获取金融服务的合理渠道。

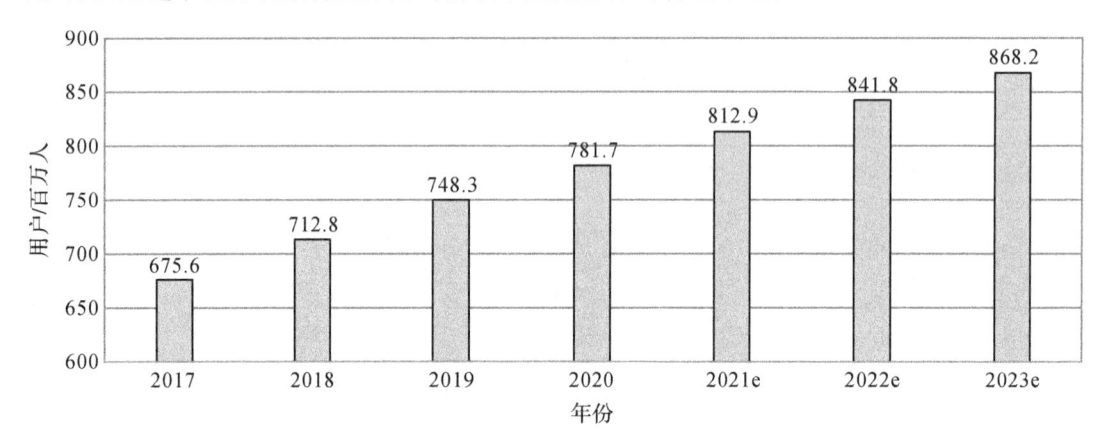

图5-9　2017—2023年中国智能手机用户数量

资料来源:根据艾媒网相关数据整理,http://www.iimedia.cn。

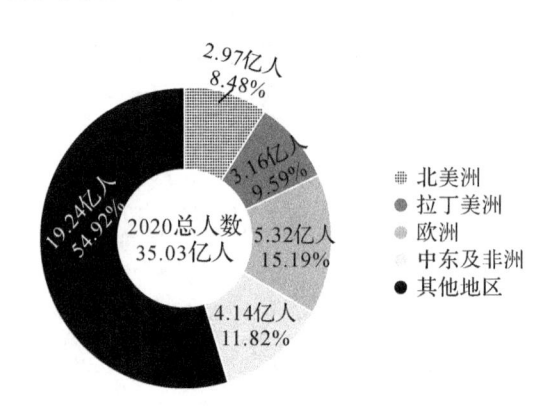

图5-10　2020年全球及各地区智能手机用户数量及占比

资料来源:根据市场研究公司Newzoo《2020全球移动市场报告》整理。

1996年9月,捷克斯洛伐克出现了世界上第一个手机银行产品。随之,美国银行等著名金融机构立即开始了手机银行相关的一系列业务创新,全球移动金融服务竞争拉开了帷幕。

1999年1月,花旗银行联合其他银行顺势推出了手机银行业务。相较于境外手机银行的发展,境内手机银行起步较晚。1999年,建设银行与中国移动合作推出了STK(Sim Tool Kit,用户识别应用发展工具)手机银行,提供查询等基本服务。2000年2月,招商银行推出了"移动银行"服务,成为境内首家通过手机短信平台向全球通手机用户提供个人银行理财服务的银行。紧接着,中国银行、工商银行、光大银行、建设银行等陆续开通了手机银行服务。

(二)境内手机银行发展阶段

围绕手机银行的实现方式,境内的手机银行发展大致经历了3个阶段。

1. 短信银行阶段(1999—2003年):手机银行的探索阶段

早在1999年,我国就已经开始了手机银行的探索阶段,最初由中国移动通信公司和工商银行、建设银行、中国银行和招商银行合作,在17个省、区、市开通手机银行业务,这时期的产品形式主要基于手机全球移动通信系统(Global System for Mobile Communications,GSM)短信中心和银行系统,标志着我国的手机银行进入了短信时代,用户只要用手机发短信即可完成一些银行业务。这时期提供的手机银行服务类型很基础,只能帮助客户完成账户查询、缴费、转账等业务,以及额外提供一些简单的股市查询、航班信息查询等服务。短信银行阶段的特点是易用、使用门槛低,但提供的服务种类少,也很简单,以及带有不可避免的短信内容输入复杂的特点,而且这种手机银行方式还需要STK卡的应用,存在服务价格过高的问题,加之国家政策,以及当时的通信服务、手机硬件等条件的限制,这种类型的手机银行方式认知度和普及率都很低。因此,该阶段这一类型的手机银行发展并不如人意。

2. WAP银行阶段(2004—2008年):手机银行的发展阶段

随着3G时代的到来,沉寂了一段时间的手机银行又开始了新一轮的热潮,由于通信技术的进步,客观条件上允许手机银行有进一步的发展。2004年8月,建设银行率先推出了基于WAP(Wireless Application Protocol,无线应用协议)技术标准的手机银行产品,标志着手机银行进入新的发展阶段,这个时期的代表银行主要有招商银行、交通银行等,产品形式主要基于WAP技术构建手机银行网站,用户只需用手机内嵌的WAP浏览器访问银行网站即可办理相关业务。许多相对成熟的网上银行业务都可以转移到手机终端上来操作。2006年,银监会出台的《电子银行业务管理办法》,为手机银行的发展提供了良好的法律环境,2007年前后,国内通信行业大幅降价,更是提供了很好的客观条件。WAP银行阶段提高了用户的使用自由度,丰富了可办理业务的类型,但同时也受到了无线网络资费及质量的影响。手机银行经过多年的探索推广,认知度得到了很大的提升,产品也日益成熟,产业链也变得复杂化。

3. APP银行阶段(2009年至今):加速发展阶段

随着智能手机的出现及功能的不断提升,手机的概念完全被重写。手机从原先单纯的通信工具发展到集信息消费、娱乐等多种功能于一体,人们的生活习惯也随之发生了很大的变化。移动互联网的形成促使银行业进行相应的变革,手机银行跨入了APP时代。各大银行纷纷推出了自己的手机客户端APP,而用户需要做的只是下载并应用。与WAP手机银行相比,客户端的互动体验更好,用户黏性更强,基于手机客户端的银行服务成为主导。随着手机功能的提高,手机银行的业务也更加多元化,产业链变得更加复杂,形成了全面发展、多方竞争的局面。手机银行的进步已经完全做到易用好用,且安全性也得到了很大的提高,如何突出手机银行的金融属性是目前各家银行关注的重点。而伴随互联网金融的兴起,第三方支付获得快速发展,并在快捷支付、转账、理财等多领域与手机银行展开竞争,手机银行在新的发展形势下面临新的挑战。

手机银行的出现让全球整个金融业产生了巨大的变革,科技的发展让人们的金融生活更加容易,真正做到了随时、随地、随身使用。传统的银行业务及网络银行业务,如今绝大部分都可以在手机上随时进行,而且可供选择的金融服务内容还在不断拓展。无线网络技术的成熟及智能手机功能的不断进步,使得用户几乎在任何地方都可以享受到银行的服务,无论是基础的查询业务还是支付业务,或者是高级的投资理财业务。手机银行将用户从传统金融所必须经过的业务事项中解放出来,不仅极大地给人以方便,而且还节省了用户宝贵的时间。

手机银行的出现,意味着银行向用户又走进了一步,用户展开自主性金融业务的能动性将极大地提高。亦如网络银行,手机银行也可以完全做到 7×24 小时无间断的服务,但比起网络银行,它更贴近用户,便捷性更加突出。同时,手机银行可大幅减少银行的人力成本和实体场地成本,而金融的流动性提高也反过来对其他行业起到极大的促进作用。

二、手机银行的概念及服务项目

(一)手机银行的概念

手机银行是利用移动通信网络及终端办理相关银行业务的简称,也就是用手机等移动终端来办理银行业务。它是借助移动通信网络平台开发的一项金融业务,是电子银行和移动通信技术相结合的产物。一般手机银行也可称为移动银行,但从严格意义上来讲,移动银行包含的范围要稍微广一些,例如用户在使用诸如平板电脑等设备上发生的银行业务也可称为移动银行业务。手机银行是网上银行的延伸,它的特点是利用移动通信网络平台,将用户手机和银行的信息系统相连接,使用户在手机界面上直接进入自己的账户,进行账户查询、支付和交易等操作,办理各项金融业务。

手机银行的概念和服务内容还在不断发展之中。除了上述表述外,学术界对其的认识也是在不断加深,一种定义是:"手机银行是通过手机这个通信设备来开展银行业务和其他金融服务,利用手机这个移动设备,用户可以管理自己的账户并获得用户个性化的信息。它提供的服务范围包括银行和证券市场的交易等。"[①]

根据上面给出的定义,经过分析我们可以发现,手机银行牵涉到 3 个相互关联的概念:手机银行会计核算、手机平台、手机金融信息服务。手机银行会计核算是指手机上完成的转账、交易等银行会计内容,手机平台是指业务发生的场所——手机移动设备,手机金融信息服务是指由银行及其他金融机构提供、用户通过手机取得需要的一系列金融方面的信息这一服务项目。

可见,手机银行使原来的银行业务的"阵地"转移到人们随身携带的移动设备上,作为一

---

① TIWARI R, STEPHAN B. The commerce prospects: a strategic aralysis of opportunities in the banking sector [EB/OL]. [2020-01-21]. http://www.globalinnovation.net/publications/PDF/Hamburgup-Tiwai-commerce.pdf.

种结合了货币电子化与移动通信的崭新服务,手机银行业务在网上银行全网互联和高速数据交换等优势的基础上,从原来的随时随地更加突出了移动通信"随时、随地、贴身、快捷、方便、时尚"的独特性,真正实现了"whenever"(任何时间)、"wherever"(任何地点)的银行业务办理,成为银行业一种更加便利、更具竞争性的服务方式。作为一种崭新的银行服务渠道,手机银行极大地丰富了银行服务的内涵。

手机银行与移动支付、手机支付有联系,但彼此都是从不同的角度出发得出的概念,并不完全相同。移动支付可以是用户通过手机、掌上电脑等移动设备,利用运营商通信服务转移货币完成清偿获得商品或服务的过程,也可以是利用近距离无线通信技术完成支付,甚至一般的公交车刷卡等行为都可以称为移动支付。手机支付是指以手机为媒介,对所消费的商品或服务进行账务支付,不仅包括手机银行,还有手机钱包和直接手机支付两种实现形式。

另外需要澄清的是手机银行和电话银行的区别。用户用手机拨打银行电话,接入银行电话服务,是电话银行的一种银行服务,有别于手机银行。相较于电话银行,手机银行特指利用无线通信技术的服务,而电话银行走的是电话线路,两者首先在服务渠道上就有根本不同;其次在业务上,手机银行提供的业务比电话银行要丰富得多,随着技术发展,用户操作也越来越容易。

(二)手机银行的服务项目

手机银行目前开放的服务项目已经可以满足大部分人的金融服务需求,与网络银行相比,手机银行操作更加简便容易。典型的服务项目有以下几类。

1. 账户查询类

这一类服务允许通过手机进入互联网或者直接通过手机终端 APP 查询自己的银行账户信息。包括查询账户余额、交易时间等细项,了解当日明细,以及历史账户收支状况等。而用户之前所需要做的只不过是将自己在银行的借记卡、信用卡等关联到手机银行即可。

2. 支付转账类

支付转账类的服务允许用户通过手机实现各种涉及货币转移的业务。在目前该类服务中,用户不但可以完成普通的网上交易的支付,而且生活中发生的各种费用如手机通信费、保险费、交通罚款、水电费都可以随时通过手机支付,甚至包括购买保险、信用卡还款等。手机银行的转账也变得更为简单,其中,手机到手机转账的服务极度体现了手机银行的特色,用户在使用该项功能时无须知道对方银行账号,只需确定对方手机号码及转账金额,即可轻松实现银行内及银行间的跨行转账。

3. 投资理财类

金融市场信息即时性强,随时关乎投资者的投资利益,手机银行的出现无疑对金融市场起到了良好的促进作用。利用手机银行,用户无须等待在投资服务机构大厅,或者端坐在计算机前,随时随地通过自己的手机即可查询最新的金融信息。目前已开放的项目亦十分丰富,包括基本的市场利率信息、汇率等信息,而且大盘指数、基金买卖、黄金价格的及时信息一应俱全,都可以在手机上完成交易,把握投资机会。

4. 后台支持类

当前手机银行开放的服务类型中，银行也对用户开放了一些支持类的业务。传统的一些咨询服务如今都可以搬到手机上进行，帮助用户了解国家金融政策信息及其他投资建议，使用户做出自己合理的投资决策。另外，手机银行还开放了对于客户的贷款请求查询业务，用户的贷款申请可以随时查询批准进度。

值得一提的是，手机银行的服务内容仍在不断创新当中。2012年11月，建设银行就创新推出客户端"摇一摇"新功能。客户在新版手机客户端的"摇一摇"菜单下，只需轻轻摇晃一下手机，即可使用查询账户余额、查看贵金属及外汇行情、地图定位身处位置的周边建行网点、客户端换肤等服务。2015年，浙商银行将"人脸生物特征识别＋后台人工审核"的双重验证模式引入直销银行手机客户端，加强了支付交易的安全性。随着技术手段的成熟，手机银行会越来越贴近我们的生活，为我们的日常生活带来更大的方便。

三、手机银行的实现方式

短短的10年来，手机银行的实现方式发生了多次根本性的改变。如果我们从技术应用的角度出发来看，会发现其实现方式是沿着技术演变的发展而发展的，故而在此部分内容中，除了介绍各种先后出现的手机银行实现方式以外，还会适当提及与之有关的应用情况以做进一步说明。

按照出现的时间先后顺序，手机银行主要的实现方式可以分为5种：SMS、STK、USSD、WAP和APP客户端。下面依次对各个手机银行的实现方式做一简要介绍。

（一）利用SMS实现

1998年以前，手机银行主要采用手机短信SMS（Short Message Service）方式实现银行业务。用户通过短信发送命令，进行查询、账户变动通知等银行业务。SMS方式的优点在于短信服务在手机终端上可以普遍获得、服务开通简单方便，是目前实现手机银行的方式中客户进入门槛较低的一种方式。其缺点在于SMS方式实现的手机银行输入不便、交互性和安全性差，无法处理复杂业务。

（二）基于STK卡实现

1999年，基于STK的手机银行出现。STK方式是将银行服务的菜单写入特制的STK卡，让用户进行菜单式操作。STK卡本身有比较完善的身份认证机制，也能有效保障交易安全。其缺陷有几个方面：一是STK卡容量有限，通常只能在卡里写入一家银行的应用程序，而且不能更改，若要更新STK卡的内容，对服务进行升级，通过空中下载技术（Over-the Air Technology，OTA）可以实现，但显然比较麻烦；二是STK卡方式是以短消息作为业务传输渠道，而短消息采用存储转发机制，不是实时交易，降低了手机实时接入的优势，另外短信的存储转发机制会使交易在网络运营商的服务器那里留下痕迹；第三，这种手机银行的业务和商业模式存在致命缺陷，商业银行没有切实考虑到手机携带方便、可随时接入的特点，针对性地推出与其特点相契合的服务；第四，牵涉到银行和网络运营商之间的合作问题，换卡手续不便，换卡成本较高也足以将一般用户拒之门外。鉴于以上缺陷，基于STK卡实现的手机银行并未得到普及，目前已经退出手机银行市场。

回顾 STK 卡方式的手机银行应用过程，从 1999 年起，中国银行、工商银行、建设银行、招商银行等商业银行与中国移动、中国联通等网络运营商合作，先后推出了基于 STK 方式的手机银行，却无一例外遭受失败，导致境内手机银行运营一度沉寂。

(三)基于 USSD 技术

2001 年，基于 USSD(Unstructured Supplementary Service Data，非结构化补充业务数据)技术的手机银行开始出现。这种形式的手机银行使用的是运营商的语音信道，其优点在于能够和各种应用业务保持对话，运营商通过 USSD 提供接近 GPRS 的互动数据服务功能，交互性大大提高。然而，由于各地移动运营商的支持情况不同，USSD 手机银行无法实现全网互联，而且在语音业务繁忙时段，常常出现网络繁忙甚至断线情况，影响了用户体验。

(四)基于 WAP 方式

WAP 是比较流行的一种手机银行使用方式。它是在数字移动电话、互联网或其他掌上电脑(PDA)、计算机应用乃至数字家电之间进行通信的全球性开放标准。WAP 技术可以将互联网的大量信息及各种各样的业务引入移动电话、PALM(一种操作系统)等无线终端之中。WAP 只要求移动电话和 WAP 代理服务器的支持，而不要求现有的移动通信网络协议做任何的改动，因而可以广泛地应用于 GSM、CDMA(Code Division Multiple Access，码多分址)、TDMA(Time Division Multiple Access，时分多址)、3G 等多种网络。2000 年前后，WAP 技术是 IT 厂商推销的热点，但受制于上网速度及其他因素，并没有普遍应用。随着无线通信技术的进步，手机访问互联网的速度得到提升，其受众群体有了一定的改观。

WAP 方式的手机银行能办理大多数网上银行可以办理的业务，实质上可以看作是手机版的网上银行，用户登录银行 WAP 网站，即可进行账户管理、转账汇款、缴费、购入或出售外汇、基金、股票等操作。另外，针对一些特别注重服务体验的用户，有的银行还推出了HTML(Hyper Text Makeup Language，超文本标记语言)版手机银行。相比 WAP 版，它是一种更具操作性、界面更友好的手机银行服务。标准网页形式提供的网上银行，只需要通过网络访问即可。

WAP 方式的优势在于：第一，银行开发难度低，银行仅需在原来网上银行的基础上开发相关 WML(Wireless Makeup Language，无线标记语言)的版本即可；第二，这种方式可以实现字符内容浏览，实时交易；第三，3G 网络的发展，改善了浏览速度，使得这种方式的应用更加稳定；此外，这种方式还有着申请简便、功能丰富、安全可靠的优点。WAP 方式的局限在于：第一，用户只能通过内嵌 WAP 浏览器的手机访问银行网站；第二，鉴于 WAP 只能处理文字信息，因而网站界面设计简单，用户和银行之间交互性较差。

WAP 方式促进了手机银行的发展，但随着手机智能化水平的提高，这种方式的缺点也日益显露出来，用户交互性差、存在安全隐患等无一不在对这种手机银行方式形成挑战。在越来越追求用户体验的现代社会，这种方式不能满足用户的个性化要求。从技术和用户认可等角度来看，这种方式存在以下几点发展瓶颈：一是复杂交易实现烦琐，WAP 方式实现复杂交易须通过多个页面完成，增加了使用难度；二是这种方式无法记录有用信息，很多步骤需重复操作；三是增值功能开发难度大，从技术的角度来讲，这种方式在计算能力和表现形式方面实现难度很大,不是一种优选的方式;四是由于这种方式门槛低、产品同质化现象严重,且产品质量并不突出,可替代性大;第五,这种方式存在安全隐患,极有可能受到病毒攻击,给用户带来损失。

(五)基于 APP 客户端

2004 年后,出现了客户端形式的手机银行,基于 BREW(Binary Runtime Environment for Wireless,无线二进制运行环境)和 KJava 方式实现。BREW 方式是先于 KJava 方式出现的手机银行实现方式,目前在市场上已经淘汰。从形式上来看它跟 KJava 方式很相似,不过采用的技术有别。BREW 方式是一种基于 CDMA 网络的技术。和 KJava 一样,用户可以通过下载 BREW 应用软件到手机上运行,从而实现各种功能。BREW 支持各种加密算法,开发商只需直接通过 API(Application Programming Interface,应用程序编程接口)接口调用对称加密算法 RC4、非对称算法 RSA、SSL 算法、Hash 函数等基本函数,不用再次开发。BREW 方式的优缺点同 KJava 类似,但它的安全性最高、功能最多、交易速度最快、易用性最好,在安全性和终端表现的一致性上要优于 KJava 方式。不过,由于 BREW 技术是高通公司的专利技术,技术封闭性强,开放性不如 KJava。

在智能机出现以前,KJava 方式可以看作是 APP 方式的前身。它是专门用于嵌入式设备的 Java 应用,是 Java 技术在无线小终端设备上的延伸。由于 J2ME 平台技术的成熟,随之扩大了 Java 技术的使用范围,手机银行也开始开发出各自 Java 版本的手机银行客户端。J2ME 的配置和框架使得信息设备的灵活性(包括计算技术和应用程序安装方式方面)得到很大提高。用户在使用这种手机银行方式的时候也很简单,实际上只需要找到银行针对不同手机的 Java 客户端软件,安装就可以使用了。这种实现方式的优势在于:第一,实时在线,交互式对话;第二,Java 版本的客户端一般图形化界面优美,操作友好;第三,由于这种银行实现方式采用一些 1024 位的 RSA(公开密钥加密算法)认证加密技术和 128 位的三重 DES(Data Encryption Standard,数据加密标准)加解密技术,安全性相对较高。缺点在于:第一,在早期,可以使用 KJava 软件的手机一般都价格较高,用户较少;第二,银行对不同型号的手机无法做到统一的显示,需要对不同型号的手机做部分针对性的开发,导致银行需要花大量的工作进行开发和维护,对于银行来说成本较高,且部分机型无法获得相适应的 Java 软件供用户使用。

2007 年至今,智能手机的出现,重新定义了手机的用途。在智能机席卷整个手机市场的今天,还使用 KJava 软件的手机市面上已经很少了,APP 方式成为目前手机银行业内应用最为广泛的手机银行方式。APP 是 application 的缩写,也就是手机应用软件的意思。APP 方式成为手机银行的主流方式具体来说有以下几大优点:第一是操作步骤简易,复杂操作可以一次完成;二是信息的可储存性,用户的某个交易执行期间可以直接自手机内存中提取,无须二次向服务器发起请求;三是有利于增值功能的开发,业务扩展性强;四是这种方式独立运行的特点使其更为安全。基于以上四点,APP 手机银行的实现方式带来了更加优越的用户体验,加速了手机银行业的应用普及。

手机银行的发展历史还很短暂,该行业未来的前景究竟会如何变化目前还不能下结论,但可以确定的是,如何解决用户便捷支付和安全性问题将决定这个领域的方向。

手机银行各类实现方式比较如表 5-4 所示。

表 5-4　手机银行各类实现方式的比较

实现方式	优点	缺点
SMS	技术实现简单;手机终端适应性强,用户进入门槛较低	交互性差,不利于开展复杂业务,安全性级别低
STK	身份认证系统健全,安全性高	各银行 STK 卡不兼容,STK 卡换卡成本高
USSD	交互性较好;无须换卡,用户进入门槛较低	无法实现全网互联,网络稳定性差
WAP	兼容性好,交互性好,安全性高	需要用户手动输入 WAP 站点域名;受网络条件限制,用户体验不稳定
APP 客户端	界面友好,交互性强,安全性较高	开发成本高,需要针对不同平台和操作系统进行开发;对终端性能要求高

四、 手机银行的特点

手机银行继承了网上银行的一切优良的特性,并且在此基础上有所突破。概括起来,有以下几点。

(一)功能性

可以看到,手机银行发展到目前的阶段,俨然已经是一个微型的网络银行了,并且在功能性上已经不输于网络银行了。从最初的 STK 短消息方式手机银行,发展到当前 APP 占优的实现方式,用户可以进行的业务范围已经囊括了传统银行业务及网上银行业务的方方面面。账户查询、交易查询、转账缴费、网上支付、投资管理这些原来网上银行提供的主要服务现在手机银行都可以完成,而且并不逊色。目前,除了存取款业务及一些大额交易类型的业务外,一般生活中碰到的银行业务手机银行都可以胜任。

(二)随身性

手机银行的随身性是手机银行标志性的特点。正是因为手机银行的随身性,突破了网上银行"3A"(Anywhere、Anytime、Anyhow,即任何地点、任何时间、任何方式)的服务理念,成为更加方便用户的 4A(Anywhere、Anytime、Anyhow、Anyone,即任何地点、任何时间、任何方式、任何人)服务。在一切都高速运转的现代社会,金融业人士对信息的敏锐度需更加关注,他们需要密切注视资本市场动态来完成投资决策或者其他资金操作,手机银行的随身性特点为用户提供了最佳的服务,只要用户愿意,随时都可以进行资金转移。另外,对于一些外出频繁的客户来说,手机银行也允许他们随时进行交易,避免错失商机。对于普通用户来说,手机银行无疑也会大大便利他们的生活,如今大部分的业务已经不必在银行大厅排队受理了。手机银行的随身性加速了资金的转移速度,提高了货币的使用效率。

(三)创新性

随着无线通信技术及电子技术的飞速发展,一种手机银行实现方式还没有得到普及,就出现了下一代手机银行应用方式,市场上更是呈现多种应用方式并存的局面。这本身就足以说明该行业是一个迭代速度极快、创新性很强的行业。

手机银行的创新性一是表现在其本身的技术更迭速度上。当网上银行普及后,传统银行业依靠铺设门店提高自身影响力的方法已经被撼动,手机银行的成熟会带来银行业的巨大的变革。银行业的营销手法、经营模式都会发生根本性的变化。

手机银行的创新性二是表现在功能的不断推陈出新上。各大银行的手机银行客户端几乎每隔几个月就有新的功能面向用户。

手机银行的创新性三是体现在它对完成货币电子化的作用上。这项创新将成为银行业未来变革的重要推手。

(四) 私密性

手机银行需要与用户的手机号码进行绑定,从这个方面来看,手机银行具有一定的私密性。用户日常的使用过程中,手机作为交易介质,用户所有的交易信息都经过手机往来传输,这就要求手机的保密功能,同时需要用户保管好自己的手机。在保护用户的私密性方面,当前银行进行了很多的加密处理。手机银行在使用时传输的信息全程加密,所有的解密密钥和解密过程都在银行系统内部,使得移动通信运营商无法截取。

(五) 安全性

与电话银行、网络银行等远程支付手段相比,手机银行的安全性是最高的。银行对于手机银行业务具备身份认证、黑名单交易阻断、账户分级控制、超时退出功能,并且对所有交易全程加密。在实际操作过程中,用户的身份信息与手机号码建立唯一绑定关系,在涉及用户资金安全的交易中,通过与电信运营商的合作实现了交易中强制验证用户手机号码的功能,从而保障了用户交易数据的唯一性,防止被篡改和伪造;同时它还会控制交易限额;而且手机银行具有超时保护,如 10 分钟未使用手机银行将自动退出,即使手机遗失被他人捡到,在不知道密码的情况下也无法使用,同时手机银行登录密码连续输错 6 次、交易密码连续输错 3 次,系统也将自动锁定密码等。另外,相比起网上银行,手机银行还有一个优点就是不易受到黑客攻击,而这恰恰是常规网络银行的大患。

(六) 个性化

手机银行带来的另一项改变就是加速了银行和客户之间的互动。手机银行的出现,银行随时可以主动通过手机平台传达信息,用户也可以通过手机平台制定属于自己的个性化服务。另外,通过跟踪用户数据,银行可以分析用户行为,从而可以挖掘用户需求,针对不同的用户推荐更加个性化的服务。越来越多的手机银行引入云计算和移动通信等新兴技术,实现业务移动授权和信息瞬时传递,从而实现了各类业务的移动化处理。

(七) 市场潜力巨大

手机银行的市场潜力巨大。随着银行的大力推动、智能手机的全面普及和整个商业生态的生成,手机银行在银行业务当中的地位将会无可撼动。

另外,中国互联网络信息中心发布的《第 46 次中国互联网络发展状况统计报告》显示,截至 2020 年 6 月,我国网民规模达到 9.40 亿,互联网普及率达 67.0%;我国手机网民规模达到 9.32 亿,网民使用手机上网的比例达 99.2%;手机网络支付用户规模达 8.02 亿,占手机网民的 86.0%。这些数字说明,手机银行是银行业要着力拓展的重要领域。

五、手机银行与网络银行的关系

手机银行是在网络银行的普及下,因无线通信技术与电子技术的进步而出现的。手机银行作为网络银行的延伸,与网络银行相比,既有相同之处,也有不同之处。

(一)业务上的继承和替代关系

网络银行是传统银行的继承与发展,手机银行更是网络银行的延伸,并在业务上具有替代性。它的继承性和替代性表现在以下两点。

第一,手机银行虽然功能丰富,适用性很强,但它大部分的业务,都是网络银行早已存在的,手机银行所进行的只是将业务办理场所放在手机平台,而无须固定在 PC 前操作,并不是对原有业务的实质性的改变。另外,目前的手机银行甚至兼有传统银行的业务功能,比如,通过手机银行的预约取现功能,无须银行卡即可在 ATM 机器上取现,又是对传统银行的继承。第二,手机银行应用无线网络,在提供银行服务的便捷性上完全继承了网络银行的特点,并且有极大的提高。手机银行结合了手机的普遍性、随身性及其他特点,使得手机银行操作简易度也提升了不少。

(二)业务上的延伸关系

与网络银行相比,手机银行在业务上可以提供的服务也更加多样化。由于手机的随身性,银行可以直接面对一个个的用户,从而针对不同用户的特点,提供更加人性化的服务。用户利用手机银行,也可以直接定制最适合自己的银行服务。例如,招商银行专门针对企业用户的需求,开发出企业级的手机银行系统。工商银行开放的定期存款、信息资讯、金融行情定制、银医服务等业务则更加贴近用户的生活需要,这些服务都是网上银行所不具备的。所以说,手机银行不单是网络银行的手机版本,它有自己极具特色的服务。

第八节 全球手机银行发展历程

世界上率先进行商业性运作的手机银行项目始于 20 世纪 90 年代末,由欧洲的捷克 Expandia Bank(2001 年更名为 Ebanka)与移动通信运营商 Radiomobile 公司在布拉格地区联合推出。此后,俄罗斯 Guta、斯洛文尼亚 SKB、意大利 Toscana、德国 Deutsche 等国际著名银行相继开通了基于 WAP 模式的手机银行业务。第一代手机银行所使用的技术利用一种特殊的 SIM 卡进行操作。其 GSM 网络从 1996 年 9 月 30 日开始使用,由德国捷德 (G&D)公司提供 SIM 卡技术及安全系统。

Expandia Bank 手机银行系统从 1998 年 5 月 1 日起运行,基于捷德公司的 IC 卡-STARSIM 平台,这种手机银行能在一系列的标准化手机上运行。尽管这种手机银行年代较早,是第一代的手机银行,但已经可以为客户提供包括账户资料和安全支付在内的大量在线金融服务、账户结算、查询股票和货币信息、账单支付及客户服务热线等功能都可以实现。

手机银行依靠技术进步得以迅速发展,尽管都以手机作为载体,但现代的手机银行早已不是 20 世纪 90 年代末的形态了,无论从功能的多样性还是便捷性上与早期的手机银行都不可同日而语,而由于世界上不同地区的经济发展水平不一,手机银行在当今世界上的发展状况也有所不同。由于欧美地区传统银行业发达,银行服务网点多,尤其支票、信用卡使用都极其便利,导致手机银行仍没有成为主流金融服务渠道。日韩零售银行业务相对欧美起步较晚,但恰好充分发挥了后发优势,并得益于国民对电子产品的热衷及技术优势,手机银行业务发展迅速,已经成为日常结算的主渠道。

一、境外手机银行发展概况

(一)欧美

美国的手机银行服务始于 1999 年 1 月,美国花旗银行与法国 Gemplus 公司、美国 M1 公司携手推出了手机银行。利用该 GSM 手机银行,客户可以了解账户余额和支付信息,通过短信息服务向银行发送文本信息执行交易;客户还可以从花旗银行下载个性化菜单,阅读来自银行的通知和查询金融信息。这种服务方式更加贴近客户,客户可以方便地选择金融交易的时间、地点和方式,但是使用人数并不多。

2000 年以来,美国的手机银行市场进入了快速发展阶段。2007 年美国手机银行的用户规模仅为 110 万人,而根据 2009 年尼尔森公司的统计数据,2009 年美国手机银行用户已达到 1300 万人,增长率惊人,其中有 2/3 的用户利用短信的方式办理手机银行业务。

图 5-11 显示的是艾瑞咨询公司提供的、核算后的 2010—2015 年美国手机银行用户规模。

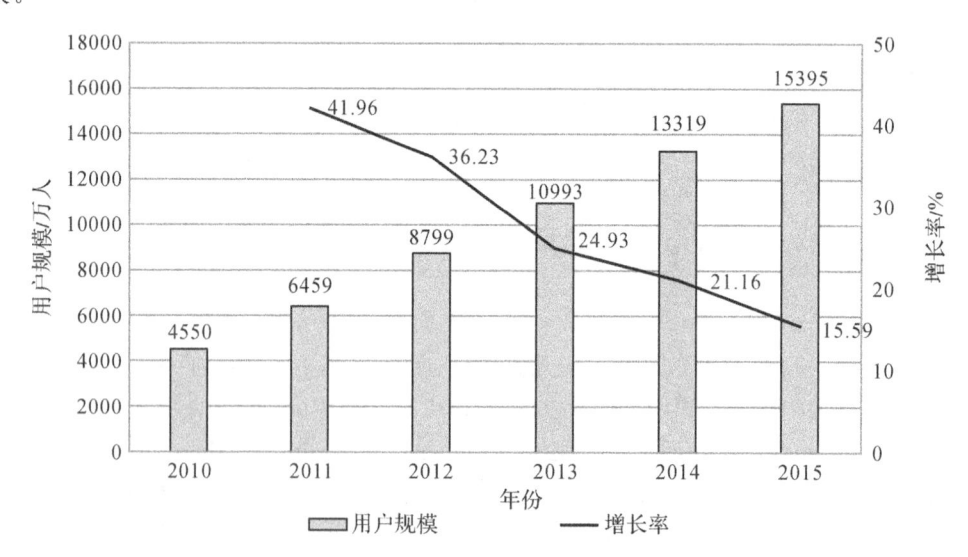

图 5-11 2010—2015 年美国手机银行用户规模

资料来源:根据艾瑞网相关资料整理,http://www.iresearch.cn。

从图 5-11 上可以看出,尽管美国手机银行的用户数越来越多,但是增长率却逐年递减。美国的手机银行业发展比较成熟,但由于其他金融手段过于发达,手机银行没有发挥更大的功效。根据 eMarketer 2012 年的调查,查询账户和交易信息仍然是美国手机银行用户最为普遍的手机银行应用;42%的人从事账户间的转账;33%的人接收银行的短信通知;26%的人从网页或 APP 中支付账单;21%的人用来寻找银行网点,利用手机银行来办理高级金融业务的人数并不多。

欧洲早期的移动银行业务主要采用的是 WAP 方式,因此也被称为"WAP Banking Service",但是早期的 WAP 并没有达到技术要求,虽然有了 GPRS(General Packet Radio Service,通用分组无线业务)网络,但是由于终端、业务互操作、运营模式和价格等问题,移动银行业务不仅没有很好地发展起来,其他与 WAP 相关的业务也没有得到很好的发展。相反,不怎么被市场看好的短信由于简单易用、互操作性强得到了快速发展。

随着智能机的普及,欧洲手机银行业也有了长足的发展,并且手机银行实现方式也有了很大不同,根据 comScore 2012 年 7 月数据报告,欧洲 5 国(英国、法国、德国、西班牙、意大利)有 3000 万用户通过智能手机登录银行账号,比一年前增长 85%。Forrester Research 2012 年发布报告称全美有超过 13%、欧洲有超过 9%的银行账户是通过智能移动终端银行应用完成交易的。欧美国家在移动通信和金融服务方面处于领先地位,从技术方面来讲,发展手机银行难度不大,但从数据来看,欧美国家手机银行的发展仍裹足不前。欧美国家银行卡和个人支票普及很广,银行、消费者和商家缺乏转变的动力应该是一个很重要的原因,如果形势好转,仍然有相当大的空间发展手机银行业务。

图2019 年美国消费者对纯手机银行的了解程度

(二)日本

日本银行业将手机银行业务视作与网络银行、电话银行相匹配的"直接银行"工具之一,大力推广和应用。日本最先建立了手机钱包的商业运营模式,普及率和公众接受度很高。有大约 5500 万日本手机用户的手机具有移动支付功能,手机银行在日本已经成为主流支付方式。

日本手机银行业务发展的最大特点是移动运营商利用在产业链中的优势地位,整合了终端厂商和设备提供商的资源,进一步联合银行提供手机银行业务。比如,占据日本移动通信市场 59.3%份额的日本电信电话移动通信公司 NTT DoCoMo 最先推出了利用手机上网处理银行业务的在线服务,即通常所说的手机银行。该移动通信公司目前拥有 4000 万手机用户,采用I-mode提供手机银行的转账、余额查询和交易明细查询等三大基本服务。接入 5 万家增值服务提供商的 NTT DoCoMo 在日本已被各类商业银行、信用合作社、邮政储蓄、农业协会等视作最重要的合作伙伴。同时,NTT DoCoMo 创建了数据中心,小型银行可以较低成本向客户提供手机银行业务。

此外,日本各大银行纷纷加强手机银行业务,谋求将银行服务和手机的通信上网等功能结合起来。2019 年,日本资讯服务公司"连我"(Line)允许用户通过其智能手机支付平台向银行账户汇款。除了针对个人用户外,各大银行开始把中小企业法人作为新的目标客户。客户将可以通过手机银行进行 1 亿日元以下的汇款。

(三)韩国

自韩国的银行和手机运营商推出手机银行服务后,仅仅一年的时间,手机银行服务用户已经超过了 100 万人。

调查发现,每一次新技术的出现都促使韩国手机银行用户规模出现快速增长,至 2009 年,韩国手机银行用户规模已达到 1115.5 万人。技术的更新换代是推动韩国手机银行用户规模增长的主要驱动力。

韩国移动银行业务飞速发展的另一关键因素在于韩国银行业对移动银行业务的高度重视。韩国所有提供消费金融服务的银行纷纷投资移动银行业务,2008 年已有 2400 多万个在线银行账户。2020 年,韩国大邱银行推出了手机银行应用"IMBank",它是全球银行业中首款由量子服务支持的银行服务,有着更高水平的安全保障。因此,韩国的手机银行业务在全球范围来说都是处于领先地位的。

二、境内手机银行发展现状

(一)我国手机银行市场规模

我国的手机银行的市场规模很庞大。根据中国银行业协会的数据,截至 2017 年,我国商业银行手机银行个人客户已达 15.02 亿户,同比增长 28.28%;企业客户达 0.05 亿户,同比增长 57.52%。

随着手机银行的发展,中国手机银行市场的资金处理规模近几年也日趋扩大。在移动支付的大趋势下,各大银行都将手机银行业务定为未来业务拓展的重要方向,丰富的优惠政策及手机银行的便捷性让手机银行快速普及,移动支付交易量随之增高。另外,智能手机的进步让手机银行的功能性、安全性能迅速提升,使用户愿意在移动平台上进行资金划拨处理。

(二)我国手机银行市场特征

我国的手机银行实现方式基本上采取短信方式、WAP 方式和 APP 方式。根据艾瑞咨询 2012 年的研究报告,用户最常用的方式为 APP 方式,占整个群体的 43.1%;WAP 方式次之,占 31.5%;短信手机银行人数最少,为 25.1%。随着智能手机的普及,APP 成为最普遍的手机银行实现方式。

我国的手机银行用户具有年轻化的特点,目前用户中的绝大多数是青年群体,用户的需求尚未被充分释放,消费习惯有待继续培养。

我国的手机银行业发展速度快,开展的业务当前已十分丰富,个人用户在网上银行可以办理的业务通过手机银行几乎都可以办理,但是,各大银行业务差异化并不十分明显,这体现出目前手机银行业普遍存在的盈利模式、服务项目单一的缺点。手机银行可以为银行业带来丰富的增值服务,这对金融业今后开拓新的业务项目具有重要的意义,未来将会是重要的收益增长点。

第九节 网上支付跨行清算系统概述

网络银行自推行以来,已逐渐成为各家商业银行提供金融服务的重要平台,也是商业银行经营转型和拓展市场的重要渠道,在其业务发展战略中占有举足轻重的地位。客户可以方便地进行转账汇款、网络购物、网上缴费、投资理财等多种支付活动。在这些支付活动背后,实际上到处都是大额实时支付系统、小额批量支付系统等各类跨行支付清算系统提供的支持,这些支付清算系统的运行构建了各类金融机构和金融市场间的资金高速公路,对建立我国安全、高效的金融运行体系起到了有效的支持推动作用,极大地便利了企业的生产经营活动和人们的日常生活。

在 2010 年之前,网上跨行支付属于银行间(或银行与非银行清算组织间)的协议行为,当收付款人不在同一家银行开户时,支付指令的跨行清算需在多个系统间传输或转换,有些处理环节还需商业银行业务人员手工干预,业务处理时间较长,客户也不能及时了解支付业务的处理结果。网上支付服务是网上银行业务的重要支撑,也是电子商务发展的基础,跨行支付的银行间协议行为既限制了商业银行改进网络银行服务的空间,也不利于电子商务的快速发展。

实质上,这一不利状况出现的原因在于缺乏一套适应网上支付业务特点的跨行清算系统,所以网上支付的优势在跨行处理时不能充分体现,无法有效满足客户的实际需求。为解决这一问题,中国人民银行组织建设了网上支付跨行清算系统,为银行业金融机构提供了跨行清算和业务创新的公共平台。

我国网上支付跨行清算系统于 2010 年 8 月 30 日上线试运行,并于 2011 年 1 月 24 日完成全国推广。个人或企业可通过统一界面,查询管理在多家银行开立的结算账户,并实现跨行资金汇划等。这项系统的运行改进了网络银行的服务质量,缓解了营业网点的柜台服务压力,满足了广大客户的支付需求,为电子商务的快速发展起到了支持和促进作用。

网上支付跨行清算系统是继大额实时支付系统、小额批量支付系统、全国支票影像系统、境内外币支付系统、电子商业汇票系统之后,中国人民银行组织建设运行的又一重要跨行支付清算系统,是我国金融信息化、电子化进程中的又一个重要里程碑。该系统的建成运行有利于中央银行更好地履行职能,进一步提高了网上支付等新兴电子支付业务跨行清算的处理效率,支持并促进了电子商务的快速发展。

一、网上支付跨行清算系统的定义

网上支付跨行清算系统俗称"超级网银",是中国人民银行为适应网上支付业务特点组织建设运行的跨行清算平台。网上支付跨行清算系统通过构建"一点接入、多点对接"的系统架构来实现个人账户集中管理和企业"一站式"网上跨银行财务管理。

网上支付跨行清算系统可以将用户的所有银行账户归集到一家银行进行账户管理,通过统一的操作界面,用户即可查询、管理多家商业银行开立的结算账户资金余额和交易明细。使用超级网银,可直接向各家银行发送交易指令并完成汇款操作。而且对于企业用户来说，超级网银具有强大的资金归集功能，可在母公司结算账户与子公司的结算账户之间建立上划下拨关系。网上支付跨行清算系统具有统一身份验证、跨行账户管理、跨行资金汇划、跨行资金归集、统一直联平台、统一财务管理流程、统一数据格式等七大特色。

网上支付跨行清算系统的主要功能可以总结为3个方面：一是实现了7×24小时的工作模式，能够让用户在任何时间、任何地点，采取任何方式完成业务办理，是全时、高效的支付清算服务系统，为商业银行拓展各类中间业务创造了便利条件。二是为银行金融机构提供了安全、高效的公共支付清算平台，是网上支付业务的发展与创新。三是促进电子商务的发展及支付服务市场的繁荣，为非金融支付服务机构提供了接入的渠道，为用户提供了灵活多样的支付方式。

网上支付跨行清算系统的建成运行，给广大企事业单位和消费者带来了3个方面的好处：一是提高了跨行支付效率。客户可以方便、及时地办理跨行转账、信用卡跨行还款等业务。二是便利了财富管理。通过与银行签订协议后，客户依托一家银行的网上银行，即可查询在其他银行的账户信息，实现"一站式"财富管理。三是拓展了电子商务的业务范围。客户可依托一个银行账户方便地办理公用事业缴费、网络购物等业务，便利了其日常生产生活，客观上也可支持并促进我国电子商务的快速发展。

二、网上支付跨行清算系统业务的类型与特点

（一）网上支付跨行清算系统业务

网上支付跨行清算系统其业务运行模式与小额支付系统相似，运行时间为7×24小时连续运行，采取定场次清算的模式，设置贷记业务金额上限，与大额支付系统共享同一个清算账户等。从业务管理方面来讲，网上支付跨行清算系统是小额支付系统在网上支付方面的延伸，从系统管理方面来讲，网上支付跨行清算系统是与大、小额支付系统并行的人民币跨行清算系统。网上支付跨行清算系统投入使用后，实现了网银跨行支付的直通式处理，满足了网银用户全天候的支付需求，有效地支持了电子商务的发展。同时，跨行支付系统也支持符合条件的非银行支付服务组织接入，为其业务发展和创新提供公共清算平台。

网上支付跨行清算系统处理的业务总体上分为两大类：支付类业务和信息类业务。支付类业务主要包括：网银贷记业务、网银借记业务和第三方贷记业务。其中，网银贷记业务和网银借记业务只能由商业银行办理；第三方贷记业务可以由商业银行或非金融支付服务机构办理。信息类业务主要包括：账户信息查询业务、授权支付协议在线签约/撤销业务和账户信息查询协议在线签约/撤销业务。另外，系统还支持参与者对业务状态进行查询、对未轧差的支付业务进行撤销，并支持参与者之间发送自由格式报文。下面主要介绍基本的网银贷记业务、网银借记业务、第三方贷记业务、账户信息查询业务功能。

1. 网银贷记业务

网上支付跨行清算系统的网银贷记业务，是指付款人通过付款行向收款行主动发起的付款业务。可支持网银汇兑、网络购物、商旅服务、网银缴费、贷款还款、实时代付、投资理财、交易退款、慈善捐款等资金支付业务。它的应用主要在转账汇款、主动缴费这些场景当中。参与机构为付款行、收款行，基本业务流程为发起—回执—轧差—清算。整个流程如图5-12所示。

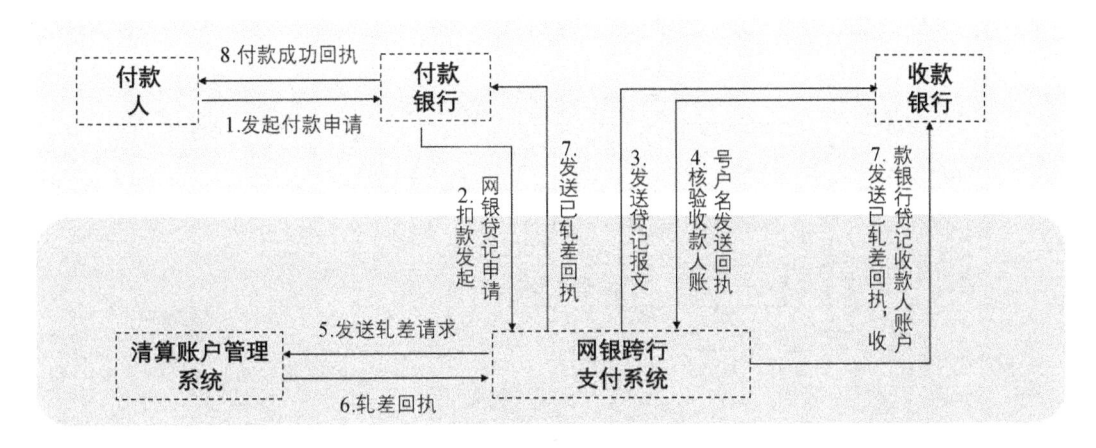

图 5-12 网银贷记业务

2. 网银借记业务

网银借记业务是指由收款人通过收款行发起的、根据授权支付协议借记付款人账户的扣款业务，实际上就是商业银行发起的代收业务。网银借记业务主要应用于网银实时扣费业务等。应用场景为公用事业收费和贷款还款等。参与机构为收款行和付款行。这个业务的基本流程是业务发起—回执—轧差—清算。整个流程如图 5-13 所示。

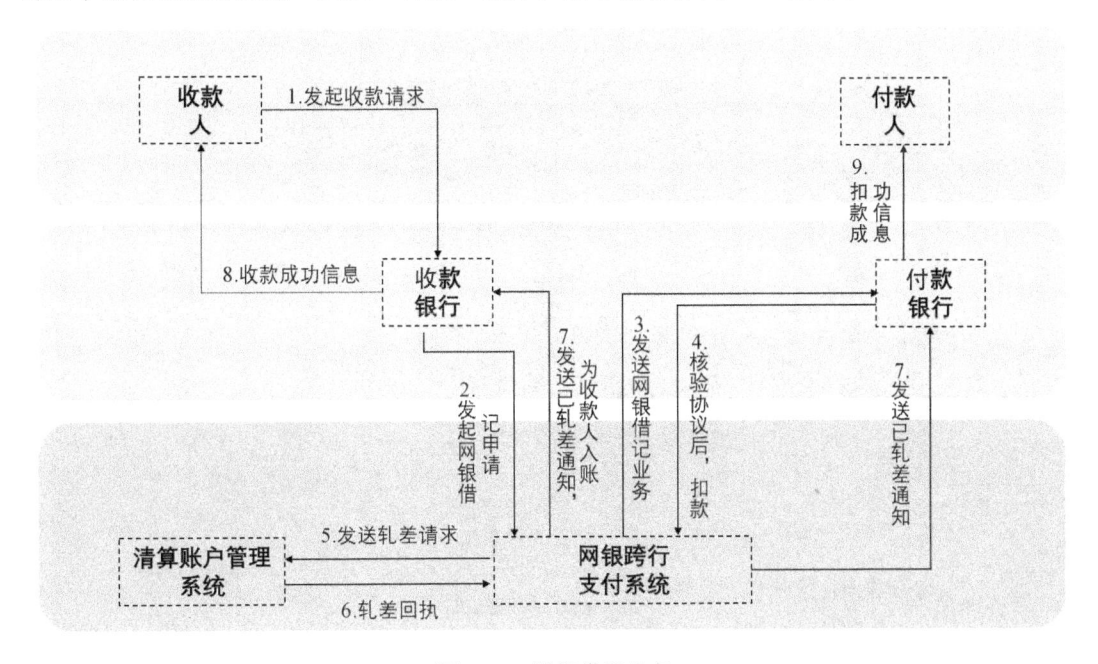

图 5-13 网银借记业务

3. 第三方贷记业务

第三方贷记业务，是指第三方机构接受付款人委托，通过网上支付跨行清算系统通知付款行向收款行付款的业务。第三方贷记业务可支持下列行为的资金支付：网络购物、商旅服务、网银缴费、贷款还款、实时代收、实时代付、投资理财、交易退款、慈善捐款。业务参与主体包括第三方、付款银行、收款银行。图 5-14、图 5-15 是第三方贷记业务流程图。

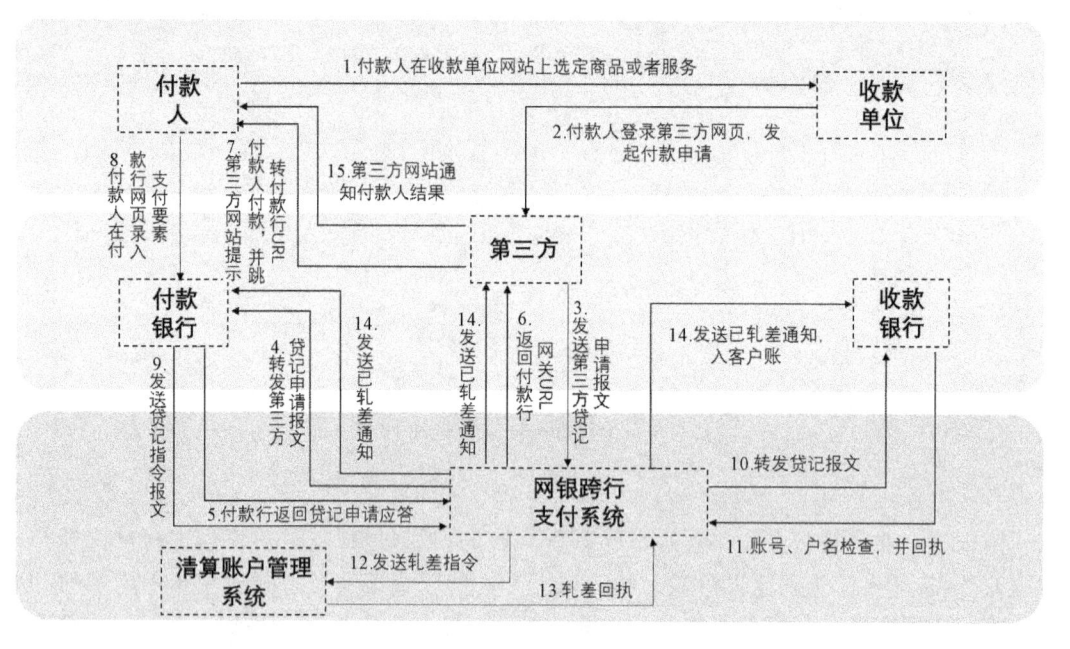

图 5-14　第三方贷记业务支付流程

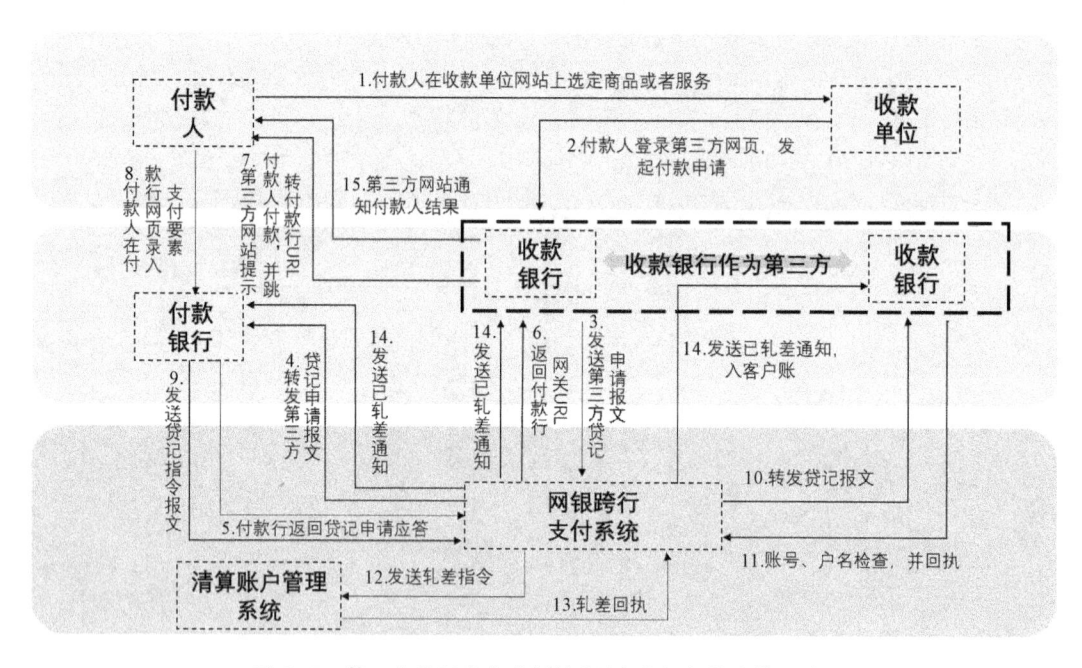

图 5-15　第三方贷记业务支付流程（商业银行作为第三方）

授权第三方贷记业务略有区别，它基于付款人与付款人开户银行事先签订的授权支付协议，付款人开户银行依据付款人授权，在收到第三方机构发来的支付请求后，根据协议内容核验无误即可进行支付。它的业务流程如图 5-16 所示。

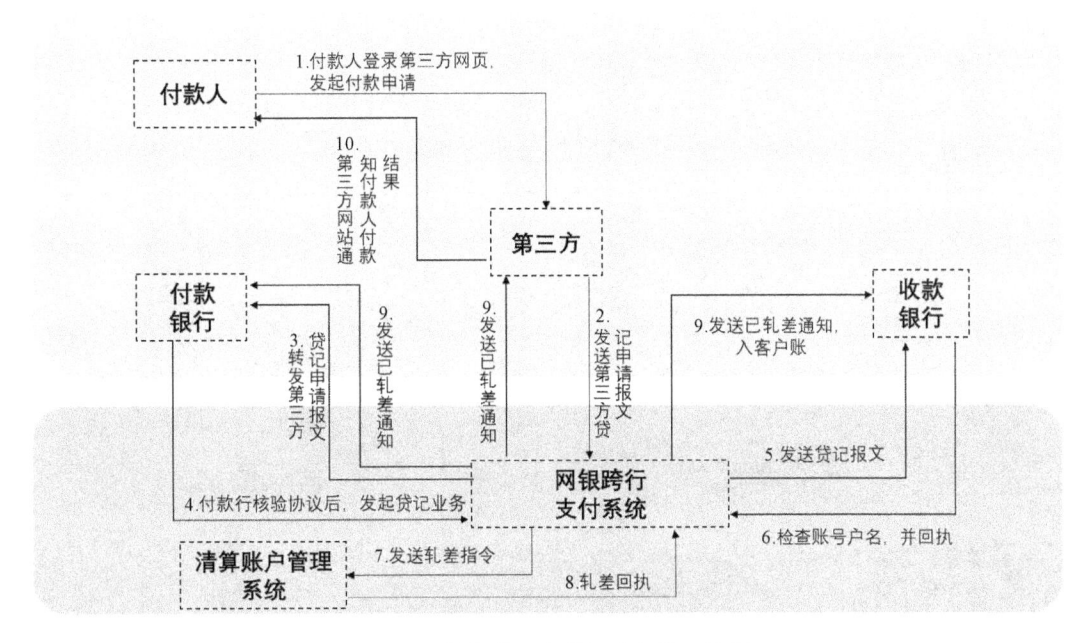

图 5-16　授权第三方贷记业务处理流程

4. 账户信息查询业务

账户信息查询主要发生在个人财富管理、家庭账户管理、第三方机构的增值服务等应用场景当中。参与机构为查询机构和开户银行，支持在线认证方式(见图5-17)和协议认证方式(见图5-18)，业务的基本流程如下：发起指令—得到回应。

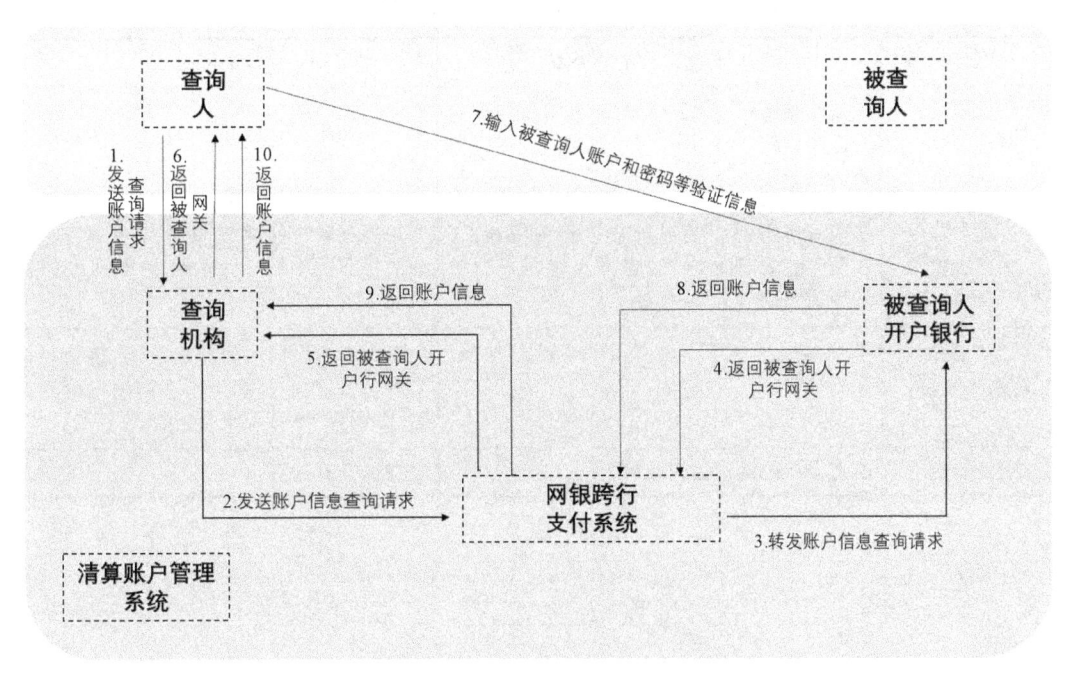

图 5-17　账户信息查询业务流程(在线认证方式)

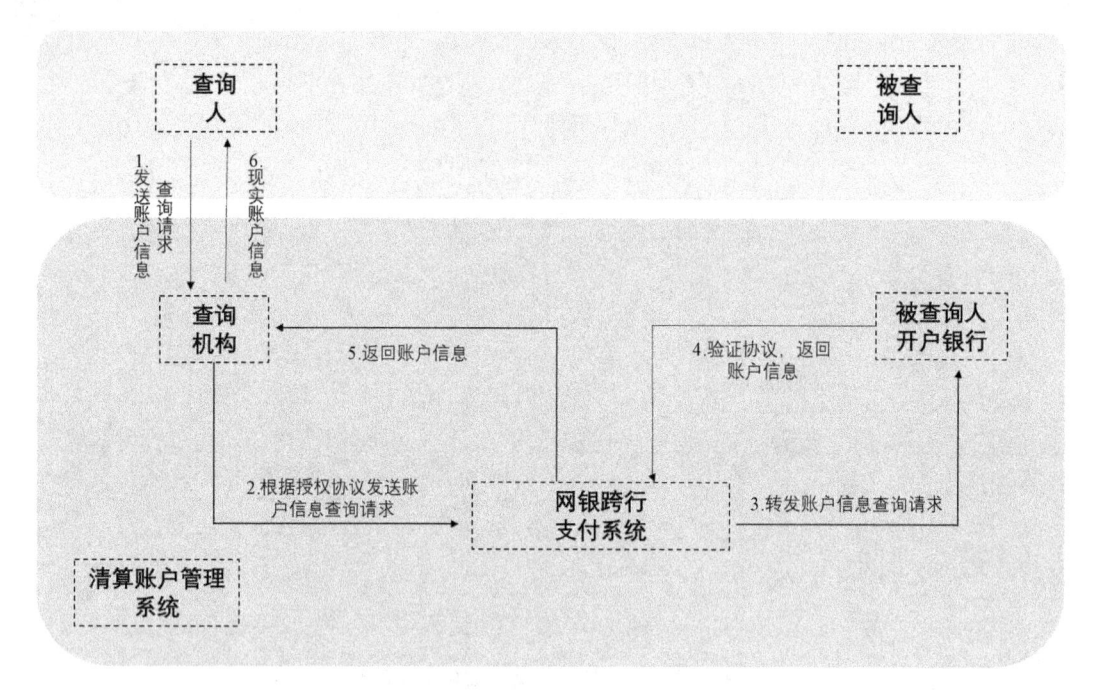

图 5-18　账户信息查询业务流程(协议认证方式)

(二)网上支付跨行清算系统和传统网银系统

网上支付跨行清算系统的运行和传统网银系统比较起来有以下几方面的优势(见表5-5)。

表 5-5　网上支付跨行清算系统与传统网银系统的比较

项目	网上支付跨行清算系统	传统网银
跨行交易	能够实现跨行交易及查询等多项跨行间银行服务;跨行24小时实时的资金汇划、跨行账户和账务查询、跨行扣款	只能够使用本行网银功能,不能实现跨行查询等功能
签订协议	必须与所有的相关银行签订相关协议,可在网上签署开通协议,也可在银行柜台签署开通协议	开通哪家银行的网银,则与哪家银行签订相关协议,须在银行柜台签署网上银行协议
转账时效性	实时转账	当收付款人在同一银行开户时,资金可以实时到账;当收付款人不在同一银行开户时,一般要1~2天才能到账
收费标准	不直接面向网银客户收费	收费标准高低不一

本章小结

本章介绍了信息化技术在银行发展中的应用,特别介绍了网络银行、手机银行的概念、特点和基本模式,以及网上支付跨行清算系统业务。同时,对境内外网络银行、手机银行的发展做了介绍。

1. 银行自动化应用系统通常包括:ATM、POS、企业电子转账服务、家庭银行系统、分支行间的即时联网作业系统OLTP及清算所。

2. 银行往来通信网络系统通常包括:环球银行金融电信协会(SWIFT)、CHIPS、CHAPS;境内银行支付清算通信网络系统;跨行通存通兑、转账,以及银行与海关、商家往来通信网络系统;银行往来支票清算系统;总、分行间往来清算系统;分行与下属行、处、所业务即时联网作业系统;分行对企业、家庭服务通信网络系统;国际金融交易信息系统。

3. 随着互联网的兴起,网络银行在20世纪90年代应运而生。网络银行能够实现为任何人、任何账户随时、随地、以任何方式进行安全支付和结算。它的出现和发展,给传统银行带来极大的挑战。

4. 网络银行的网上对公业务有余额查询、历史交易查询、对账单下载、行内转账、同城转账、异地转账、集团用户资金调拨、用户留言等。

5. 网上对私业务有查询、转账、支付和结算。

6. 手机银行主要的实现方式可以分为5种:SMS、STK、USSD、WAP和客户端。目前,STK和USSD基本淘汰。

7. 手机银行的业务有查询、转账、支付、理财投资、保险等。

8. 网上支付跨行清算系统具有统一身份验证、跨行账户管理、跨行资金汇划、跨行资金归集、统一直联平台、统一财务管理流程、统一数据格式等七大特色。

关键词汇总

1. ATM:提供客户自我服务,可办理存款、取现、转账、查询等业务。

2. POS:与银行计算机相连的,安装在商场、超市、加油站等处的一台计算机及相关设备。

3. SWIFT:环球银行金融电信协会。

4. 网络银行:完全依赖于网络的全新电子银行。

5. 电话银行:客户通过电话与银行连接办理相关业务的系统,可实现查询、转账等业务。

6. 企业银行/家庭银行:客户通过专线与银行计算机系统连接办理相关业务的系统,可实现查询、转账、咨询等业务,不能做到随时随地操作。

7. 手机银行:利用移动通信网络及终端办理相关银行业务的系统,也就是用手机来办理银行业务。

8. 网上支付跨行清算系统：中国人民银行为适应网上支付业务特点组织建设运行的跨行清算平台，可以实现个人账户集中管理和企业"一站式"网上跨银行财务管理。

9. 超级网银：网上支付跨行清算系统的俗称。

本章习题

1. 简述银行自动化应用的发展过程。
2. 简述银行常用的自动化应用系统。
3. 分析网络银行和手机银行能够开展的业务。
4. 学习通过网络银行/手机银行进行网上转账，掌握个人银行专业版的使用方法及网上转账的操作方法，实现资金的网上划转。
5. 简述超级网银和传统网银的区别。

第六章

网上支付的安全问题

网上支付是电子商务重要的组成部分，它可以为各类客户提供支付服务，如B2B电子商务支付服务、行业电子商务支付服务，以及B2C、C2C(Customer to Customer，客户对客户)、O2O(Online To Offline，线上到线下)等电子商务支付服务。在网上开展支付业务，不仅可以降低银行运营成本，加快业务处理速度，方便客户，同时也有利于其拓展业务，增加中间业务的收入。更重要的是，它改变了金融业支付处理的方式，使得消费者在任何时间、任何地点，通过互联网就能获得金融服务。

经过近20年的探索和发展，我国网上支付模式呈现出多元发展的格局。根据2020年9月29日中国互联网络信息中心发布的第46次《中国互联网络发展状况统计报告》的调查，截至2020年6月，我国网上支付用户规模达8.05亿，占网民整体的85.7%；手机支付的用户规模达8.02亿，占手机网民的86.0%。在最近的3个年度，即2017年6月到2020年6月之间，网上支付的用户增长了2.94亿，年均增长16.4%。与此同时，《2019中国电子银行调查报告》显示，安全性是用户使用网上银行时首要关注的因素。74%的用户在选择网银时会关注系统安全性，在安全可靠的基础上，会考虑操作是否快捷、方便(68%)，以及信息提示是否及时(59%)。此外，根据国家计算机病毒应急处理中心发布的《第十八次计算机病毒和移动终端病毒疫情调查报告》，2018年，49.96%的用户遭遇过网络欺诈，比2017年增长20.06%。可见，在网上支付行业持续向好，尤其是移动支付交易规模全球领先的态势下，用户对于安全性的担忧是阻碍其使用网上支付并影响行业未来健康发展的重要因素。

从信息技术的角度来看，网上支付的安全性主要涉及两个方面：信息被盗的可能性及信息被盗时追溯的可能性。

从第一方面来讲，无论是当前哪一套网络支付安全方案，都是经过无数次推敲，并在理论上证明是足够安全的方案。网上支付传输的信息，利用现有已知的技术和条件一般是很难破解的。以RSA算法为例，一对密钥，一个用于加密，一个用于解密，这一对密钥具有唯一相关性。但是，从一个密钥推导出另一个密钥则非常困难，若使用运算速度达百万次/秒的计算机破解664位长度的密钥，需要进行约10^{23}大数分解操作，计算时间约1024年，而目前常用的RSA密钥长度至少也为1024位，存在很高的破译难度。

就可追溯性而言，网上交易比现实交易留下的信息更多，因为每次网络活动都会在各个层面被记录下来，而在现实交易中摄像头不可能处处存在。到目前为止，无论在境外还是在境内，在用数字证书进行的网上交易中没有发生过一件因为安全机制问题造成交易争议或者交易损失的案例。

这样看来，网上支付具有极高的安全性，但是否就真的无懈可击呢？答

网上支付安全问题案例

案是否定的。

仔细回顾近几年有关网上支付的风险案例,我们就会发现随着电子商务的快速发展,人们可以简单、快捷地通过电脑、手机上的第三方支付平台使用转账,购物,信用卡还款,水、电、煤气缴费甚至投资理财等服务,同时,高便捷性也带来了高风险性,大量网上支付风险的发生显示第三方支付平台及跨境支付平台成了一些不法分子盗窃、诈骗的新途径。短信、微信和QQ等通信渠道也成为网络诈骗的重灾区。

网上支付的安全问题大致可以分为3个层次,第一是使用者的安全意识问题,第二是支付工具的安全问题,第三则是支付系统的安全问题。如前分析,现有技术手段完全可以保证网上支付的信息安全,所以网络支付最大的安全隐患其实是出现在非网络部分,人为的欺诈和不完善的安全机制才是网上支付安全隐患的罪魁祸首。在执行安全机制的过程中暴露出的这些问题大多可以归结为安全意识问题,具体分为消费者的安全意识问题、商家的安全意识问题和中介(如第三方支付平台)的安全意识问题。

从第一个方面来讲,发生问题比较多的还是在用户的身份认证环节。通过对网上支付认证手段的分析来看,身份认证是信息系统的第一道安全防线,也是信息安全的薄弱环节,而银行的数据也表明支付否认是发生交易争议的主要原因。认证手段通常来看有几种:一是用户名和密码,但网络密码一般较短且是静态数据,只使用用户名和密码非常容易出安全故障;二是动态密码,分为有源动态密码和无源动态密码,每个密码只能使用一次;三是多因子的认证,包括手机短信和个人信息等;四是证书认证,数字证书就是网上的数字身份证,基于PKI(Public Key Infrastructure,公开密钥基础建设)构架的数字证书认证方式可以有效保证用户的身份安全和数据安全。

最近兴起的生物识别技术,直接使用人的物理特征来表示每一个人的数字身份。人类的生物特征通常具有唯一性、广泛性、稳定性、可采集性、便携性等,难以伪造,因此生物识别认证技术较传统认证技术存在较大的优势。基于物理特征的生物识别技术包括指纹识别、掌纹识别、虹膜识别、视网膜识别、面部识别、基因识别等。

目前,生物识别技术已经广泛应用于各大重要领域。在公共安全领域,生物识别技术主要运用于公安刑事案件侦查、门禁控制和进出管理方面;在网络安全领域,生物识别技术主要用于互联网用户登录、文件加解密和传输;在商业企业层面,生物识别技术主要用于电子商务、电子货币、网上支付、考勤等,越来越多的银行、智能手机、第三方支付平台开始使用生物识别技术来保障账户的安全,同时提升交易的效率。但是,生物识别技术得到广泛应用的同时,也带来一些安全隐患。从物理层面上来说,它可能会因为个人数据被滥用而被恶意窃取,存在黑客盗窃、存储和售卖生物特征信息的情况。近年来发生了数起轰动全国的数据泄露风险事件,敲响了人们的安全警钟,需要相关法律法规进行规范,更需要相关监管部门提升监管力度。2019年1月,蚂蚁集团牵头制定的ISO/IEC 27553《移动设备生物特征识别身份认证安全要求》国际标准的提议,获得美英日韩等23国代表投票支持,成为我国基于生物识别身份认证领域的首个ISO国际标准。另一方面,从技术层面上,技术本身的识别度等因素使生物特征识别数据容易被复制和被欺骗,现有的技术还需要更多的安全验证,提升生物识别算法的性能和安全性,增强生物识别算法活体检测能力。随着人工智能技术的不断发展,生物识别技术将被进一步推广。

第三方支付平台的兴起,在保障交易诚信、避免交易欺诈方面发挥了积极作用,所谓"第三方支付",是指和境内外各大银行签约并具备一定实力和信誉保障的第三方独立机构提供的交易支持平台,也就是双方交易的"技术插件"。通过第三方支付平台的交易,买方选购商品后,使用第三方平台提供的账户进行货款支付,由对方通知卖家货款到达、进行发货,买方检验物品后,就可以通知付款给卖家,第三方再将款项转至卖家账户。从理论上讲,基本可以杜绝电子交易中的欺诈行为。目前,支付宝有对于快捷支付72小时全额赔付的承诺,财付通有确认收货后14天内的先行赔付服务,这些措施进一步提高了网上支付的安全性,保护了使用者的利益。此外,由这些公司提供的20多家银行、数十种银行卡的选择,也大大丰富了网上交易的支付手段。今后,随着央行数字货币的出现,以国家信用为背书,电子交易的安全性将得到更大的保障。

第一节　安全体系

安全是支付信息通过公开网络传递面临的首要问题,在线支付(及其他各种类型的电子支付)安全通常包含有效性、真实性、机密性、完整性、不可撤销、不可否认和身份验证等要素。大多数安全要素可通过不同技术的组合而实现,但技术方案并非支付安全的全部,网上支付安全可以从硬指标和软指标两方面来衡量。

硬指标,主要体现在技术手段方面,通常由卡组织、银行、支付网络所提供,如对称/非对称加密技术、SSL、SET、3D-Secure、智能卡技术、生物测定学技术、基于数据挖掘技术的交易监控与分析方案等。

软指标主要体现在组织流程方面。支付工具的提供者必须为技术方案的实施建立充分的管理制度、处理流程、操作规则;针对可能出现的支付欺诈、差错、争议,必须提供有效的解决流程与处理办法;建立合理的责任分配安排,技术方案的安全性与消费者的信任可通过消费者、商家、支付服务商之间责任的合理分配而得到增强;对价值链成员(尤其是消费者)进行充分的教育与培训,使其充分认识潜在的风险与防范措施。

截至2019年末,我国借记卡在用发卡数量76.73亿张,信用卡和借贷合一卡在用发卡数量共计7.46亿张。尽管银行卡发行量已超过84亿张,但长期以来银行卡更多扮演了存折替代品的角色而非支付工具。银行与银联过去投入更多的资金于基础设施建设与发卡,而忽略了受理市场的全面建设。作为一种消费支付工具,仅仅实现支付这一基本功能是不够的,后续的消费者保护、差错与争议处理、法律与规则环境的建设是更为重要的环节。

由于借记卡占据银行卡市场统治地位,我国网上支付市场形成了独特的支付处理流程,如果采用网络银行作为支付中介,消费者对于每笔交易都需要登录发卡银行页面通过安全验证进行授权,从技术角度衡量具有很高的安全性。然而,这种处理流程更具现金支付的特性,消费者一旦完成支付意味着存款账户中的资金已实际付出,难以提出差错、撤销、购物争议等主张。从支付安全的"软指标"来衡量,这种借记卡在线支付工具的安全性更有利于商家而非消费者。因此,针对我国网上支付市场的支付工具的特点,需要建立良好的安全体系平衡商家和消费者的利益需求。

下面我们分别从银行、客户和第三方支付平台的角度来说明网上支付安全体系中存在的一些问题。

一、银行的安全措施

网络安全问题是金融机构和客户关心的焦点。银行的安全措施包括银行的自我保护和网络银行对客户提供的安全保障。

(一)银行的自我保护措施

从银行自我保护的角度来看,可以采用如下的保护措施。
(1)使用杀毒软件。
(2)网络系统的连接安全。
(3)监控电子邮件和附件。
(4)对客户和员工进行安全教育(不得随意下载等)。
(5)建立完善的口令系统和控制口令的变更。
(6)屏蔽客户账号信息。
(7)实施超时离线功能。
(8)对外地雇员和客户提供远程登录的安全系统。
(9)定期从黑客处了解安全问题。

(二)银行对客户提供的安全保障

通常,银行会从以下几个方面来保障用户使用网络银行进行支付时的安全。
(1)用户登录保护:用户使用 ID 和密码或动态密码。
(2)传输安全:使用加密或解密的方式,在传输数据时使用加密的互联网传输协议 HTTPS。
(3)服务器安全和数据可靠性:用相关技术防止金融机构数据受到外来威胁(防火墙、独立服务器、路由器等)。

(三)银行提供的保证交易安全的措施

除了有一系列措施保证网络安全以外,网络银行还采取保证交易安全的措施,如区分客户的等级,设计不同方式的保护措施。

以工商银行为例,其设计了两种安全交易措施。

第一种对普通客户来说,银行设计了登录号加密码的认证方式,即用户号码加双重密码。首先设置了登录密码,另外在线支付的时候还有一个支付密码。因此,在使用这种个人网上银行的时候,客户要养成良好的安全使用的习惯,具备一定的操作水平,能够及时下载系统的补丁,使用正版杀毒软件等,同时也要有安全意识,尽量将自己的银行卡的密码、网上银行的密码与其他网站的密码等设置成不同的密码,不要使其他密码泄露以后带来网上银行密码的泄露。

为进一步确保大额资金交易的安全性,第二种则是使用 IC 卡和 USB 卡物理介质的证书认证方式。银行通过证书验证客户的身份,确保客户为银行真正的客户,防止其他客户非法冒用。证书具有不可复制性,仅由客户自己保管和使用,因此用了客户证书以后,即便是登录钓鱼网站,或计算机受到病毒感染、黑客入侵,不慎泄露银行卡和其他资料,只要物理证书不丢失,仍然能确保资金不会从网上银行被盗取。

虽然目前银行能够较好地从技术层面上来保证支付的安全性,但从整体来看,在网上支付安全措施的部署方面,银行将更多的精力放在了"硬件"方面,而忽视了"软件"方面的投入。尽管在网上支付发生的不安全事件,多数由用户自身原因造成,但是目前银行在处理网上支付与用户间的安全性争端时,对自身责任的缺失尚无足够认识。银行应该深入各领域业务层面的支付流程,制定相应的管理制度、操作规范和风险处理办法,构建完善的信用管理体系,比如在用户端与商户端之间建立双认证体系,针对支付过程中欺诈、差错、争议等问题,配套合理的管理手段等,从而有利于在价值链各成员之间的风险责任合理分配,减少可能带来的损失与争议。例如中国银行的网上银行便采取了多重安全机制,在登录时采取了用户名+密码+图形验证码+动态口令+手机短信的多重认证方式,在交易时针对具体时间、地点、客户信誉采取了限额控制。

从中、长期来看,由于网上支付这种"非面对面"的支付渠道,其根植的土壤是完善的信用管理体系,所以银行除了考虑"硬件"安全方面的投入,还应重视"软件"安全方面的投入,如果一味采用把风险转嫁给外部市场或用户的方式,将会在未来失去市场的信任,在将来的市场竞争中处于被动地位。

二、客户的自我保护

正如前述章节提到的,以借记卡为主的在线支付工具的安全性更有利于商家而非消费者。在上述背景下,在线支付安全责任更多地转移至消费者自身,消费者应多方面认识支付的风险并尽可能主动采取相应的措施来保障自身安全。

(一)客户端的保护与数据安全

消费者应尽可能采取措施来保障自己的客户端安全,同时,在参与网上支付的过程中,要注意数据的安全。为此,可以采取如下措施。

(1)在电脑端尽可能通过 SSL 完成交易。
(2)定期使用杀毒软件,保护自身电脑免受病毒、木马、恶意代码的攻击。
(3)不打开来历不明的邮件、附件和短信链接,不安装过期软件和来历不明的客户端。
(4)限制无关人员接近个人电脑和移动端设备。
(5)保护个人 ID 和密码,ID 和密码的使用以不易被别人猜中为原则。
(6)完成一次银行服务后,彻底退出。
(7)识别诱骗邮件、诈骗短信与仿冒网站。
(8)尽可能使用强认证手段进行交易,如动态密码、电子银行专业版、数字证书。

(二)在线购物

消费者在在线购物过程中,可以从以下角度来把握安全问题。

(1)尽可能核实商家的身份、资质,更多了解商家的其他信息,了解其交易支付方式是否有第三方支付或货到付款方式。
(2)检验商家的安全政策、隐私政策与使用的安全工具。

(3) 记录与保留交易细节，如订单号码、商品描述页面等。

(4) 对于 C2C 与虚拟商品交易，尽可能通过多种渠道了解对方的交易信誉。

(5) 不要在任何时候以任何方式向别人泄露自己的密码、短信验证码，包括自称"银行客服""商家客服"的任何人。

(6) 注意识别正规的网上促销打折行为和欺诈行为，不要盲目追求低价，因小失大。

(7) 调低或关闭免密支付额度，留意自动扣款流程。

三、第三方支付平台的安全机制建设

(一) 第三方支付平台面临的主要风险

作为在网上支付中发挥越来越重要作用的第三方支付平台，其需要考虑的是如何面对互联网复杂的安全环境，目前第三方支付平台面临主要的安全风险如下。

(1) 信息的截获和窃取。

(2) 信息的篡改、删除、插入。

(3) 信息假冒。

(4) 交易抵赖。

(二) 防范措施

为了防范用户在使用过程中可能出现的被盗刷、遭诈骗等风险，保障用户、第三方支付机构和银行三者的资金安全，需要从交易过程中数据加密性和完整性、交易不可否认性及风控体系建立等方面来规避上述安全隐患。

1. 数据加密性和完整性

数据加密涉及数据在网络传输中的加密和存储的加密，平台要通过加密和保密机制来保证只有授权用户可以访问数据，而限制其他人对数据的访问。常见的加密技术包括：对称加密算法、加密和解密采用相同的密钥，安全性取决于密钥的保密性，常见的对称密钥算法有 AES、DES、RC4 等。非对称加密算法，拥有两个密钥，分别为公钥和私钥，公钥是公开的，但是私钥是保密的，常见的非对称密钥算法包括 RSA、DSA、ECC(Ellipse curve cryptography，椭圆曲线密码编码学)等。单向散列算法，通过散列算法可以将任意长度的数据块转化为一个定长的、不可逆转的数字。散列算法的安全性是源自它的单向性。常用的单向散列算法有 MD5、SHA1 等(详细内容将在第二节加密系统中阐述)。

同时，为了确保信息在传输、使用、存储过程中不被非授权用户恶意篡改，也为了防止被授权用户不适当地篡改，需要通过数字签名技术来保证数据的完整性。

实现数字签名技术的基本思路是利用非对称加密技术中的公钥和私钥。由于私钥不能公开，只属于唯一的密钥所有者，所以利用私钥对数据进行加密的结果就是数字签名。数字签名的详细内容也将在第二节加密系统中进行阐述。数字摘要技术的出现进一步改进了原有的数字签名技术，通过单向散列算法对原信息提取报文摘要，在此基础上再进行上述数字签名过程，进一步保证了数据的完整性。

以支付宝开放平台为例，支付宝使用的是 RSA2(2048 位密钥)来进行数据加密和数字签名,支付宝会分配给每个商户单独的一个支付宝公钥,即支付宝为每一个商户单独维护一对独立的支付宝公私钥。

2. 交易的不可否认性

在交易过程中或交易完成后交易双方可能会发生纠纷,为了防止任何一方对交易抵赖和否认,需要从技术层面来保存交易凭证或凭据,供第三方的权威认证和责任认定。

不可否认性(也叫不可抵赖性)有两个方面,一是发送信息方的不可抵赖性,二是信息接收方的不可抵赖性,通常使用数字签名技术或者数字证书,基于可信任的第三方机构来实现。

以支付宝数字证书为例,它是由支付宝通过与公安部、工信部、国家密码管理局等政府部门认证的机构合作,采用数字签名技术,提供给支付宝用户来增强账户的一种数字凭证,可以保证用户之间在网上传递信息的安全性、真实性、可靠性、完整性和不可抵赖性。有关数字证书的详细内容将在第二节阐述。

3. 风控体系的建立

一个完整的风控体系的建立,除了采用相应的技术来确保上述数据加密和完整性之外,还涉及支付金额的限制、账户异常监测、操作风险控制、账户资金监管及全流程的风险控制措施的实施。

和金融市场中的各类机构一样,第三方支付平台同样面临着各类型的风险,包括信用风险、流动性风险、操作风险、法律风险等。由于第三方支付机构的所有支付过程及支付环节均非基于实体,而是通过虚拟的网络环境,容易产生各类风险。如买家下单后选择不付款的买家违约风险;卖家销售假冒伪劣商品的卖家欺诈风险;第三方机构随意泄露用户信息的法律风险;从买家付款到确认收货前,一直滞留在第三方支付平台支付账号内的沉淀资金的流动性风险;利用第三方支付账户从事洗钱活动、信用卡套现的操作风险;以及第三方支付平台及其依赖的通信终端发生安全故障,如感染病毒、遭受黑客攻击等,可能会出现认证出错、用户信息泄露、交易出错等风险。

针对上述存在的风险,需要建立一套有效的第三方支付平台风险防控体系。目前第三方支付平台在这方面做了很好的探索。如智能实时风险监控系统,是支付宝风险管理的一个核心系统,能通过数据分析、数据挖掘进行规则自学习,自动更新完善风险监控策略。智能实时风险监控系统基于用户行为来判断风险等级,集风险分析、预警、控制于一体,并配备风险稽核专家小组进行风险稽查及处置,实现 7×24 小时全天候风险监控,监控内容包括:账户风险监控、交易风险监控、反洗钱监控、反盗卡监控、反套现监控和商户违规监控等。

对于第三方支付平台来说,其风险体系构成可以划分为事前、事中和事后的风险防控。事前的风险防范是在支付发生前的风险防控,主要措施包括:客户的风险教育、完善用户认证体系、系统安全建设和客户的限额管理等。第三方支付平台通过完善支付平台用户注册认证体系,以实名制原则做好客户身份识别,在确认用户身份有效性的基础上,建立健全用户管理制度。同时需建立交易记录保存机制,确保第三方支付平台能够对用户资金的来源和去向进行清晰显示和记录,以这样的方式规范交易行为,降低利用第三方支付平台套取现金、洗钱犯罪的行为,防范非法经营风险。另外,限额管理也是一种较为有效的风险控制方式。欺诈风险是第三方支付平台交易过程中的常见风险,具体表现为客户的身份信息、银行卡、账户信息泄露，不法分子利用这些信息并通过技术手段盗取后发送到受害人手机的短信验证码，成功将资金转移出去。通过设置支付限额是防控此类风险的主要手段，具体的限额包括单笔/日/月限额，同时，还可以根据具体的交易场景配置限额，从而在资金出口上控制风险。

事中的风险防控即为交易实时的风险发现和反馈，包括账户异常监控、反盗卡监控、反洗钱监控、反套现监控等。账户异常的主要特征是行为习惯异常，如非客户正常时间段登录、非常用终端和地址登录、非正常金额消费及消费类别与日常行为的差异。第三方支付平台可以通过比对当前交易特征与客户的习惯特征。比如，某客户的常用登录地点是北京市，突然在某个时间点其登录的 IP 地址显示是在上海市，且进行从未有过的消费行为，那么系统就应该根据这些行为差异识别出可能存在风险的交易，及时进行短信提醒、拦截交易或者冻结账户。

由于网络的便捷性和隐蔽性，利用第三方支付平台洗钱、套现也是需要重点防范的风险。在实际案例中，不法分子在骗取巨额资金后，常常采用分多笔将资金转入常用第三方支付平台进行多次换手，将赃款转至境外账户，最终实现在境外提现。此外，犯罪分子也常常利用信用卡交易的免息透支来实施不法行为。许多信用卡都有 20～50 天的免息期，再加上一些第三方支付机构还提供了自身的信用透支服务，为企图利用信用卡套现的犯罪行为提供了可能。对此，第三方支付企业一定要建立内部监管制度，加强对信用消费的管理，同时各家商业银行也可以通过规定银行卡网络交易的单笔限额和单日限额，来规避风险事件发生。

事后风险控制主要涉及对当前交易进行告警或挂起，由人工客服介入审核，进行调查和分析，做出相应判断，包括对风险客户的警告和处理、涉嫌欺诈客户的立案、追赃和案件归档，以及对由于防范不到位而导致的客户经济损失进行赔付和补偿。第三方支付平台对于已经发生的风险，应及时处理并不断完善风险评价系统、建立风险分级体系、进行全面复盘，同时联合国家信用体系，内外部共同监管，来建立有效的信用评级制度。此外，第三方支付平台的交易风险一部分来自线上数据，但是最终解决风险依然需要落地到人。因此，对第三方支付公司而言，探索建立相应的安全管理部门，来与公安、检察院、法院、信安、网信办等多个监管部门对接，通过建立公安资源渠道，来共同营造良好的监管氛围，是支付风险控制中必不可少的重要一环。

第二节　加密系统

一、加密技术

加密技术一般指数据的加密和密钥。这两种技术被用来对通过网络传输的敏感数据进行保护，将信息数据进行不规则的编码，使数据在传输中，对发送端和接收端都能保持隐秘。由此，涉及密钥、加密和数据安全。

加密是将正常的话（明文）转化为密文格式，即利用软件或编码技术对敏感数据进行不规则排列。如采用二战时德国的爱玛加密技术，就可以将"Watson, come here I need you"这句话转化为密文形式，变成"adgdbqznccudkjewssxarf"。这样，该信息在不是我们所要求的人收到时,便呈现出难以理解的数据形式。数据安全的实质是为保护敏感的计算机网络和设备而设立的程序规则,而密码和加密则经常会被使用在程序之中。

密钥,是在明文转换为密文或将密文转换为明文的算法中输入的参数。根据密码算法所使用的加密密钥和解密密钥是否相同,密钥分为对称密钥与非对称密钥。

一个数据加密解密简单过程如图 6-1 所示。

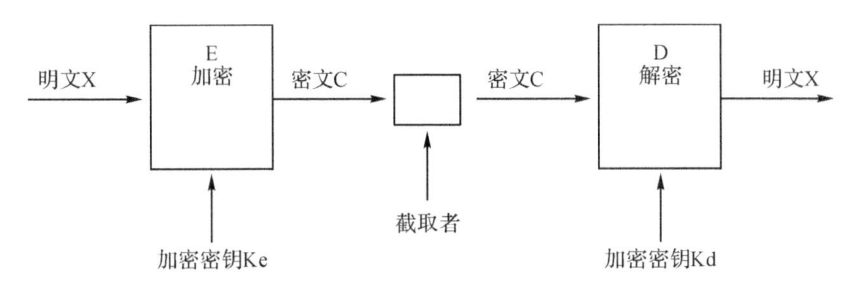

图 6-1 数据的加密解密

常见的网络安全技术如下。
(1)数据加密技术:如对称密钥加密、非对称密钥加密算法。
(2)安全认证技术:如数字摘要、数字信封、数字签名、数字时间戳、数字证书。
(3)安全应用协议:如 SET、SSL、S-HTTP。
(4)防火墙技术:如包过滤防火墙和应用层网关。
(5)虚拟网技术:基于近年来快速发展的局域网交换技术(ATM 和以太网交换)。
(6)病毒防护技术:如在 PC 安装病毒监控软件、使用防病毒软件检查清除病毒。

二、防火墙

匿名上网的好处是不受限制,但同时也带来了安全问题。我们把允许匿名行为的互联网看成是一个没有安全保障的开放环境,把企业自己建立的业务网络看成是一个安全的私有环境,当企业通过网络与外界交换信息时,外部无安全保障的威胁就有可能影响到内部的私有环境。因此,有必要在内外环境间建立一道安全的屏障,以保护内部私有环境的安全性。

以下,我们将着重介绍防火墙(firewall)。所谓防火墙,就是在开放的物理网络环境中,构造逻辑意义上的封闭私有网络(见图 6-2),在内部网和外部网之间的界面上构造一个保护层,并强制所有的连接都经过此保护层,由其进行连接和检查。应用防火墙,可以限定源和目标的 IP 地址(地址列),限定源和目标的主机端口,限定 FTP、HTTP、TELNET 等对系统的访问,还可以根据制定的安全策略对信息进行过滤和限制。

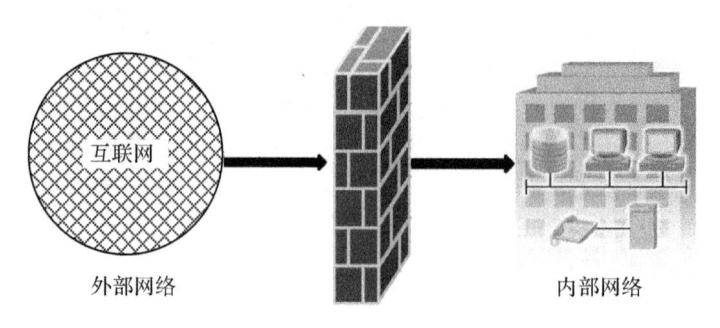

图 6-2　防火墙

(一)防火墙的作用和安全机制

防火墙是提供互联网和内部网隔离带的计算机系统,它决定了外部互联网可享受到何种内部网络服务,也决定了内部网络可以享受何种外部互联网的服务。

1.防火墙特点

防火墙具有如下显著的特点。

(1)内外之间的通信业务,全部必须经过防火墙。

(2)防火墙能实施安全策略所要求的安全功能。

(3)唯授权业务才允许通过防火墙。

(4)防火墙自身对入侵免疫。

2.防火墙作用

一道防火墙决定了从互联网外部可享受内部的何种服务,同样,防火墙也决定了内部网络能享受到的外部互联网服务。防火墙起到过滤作用,它对外部网络对内部主机发出的信号和敏感数据获取的可能进行监控和过滤。

防火墙运行时,所有数据和指令从内到外,从外到内,都必须经过防火墙,由防火墙检测哪些请求允许通过。防火墙的作用体现在以下几方面。

(1)识别用户,并进行登录管理。

(2)对进出行为进行访问控制。

(3)保护那些易受攻击的服务。

(4)控制对特殊站点的访问。

(5)对网络访问进行记录、统计和控制。

(6)对进出的保密信息进行加密和解密。

3.防火墙提供的控制服务

最初,防火墙主要用来提供控制服务的,后来,逐渐扩展到提供以下几类控制服务(见图6-3)。

(1)服务控制:确定可进出的服务类型。防火墙可根据 IP 地址和 TCP(Transmission Control Protocol,传输控制协议)端口号来过滤通信量;可提供代理软件,在传递服务请求之前接受并解释每个服务请求,只有符合安全策略的访问才允许通过。

(2)方向控制:对特定的服务请求,控制其进出防火墙的方向。

(3)用户控制:根据请求访问的用户特点,来确定是否为用户提供所请求的服务。

(4)行为控制:控制如何使用特定服务。如可从电子邮件中过滤垃圾邮件,也可限制外部访问,使得用户只能访问本地 WEB 服务器的部分服务。

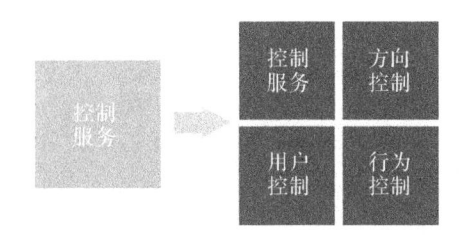

图 6-3 防火墙提供的控制服务

4.防火墙的安全机制

防火墙对内部网络的保护,是通过采用分组过滤网关、线路网关、应用网关等技术,在内部网络和外界之间建立一道屏障,用以阻止黑客入侵、窃取、拷贝、更改或毁坏内部网络里的信息,也保护内部网络的信息资源不被非法外泄。防火墙的安全机制主要有:过滤机制、代理服务机制、数据加密机制和审查跟踪机制。

(1)过滤机制

防火墙利用过滤机制限制进出网络的通信,防止非法访问和非法外泄。具体可通过包过滤器 PF 和应用网关 AG 来过滤通信量。根据防火墙安全审查的层次不同,主要可分为网络层防火墙和应用层防火墙。其中,前者作用在网络层上,后者作用在应用层上。实际中应用的防火墙产品往往综合两者的功能,作用在多个层次上。

①网络层防火墙,作用在网络层上,如包过滤路由器,能够利用 IP 源地址和 IP 目标地址来控制对网络的访问。

②应用层防火墙,作用在应用层上,如应用代理服务器,能够通过安全检查模块,依据安全策略和保护规则,来过滤信息。应用层信息大多是应用程序的原始数据,是通信双方真正的通信内容。应用层防火墙根据实际通信内容进行控制的安全性高,但对于不同应用层协议,需要使用不同的应用层防火墙,因此,这类防火墙具有协议的专一性和特殊性。

(2)代理服务机制

代理服务面向应用网关和线路网关。其主要作用是在防火墙上代替网络用户执行特定的 TCP/IP 功能,并且用一个公开的 IP 地址将客户端的 IP 地址隐藏起来,即将内部客户的外发请求重新包装后,以代理身份外发(反向亦然),以隐藏内部网络架构和 IP 地址,防止黑客闯入。防火墙可提供透明的和非透明的代理服务。

①透明代理服务:无须使用者键入密码,适用于向外发出请求,如 TELNET(远程终端协议)、FTP(File Transfer Protocol,文件传输协议)和 HTTP。

②非透明代理服务:需键入密码,适用于外部向内发出请求,先辨别用户身份,验证后防火墙主机才连同内部提供此服务的服务器,再以代理身份回应外界请求。

(3)数据加密机制

①对进出防火墙的保密信息进行加密和解密,对接收到的数据进行完整性检查。

②支持 IPsec(Internet Protocol Security,互联网安全协议)。

③具有密码算法接口。
④支持在线对称密钥管理。
⑤支持 PKIX.509 公钥密钥管理。

(4) 审查跟踪机制

防火墙除了采用上述机制来保证内部网络的安全外,还采用审查跟踪机制定时检查所有易被入侵的地方,实时检查是否有入侵行为,发现情况,通知相关人员。这种定时巡逻,负责系统的监控,记录发生于防火墙上的有关活动。当某种活动的次数超过事先规定的门槛值,例如在 15 分钟内,某 IP 地址被未被授权者试图进入 5 次时,防火墙就以电子邮件等方式通知相关人员。此外,防火墙还提供日志。

另有一些防火墙,在检测到故意入侵时,就可以动态修正安全策略机制,以限制来自某些节点的所有通信量。有的则能检测出攻击者的一些常用的探测工具,有的还能提供数种如何管理某种攻击的选项。

(5) 其他代理服务

此外,防火墙还能提供如下类似代理服务。

①匿名服务功能(Socks Serve),用来隐蔽 IP 地址。通常,人们可以从一个单位的 IP 地址的编排方式上来推测该单位资源的分布状况。因此,屏蔽 IP 地址除了可以增加黑客闯入的难度外,还可以隐藏内部机构的资源分配情况,起到保密的作用。

②保护内部网络的域名服务器(Domain Name Server)允许内部用户公用经正式登记的,可对外的 IP 地址,向外发送数据,外部数据进入,也由公用 IP 地址转换为对应的内部 IP 地址。这对外界网络来说,除了对外主机和防火墙主机外,内部网络的其余情况都是隐蔽的。

③自适应代理。启用自适应代理,能够使用户在保障一定的速度和安全性的前提下,根据需求,自定义防火墙策略,使防火墙根据用户的安全规则,动态适应传送中的分组流量。

(二) 防火墙种类

常见的防火墙种类有包过滤路由器、应用网关、线路网关和堡垒主机等。

1. 包过滤路由器

包过滤器(Packet Filtering,PF)是面向网络层和传输层的,它根据事先设定的过滤规则,检查流经防火墙的 TCP/IP 封包头文件中的字段值,根据 IP 数据包的源 IP 地址和端口号、目标 IP 地址和端口号、TCP 链路状态等因素,在网络层对数据包实施有选择的通过。这样一组网络关联形成的过滤逻辑列于存取控制表 ACL 中。数据流到达防火墙服务器时,PF 检查数据流中的每一个 IP 包的网络关联信息,将符合过滤逻辑的 IP 包转发到目的地址,否则就拒绝通过,并加以删除,具体如图 6-4 所示。

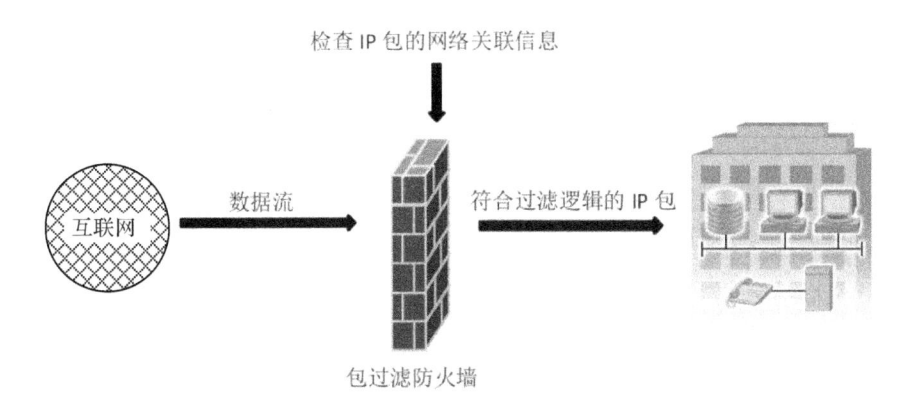

图 6-4 包过滤器的作用机制

通常,可以将包过滤器 PF 和路由器 Route 结合在一起,构成包过滤路由器,这种路由器既具有路由选择功能和转发功能,又有过滤功能。

基于路由器技术的防火墙,其特点是简单、速度快,但缺少身份验证,对高层协议信息无理解能力,是防火墙的第一层,也是最基本的防护。

2. 应用网关

应用网关(Application-Level Gateway),又叫代理服务器,是应用层通信量的中继站。应用网关面向应用层,具有协议过滤和转发功能。从应用层截获通信量,对其进行过滤。作用机制如下。

外来请求要通过代理服务器安全检查和过滤后,才可与被保护的内部网络应用服务器连接,得到内部网络的服务。同样,内部网络要向外实现连接,也要受到监控。应用网关的代理服务包括:TELNET、注册服务、FTP 和 HTTP 等

应用网关比包过滤器更安全。应用网关只需检查几种允许的应用服务即可,并且在应用层可容易记录和监听进出的通信量。应用网关的缺点是,必须对每个连接进行两个方向的检查来转发全部通信量,因此,需要增加系统的额外开销。

3. 线路网关

线路网关(Circuit-Level Gateway)也叫会话网关,可以是一个单独的系统,也可以是应用网关为该种应用服务提供的一个功能部件。线路网关作用在网络会话层,它不允许进行端点对端点的连接,而是要通过建立两个 TCP 连接,即外部主机 TCP 用户程序和线路网关的连接,以及内部主机 TCP 用户程序和线路网关的连接。建立两个连接后,通过监控会话双方主机之间的 TCP 握手信息,判断双方通信是否合法,如果合法,则建立连接。

4. 堡垒主机

从网络安全的角度来看,堡垒主机是最强大的系统。通常,堡垒主机是作为应用网关或线路网关的平台,是一台完全暴露给外网攻击的主机,因此是网络中最容易受到侵害的主机,所以其也必须是自身保护最完善的主机。其特点如下。

(1)堡垒主机的硬件平台运行安全版本的操作系统,从而避免操作系统的弱点,是一个高度安全的计算机系统。

(2)堡垒主机只安装网络管理员认为必需的服务应用程序,其中包括代理应用程序。

(3)在用户访问代理服务器之前,堡垒主机可要求对用户实施附加的身份认证。

(4)通过配置,用户只能访问特定的主机。

(5)堡垒主机对通信量、连接情况和通信时间监听、记录、分析,以发现和终止入侵者。

(6)堡垒主机不允许外界启动代理服务的配置文件。

(7)其中的每种服务,都在没有特权的、安全的、私有的目录下运行。

(三)防火墙在网络金融中的配置

网络上常用的攻击手段有:网络流侦听、利用网络应用攻击入侵、IP 地址欺骗、数据包欺骗和植入病毒等。攻击之所以能成功,原因在于数据包加密程度低、网络保护不严。为此,建立适用的网络安全机制就显得十分重要。下面,我们将着重阐述防火墙在网络金融中的配置。

1. 只包含单一防火墙的简单配置

采用此配置的防火墙,具体如图 6-5 所示。在 Internet 和专用网之间设置单个防火墙系统。该系统可以是包过滤路由器或者是线路网关。

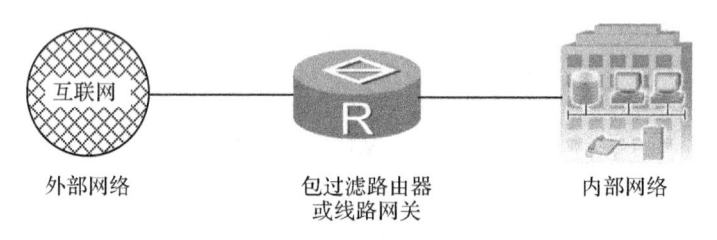

图 6-5 单一防火墙系统

该配置的防火墙,安全性不足,用得较少。

2. 单宿主堡垒主机配置的屏蔽主机式的防火墙系统

这是一种采用网络层包过滤技术(包过滤路由器)和应用层过滤技术(堡垒主机)。具体如图 6-6 所示。其中路由器的作用是:检查外部通信量,目标 IP 地址为堡垒主机的 IP 包,允许通过(保证通信量经堡垒主机检查进入内部网络);同时,检查内部通信量,允许从堡垒主机输出的 IP 包输出(保证通信量经堡垒主机检查从内部网络输出)。此时堡垒主机兼具身份验证和代理服务作用。

这种类型的防火墙,安全性要比上述第一种防火墙来得高,因为它同时采用了网络层包过滤技术和应用层过滤技术,此外,如果入侵者要破坏内部网络安全的话,必须渗透路由器和堡垒主机两个独立的系统。但这种防火墙也存在安全漏洞,若包过滤路由器被破坏,所有通信量可穿透路由器,在 Internet 和内部网络的所有主机间直接进行数据交换。

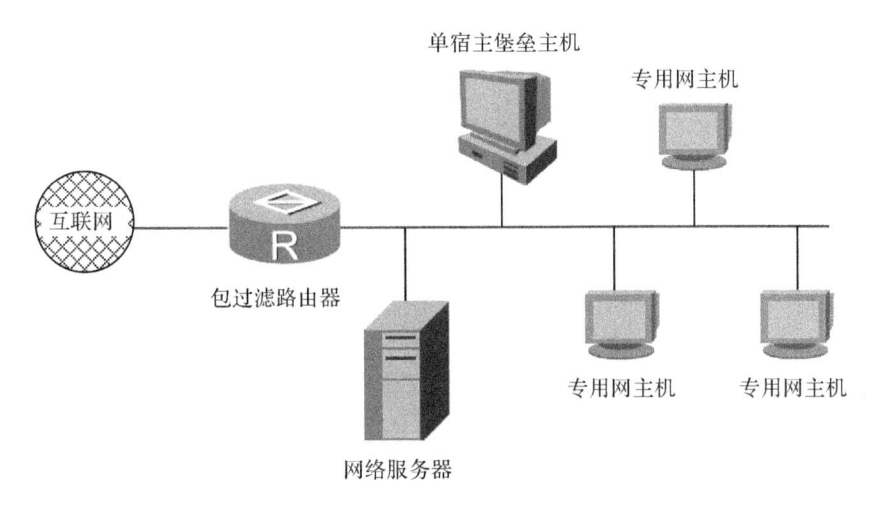

图 6-6　单宿主堡垒主机配置的屏蔽主机式的防火墙系统

3. 双宿主堡垒主机配置的屏蔽主机式的防火墙系统

为避免出现单宿主堡垒主机配置的屏蔽主机式的防火墙的安全漏洞,可采用如图 6-7 所示的双宿主堡垒主机配置的屏蔽主机式的防火墙系统。该系统具有多个网络接口,位于内部网络和互联网的连接处,运行应用代理程序,充当内、外部网络之间的转发器。双宿主堡垒主机完全阻塞了内外网络之间的 IP 通信,使得来自一个网络接口的 IP 包不能直接到达另一个网络接口,内外网络之间的通信完全由运行于双宿主堡垒主机上的应用代理程序完成,因而对外屏蔽了内部网络的结构,避免了单宿主的安全漏洞。

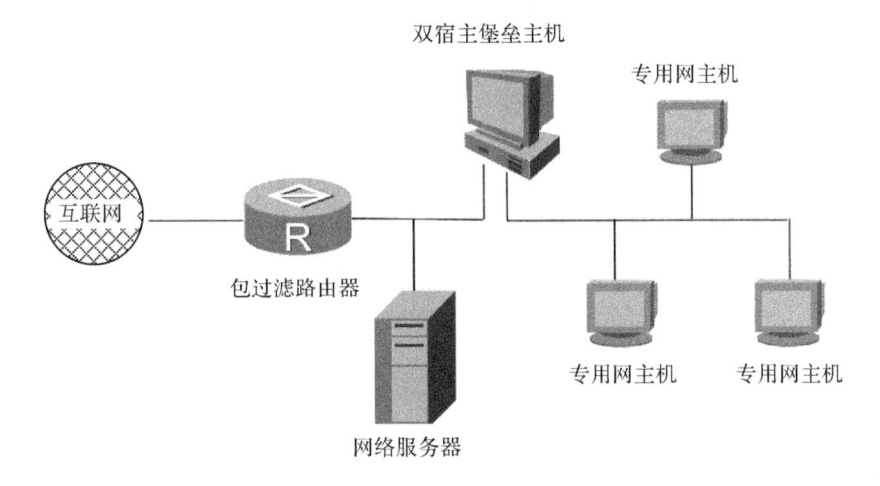

图 6-7　双宿主堡垒主机配置的屏蔽主机式的防火墙系统

4. 屏蔽子网防火墙系统

屏蔽子网的防火墙系统是防火墙中一种最安全的配置,这种防火墙包括两个包过滤路由器,一个位于堡垒主机和外部网络之间,一个位于堡垒主机和内部网络之间,具体如图 6-8 所示。这种配置形成独立的屏蔽子网,子网内可能只包含堡垒主机,也可能还有一个或多个信息服务器。通常,外部网络和内部网络都可以访问屏蔽子网里的主机,但是想直接穿过屏蔽子网的通信量将被拒绝。

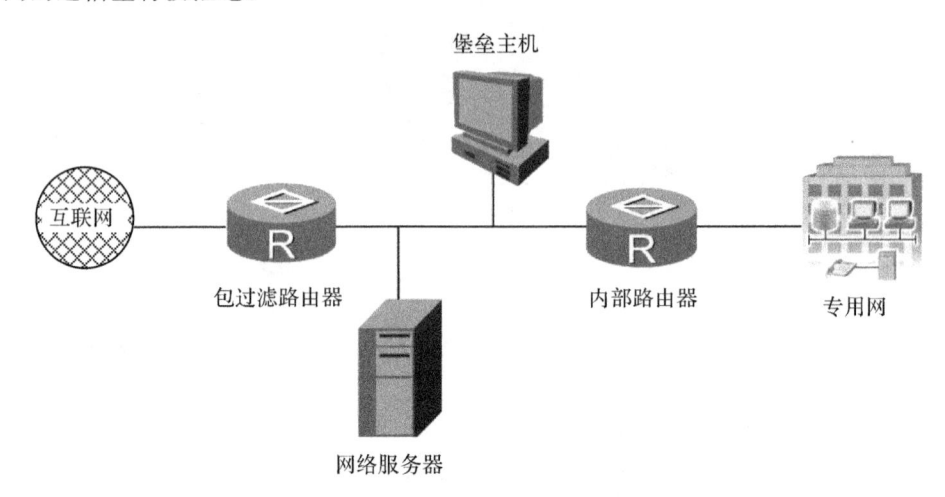

图 6-8 屏蔽子网防火墙系统

该防火墙具有 3 个防御层,分别是:外部路由器(屏蔽内部网络)、内部路由器(内部网络无法直接连接外网)和堡垒主机(对信息流应用层的检查)。

5.扩展防火墙体系结构

上述 4 种防火墙结构都是传统的防火墙体系。扩张防火墙主要由状态检查防火墙和交钥匙防火墙组成。

(1)状态检查防火墙(Stateful Inspection Firewall)。它是建立在状态多层检查系统上,是增强型包过滤器和应用网关混合的防火墙体系。它并不对所有通过防火墙的包都进行内容检查,而是应用信息流过滤算法来检查每个包的状态,并与已知的可信任的包的状态来比较,从而决定是否允许通过。状态检查防火墙以牺牲较小的安全性来较大程度地提高网络的性能。

(2)交钥匙防火墙(Turnkey Firewall)。这是将所需硬件、软件和防火墙技术结合在一起的防火墙,即插即用,适用于没有特定网络安全需求和没有专业防火墙人员的小公司。用户需要时,只要将它和普通路由器一样安放在网络上即可。

三、网上支付中的安全应用协议

传统交易是商家和买家之间的面对面交易,使用面对面直接支付的工具。而在电子商务中,买方和卖方不直接见面,也无法进行直接支付,需要通过各种网上支付方式才能最终完成交易。此时,网上支付安全就在电子商务中显得尤其重要,以下介绍几种网上支付中的安全应用协议。

(一)WEB 的安全性

随着 WEB 商务发展,其安全性也越来越为大家所关注。而所谓 WEB 的安全,包括数据完整性、保密性、拒绝服务、身份验证等方面。目前,有多种方式可以实现 WEB 的安全服务。这些方案采用的安全机制和使用设备不尽相同,并且在 TCP/IP 协议中的工作位置和应用范围也有很大区别,通常可分为在网络层上的安全服务、在传输层上的安全服务和在应用层上的安全服务。下面,我们将逐一进行介绍。

1. 在网络层上的安全服务

在网络层(IP)上实现 WEB 安全的方案主要是 IPSec 协议。IPSec 协议可以在 IP 层上加密解密、压缩解压缩、验证所有的通信量。在通信双方都采用 IPSec 协议通信时,就能保证安全,并且还具有过滤作用。

2. 在传输层上的安全服务

传输层(TCP)上的安全协议,最常见的是 SSL 协议和 TLS(Transport Layer Security,传输层安全)协议,其中后者是前者的后续版本。为 WEB 客户机/服务器交互提供传输服务的 HTTP,可以在 SSL 协议上实现,可采用将 SSL 作为低层协议的一部分,或者将 SSL 协议嵌入特定的软件包来实现。

3. 在应用层上的安全服务

在应用层上的安全服务有:用于网上安全支付的 SET,用于电子邮件安全的 PGP(Pretty Good Privacy,良好的私有性)和 S/MIME(Secure/Multipurpose Internet Mail Extension,安全/多用邮件扩展),以及用于身份认证的 Kerberos。

(二)SSL 协议

SSL 协议是网景公司提出的基于 WEB 应用的安全协议,SSL 主要是使用公开密钥体制和 X.509 数字证书技术保护信息传输的机密性和完整性。它不能保证信息的不可抵赖性,主要适用于点对点之间的信息传输,常用 Web Server 方式。

SSL 包括:服务器认证、客户认证(可选)、SSL 链路上的数据完整性和 SSL 链路上的数据保密性,是保证通信安全的国际标准协议,处于应用程序和网络平台之间,为网络上应用程序之间的数据传输提供安全保护。它能提供信息保密、信息完整性、相互认证 3 种基本服务。

但由于 SSL 不对应用层的消息进行数字签名,因此不能提供交易的不可否认性,这是 SSL 在电子商务中使用的最大不足。有鉴于此,网景公司在从 Communicator 4.04 版开始的所有浏览器中引入了一种被称作"表单签名(Form Signing)"的功能,在电子商务中,可利用这一功能来对包含购买者的订购信息和付款指令的表单进行数字签名,从而保证交易信息的不可否认性。综上所述,在电子商务中采用单一的 SSL 协议来保证交易的安全是不够的,但采用 SSL+表单签名模式能够为电子商务提供较好的安全性保证。

引入 SSL 后,通信双方数据传输步骤如下。

(1)建立虚拟的通信信道。
(2)选择加密方式和压缩方式。

由加密方提出能支持的加密、压缩方式清单,接收方选择能接收的方式,确定传输的加密方式和压缩方式。

确定加密方式的主要内容如下。

a. 密钥交换算法:用于交换只有双方知道的密钥的交换算法。
b. 加密算法:用于连接中应用数据的加密算法。
c. 散列算法:用于信息识别码的计算,信息识别码用于检查传输数据的完整性,以检查数据在传输中是否被篡改。

进一步地,协商电文的压缩方式,如协商不成,以无压缩方式工作。

3. 身份识别

采用身份认证技术(传统方式的识别通过验证双方口令来实现,这种方式开销大,不安全)来对双方持有认证中心颁发的身份证书和认证中心的公开密钥进行相互认证(一方向另一方提供自己的身份证书,对方使用特定的算法验证真伪),同时得到对方公开密钥(为下一步会话做准备)。

身份证书(数字证书),由公正的有权威性的认证中心颁发,其生成和合法性检查以公钥密码算法为核心,获得数字证书的程序如下。

(1)用户申请。

(2)以密文形式提交个人信息。

(3)认证中心对个人信息进行验证。

(4)生成数字证书(附数字签名算法、发证单位、证书生效和终止日期,并用认证中心的保密密钥对用户的身份信息做数字签名)。

4. 会话密钥的确定

会话密钥的确定,随密钥交换算法不同而异。以 RSA 算法为例,其基本过程如下。

(1)发送方产生一个 48 字节的随机数,作为预主密码。

(2)用对方公开密钥加密该预主密码后,以密文形式发送。

(3)接受方用自己的私钥解密预主密码。

(4)双方从预主密码导出会话密钥和散列值(为加密电文准备)。

5. 电文传输

在双方对电文的加密算法、加密密钥、散列算法及散列值等达成一致认识的基础上,采用图 6-9 所示的方式传输电文。

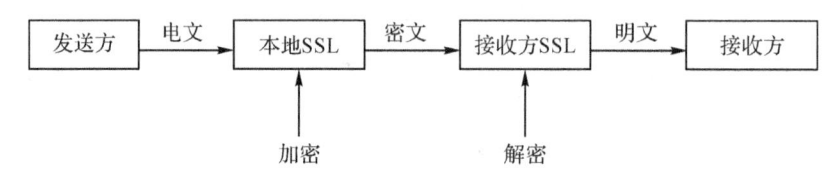

图 6-9 基于 SSL 协议的电文传输过程

(三)SET 协议和网上支付

1. SET 协议概述

SET 协议是 1997 年 6 月 1 日正式发布的国际通用的网上支付标准,是网上安全支付的基础设施。SET 协议是一种专为保护网络上的银行卡交易而设计的开放式加密和安全规范,是在开放环境中使用现有银行卡支付的安全协议。它采用公钥密码体制(PKI)和 X.509 电子证书标准,可以提供 3 种服务。

(1)为交易涉及的所有实体提供安全通道。

(2)使用数字证书提高可信度。

(3)确保信息私有性(时空对应,才提供信息)。

2. 基于SET银行卡支付的安全需求和特点

(1)信息的保密性(持卡人账户信息及支付信息)。
(2)数据的完整性(订购信息、个人信息、支付说明,内容不被篡改)。
(3)持卡人账户的身份验证(合法用户)。
(4)商户的身份验证(商户接收银行卡的合法性)。
(5)保护参与的所有实体。
(6)SET协议和格式独立于硬件平台、操作系统和WEB软件。

3. 数字证书

根据我国2005年4月1日颁布的《中华人民共和国电子签名法》(以下简称《电子签名法》),电子签名认证证书是指可证实电子签名人和电子签名数据有联系的数据电文或其他电子记录。电子签名认证证书有多种形式,如数字、指纹、视网膜和DNA等。其中,最常用的认证证书就是数字证书。

数字证书作为网上交易双方身份证明的依据,是经可信金融机构授权的持有者的身份证明。要实现网上支付的安全性,除了要加密支付信息外,还要采用数字证书使消费者和商家在交易发生前进行相互的身份识别。换句话说,数字证书就是用来保证交易双方在金融上是可信任的一种身份证书。

SET采用公开密钥密码系统保护私人信息及金融信息的保密性。在电子交易的支付过程中,为了使商户不能读取消费者在支付工具上的加密信息,需要采用双重签名。

4. 双重签名

在网上购物过程中,客户需要发送选购信息给商户,同时还要发送支付卡信息给银行。为了保密的需要,商户无须知道客户的信用卡相关信息,而银行也不需要知道客户的订单细节。因此,SET采用双重签名(Double Signature,DS)的方法,来连接发送给两个不同接收者的两条消息,并通过安全的连接将它们送往目的地。双重签名就是为了避免在信息传输的过程中,让无关一方看到不该看信息的一种安全方法。在支付过程中,就是为了让商户不能读取消费者在支付卡上的加密信息。

5. 支付网关

支付网关是专门连接互联网和金融专用网(银行卡支付网络)的一个关卡,是金融专用网面向公共网的安全屏障。

支付网关的功能如下。

(1)交易管理:提供进出支付网关信息的路由,支付请求和支付授权信息的获取和转发。
(2)证书管理:向商户发放支付网关证书。
(3)密钥管理:管理支付网关的私钥。
(4)加密服务:验证持卡人、商户证书的有效性,加密解密支付信息。
(5)翻译服务:完成格式之间的协议转换。
(6)应用管理:提供SET工具包的功能界面,对请求和应答信息进行管理。

6. SET的网上支付机制

在用SET进行网上购物时的支付对话时,客户和商户要相互交换4条信息:初始请求、初始响应、购买请求和购买响应。商户和支付网关之间也要进行4条信息的交换：授权请求、授权响应、提出支付请求和获取支付响应，具体支付机制如图6-10所示。

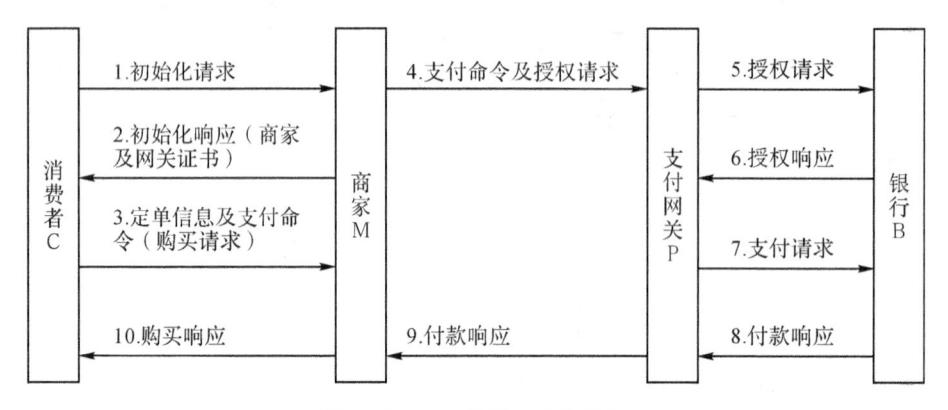

```
消费者C    1.初始化请求  →    商家M    4.支付命令及授权请求  →    支付网关P    5.授权请求  →    银行B
           2.初始化响应（商家                                                    6.授权响应
           及网关证书）←                                                         ←
           3.定单信息及支付命                                                    7.支付请求
           令（购买请求）→                                                      →
           10.购买响应  ←      9.付款响应  ←                                     8.付款响应  ←
```

图 6-10　SET 的网上支付机制

四、PKI

（一）PKI 概述

网上银行系统需要具备很强的安全性，需要有公钥基础设施 PKI 系统的支持。

PKI 是一个包括硬件、软件、人员、策略和规程的集合，用来实现基于公钥密码体制的密钥和证书的产生、管理、存储、分发和撤销等功能，PKI 技术采用证书管理公钥，通过第三方可信任机构——CA（Certificate Authority，证书授权）认证中心——把用户的公钥和用户的其他标识信息（如名称、E-mail、身份证号等）捆绑在一起，在互联网上验证用户的身份。通用的办法是采用建立在 PKI 基础之上的数字证书，通过把要传输的数字信息进行加密和签名，来保证信息传输的机密性、真实性、完整性和不可否认性，从而保证信息的安全传输。

从广义上讲，所有提供公钥加密和数字签名服务的系统，都可叫作 PKI 系统，PKI 的主要目的是通过自动管理密钥和证书，为用户建立起一个安全的网络运行环境，使用户可以在多种应用环境下方便使用加密和数字签名的技术，从而保证网上数据的机密性、完整性和有效性。数据的机密性是指数据在传输过程中，不能被非授权者偷看，以确保通信的安全性和数据传输的保密性；数据的完整性是指通过检验接收的数据包顺序，避免数据在传输过程中被非法篡改；数据的有效性是指数据不能被否认，能证明指定用户在一定时刻进行了某一操作。

简言之，一个典型、完整、有效的 PKI 应用系统至少应具有以下部分。

(1) 公钥密码证书管理。
(2) 黑名单的发布和管理。
(3) 密钥的备份和恢复。
(4) 自动更新密钥。
(5) 自动管理历史密钥。
(6) 支持交叉认证。

由于 PKI 基础设施是目前比较成熟、完善的网络安全解决方案，境内一些大的网络安全公司纷纷推出一系列基于 PKI 的网络安全产品,如美国的 Verisign、IBM,加拿大的 Entrust、SUN 等安全产品供应商为用户提供了一系列的客户端和服务器端的安全产品,为电子商务的发展,以及政府办公网、电子数据交换等提供了安全保证。

(二)PKI 的主要组件

PKI 是一种新的安全技术,它由数字证书、加密机制、关于公开密钥的安全策略和认证中心等基本成分共同组成的。PKI 是利用公钥技术实现电子商务安全的一种体系,是一种基础设施,安全认证系统是 PKI 不可或缺的组成部分。

1. 数字证书

数字证书是各类实体(持卡人/个人、商户/企业、网关/银行等)在网上进行信息交流及商务活动的身份证明。在电子交易的各个环节,交易的各方都需验证对方证书的有效性,从而解决相互间的信任问题。数字证书是一个经证书认证中心数字签名的包含公开密钥拥有者信息及公开密钥的文件。

从证书的用途来看,数字证书可分为签名证书和加密证书。签名证书主要用于对用户信息进行签名,以保证信息的不可否认性;加密证书主要用于对用户传送信息进行加密,以保证信息的真实性和完整性。

简单地说,数字证书是包含用户身份信息、用户公钥信息及身份验证机构数字签名的数字标识。身份验证机构的数字签名可以确保证书信息的真实性。证书格式及证书内容遵循 X.509 标准。

目前,数字证书机制已经在境内网络银行领域普及化。这是一种以 PKI 技术为基础的信息安全机制,主要是通过数字证书来完成交易实体的身份鉴别。通过数字证书来实现身份鉴别有 3 个好处:其一,登录的口令不需要在网上传输,而是在用户本地经过一系列算法来验证,这防止了口令在传输过程中被攻破的危险。其二,口令与数字证书的结合具有双重保险性,即使不小心将口令泄露,如果没有数字证书,其他人同样不能冒充合法身份进行网银交易。这在安全领域中被称作强身份鉴别。其三,PKI 数字证书机制还可以保证信息的完整性、私密性和不可否认性。与其他的安全措施相比,数字证书可以保证更可靠的网上交易。以下,我们针对网银应用交易安全的风险,将几种安全措施进行比较。

(1)SSL 协议

SSL 安全协议是目前网银、电子商务中针对应用交易信息安全采取的最基本的保护措施。主要是用于保证网上信息传递通道的安全,可以把它理解为一种"管道式安全",具有保密性、可靠性和服务器端的可认证性。表面看起来,SSL 协议足以应对网银交易安全问题,但事实上仅使用 SSL 协议还是存在许多安全漏洞的。首先,SSL 协议并未要求必须检查客户端身份,黑客冒充合法用户进行交易的可能性存在;其次,SSL 协议主要用于信息通道的安全加密,但通道的转接点并不能完全保证安全。

(2)用户 ID+口令+SSL 协议

在网银的应用中,通常把 SSL 协议和其他安全方式结合起来保证网银交易的安全。最常见的一种方式就是用户 ID+口令+SSL 协议方式。对用户身份的鉴别是通过用户提交相应的银行账户或银行卡卡号及口令(俗称密码),并和银行后台的用户信息相比对来实现的。这种方式的安全性较低,用户口令容易泄露或被攻破。至于交易信息的不可否认性,这种方式并不能保证。

(3)动态口令+SSL协议

实践中,还有通过动态口令的方式来实现身份鉴别的。例如用户在进行交易时,银行会通过用户的座机或手机给用户发送一个动态的交易口令,本次交易结束,口令也失效。这种方式相对来说安全一些,降低了因口令泄露造成损失的可能性,但对于交易信息的不可否认性仍然无法得到保证。

(4)数字证书认证机制

数字证书认证机制是以PKI技术为基础的一种信息安全机制,可以与其他安全协议结合使用。主要是通过数字证书来完成交易实体的身份识别。和前面的几种安全方式相比,用这种方式实现身份鉴别有3个好处:其一,登录口令无须在网上传输,而是在用户本地经过后台操作的一系列算法来验证,防止了口令在传输过程被攻破。这在安全领域中被称作强身份鉴别。其二,即使口令泄露,如果没有证书也同样不能被冒充身份。例如,目前在许多银行的企业网银中,将用户的证书存放在IC卡或U-Key(U盾)内,只要这些介质不遗失,别人是无法冒充的。其三,具备交易的不可否认性。这是数字证书机制相对于前面几种方式的最大优势。用户和银行可以对相互传递的交易信息进行数字"签名",因此交易信息是不可篡改和不可抵赖的。

目前,境内多家CA认证机构都采用这种技术对不同领域的信息安全进行保护。在金融领域中,建设银行、交通银行、民生银行、中信银行、深圳发展银行、华夏银行、上海浦东发展银行、兴业银行、光大银行等多家商业银行的网银系统都在使用中国金融认证中心的数字证书,使网银用户更加放心地进行网上业务。从世界范围看,数字证书技术已经被广泛地应用在境内外网银系统中,至今尚未发现一例由于数字证书被攻破而使网银诈骗得逞的案件。

以下,我们简单介绍数字证书的应用过程。

假设现有持证人甲向持证人乙传送数字信息,为了保证信息传送的真实性、完整性和不可否认性,需要对要传送的信息进行数字加密和数字签名,其传送过程如下。

①甲准备好要传送的数字信息(明文)。

②甲对数字信息进行哈希(Hash)运算,得到一个信息摘要。

③甲用自己的私钥对信息摘要进行加密得到甲的数字签名,并将其附在数字信息上。

④甲随机产生一个加密密钥(DES密钥),并用此密钥对要发送的信息进行加密,形成密文。

⑤甲用乙的公钥对刚才随机产生的加密密钥进行加密,将加密后的DES密钥连同密文一起传送给乙。

⑥乙收到甲传送过来的密文和加过密的DES密钥,先用自己的私钥对加密的DES密钥进行解密,得到DES密钥。

⑦乙然后用DES密钥对收到的密文进行解密,得到明文的数字信息,然后将DES密钥抛弃(即DES密钥作废)。

⑧乙用甲的公钥对甲的数字签名进行解密,得到信息摘要。

⑨乙用相同的Hash算法对收到的明文再进行一次Hash运算,得到一个新的信息摘要。

⑩乙将收到的信息摘要和新产生的信息摘要进行比对,如果一致,说明收到的信息没有被修改过。

至此,整个过程完成。

2. 加密机制

首先,我们来介绍有关的密码算法。

(1) 单钥密码算法(加密)

单钥密码算法,又称对称密码算法,是指加密密钥和解密密钥为同一密钥的密码算法。因此,信息的发送者和信息的接收者在进行信息的传输与处理时,必须共同持有该密码(称为对称密码)。在单钥密码算法中,加密运算与解密运算使用同样的密钥。通常,使用的加密算法比较简单高效,密钥简短,破译较难。由于系统的保密性主要取决于密钥的安全性,所以,在公开的计算机网络上安全地传送和保管密钥是一个严峻的问题。

最典型的是 DES 数据加密标准算法。DES 算法是一个分组加密算法,它以 64 位(8 个字节)为分组对数据加密,其中有 8 位奇偶校验,有效密钥长度为 56 位。64 位一组的明文从算法的一端输入,64 位的密文从另一端输出。DES 是一个对称算法,加密和解密用的是同一算法。DES 的安全性依赖于所用的密钥。DES 基本组建分组是加密的两个基本技术——混乱和扩散的一个组合(先代替后置换),此算法只使用了标准的算术和逻辑运算,而其作用的数也最多只有 64 位。

DES 对 64 位的明文分组进行操作,通过一个初始置换,将明文分组分成左半部分和右半部分,各 32 位长。然后进行 16 轮完全相同的运算,这些运算被称为函数 f,在运算过程中数据与密钥结合。经过 16 轮后,左、右半部分合在一起经过一个末置换(初始置换的逆置换),这样该算法就完成了。在每一轮中,密钥位移位,然后再从密钥的 56 位中选出 48 位。通过一个扩展置换将数据的右半部分扩展成 48 位,并通过一个异或操作与 48 位密钥结合,通过 8 次非线性替换操作将这 48 位替代成新的 32 位数据,再将其置换一次。这 4 步运算构成了函数 f。然后,通过另一个异或操作,函数 f 输出结果与左半部分结合,其结果即成为新的右半部分,原来的右半部分成为新的左半部分。将该操作重复 16 次,便实现了 DES 的 16 轮运算。

假设 B_i 是第 i 次迭代的结果,L_i 和 R_i 是 B_i 左半部分和右半部分,K_i 是第 i 轮的 48 位密钥,且 f 是实现代替、置换及密钥异或等运算的函数,那么每一轮就是

$$L_i = R(i-1)$$
$$R_i = L_{i-1}(+)f(R_{i-1}, K_i)$$

(2) 双钥密码算法(加密、签名)

双钥密码算法,又称双钥密码算法,是指加密密钥和解密密钥为两个不同密钥的密码算法。公钥密码算法不同于单钥密码算法,它使用了一对密钥:一个用于加密信息,另一个则用于解密信息。通信双方无须事先交换密钥就可进行保密通信。其中加密密钥不同于解密密钥,加密密钥公之于众,谁都可以用;解密密钥只有解密人自己知道。这两个密钥之间存在着相互依存关系,即其中任一个密钥加密的信息只能用另一个密钥进行解密。若以公钥作为加密密钥,以用户专用密钥(私钥)作为解密密钥,则可实现多个用户加密的信息只能由一个用户解读;反之,以用户私钥作为加密密钥而以公钥作为解密密钥,则可实现由一个用

户加密的信息由多个用户解读。前者可用于数字加密,后者可用于数字签名。

在通过网络传输信息时,公钥密码算法体现出了单密钥加密算法不可替代的优越性。对于参加电子交易的商户来说,他们希望通过公开网络与成千上万的客户进行交易。若使用对称密码,则每个客户都需要由商户直接分配一个密码,并且密码的传输必须通过一个单独的安全通道。相反,在公钥密码算法中,同一个商户只需自己产生一对密钥,并且将公钥对外公开。客户只需用商户的公开密钥加密信息,就可以保证将信息安全地传送给商户。

公钥密码算法中的密钥依据性质划分,可分为公钥和私钥两种。用户产生一对密钥,其中的一个向外界公开,称为公钥;另一个自己保留,称为私钥。凡是获悉用户公钥的任何人若想向用户传送信息,只需用用户的公钥对信息加密,将信息密文传送给用户便可。因为公钥与私钥之间存在的依存关系,在用户安全保存私钥的前提下,只有用户本身才能解密该信息,任何未经过用户授权的人包括信息的发送者都无法将此信息解密。

RSA 公钥密码算法是一种公认的十分安全的公钥密码算法。它的命名取自 3 个创始人:Ron Rivest(罗恩·李维斯特)、Adi Shamir(阿迪·萨莫尔)和 Leonard Adelman(伦纳德·阿德曼)。RSA 公钥密码算法是目前网络上进行保密通信和数字签名的最有效的安全算法。RSA 算法的安全性基于数论中大素数分解的困难性,所以,RSA 需采用足够大的整数。因子分解越困难,密码就越难以破译,加密强度就越高。

RSA 既能用于加密又能用于数字签名,在已提出的公开密钥算法中,RSA 是最容易理解和实现的,也是最流行的。RSA 的安全基于大数分解的难度,其公开密钥和私人密钥是关于一对大素数(100~200 个十进制数或更大)的函数。从一个公开密钥和密文中恢复出明文的难度等价于分解两个大素数之积。为了产生两个密钥,选取两个大素数 p 和 q,计算两素数 p 和 q 的乘积 n。为了获得最大程度的安全性,两数的长度一样,计算乘积,然后随机选取加密密钥 e,使 e 和 $(p-1)(q-1)$ 互素。最后用欧几里得扩展算法计算解密密钥 d,以满足

$$ed = 1 \bmod ((p-1)(q-1))$$

$$则\ d = e^{-1} \bmod ((p-1)(q-1))$$

注意:d 和 n 也互素。e 和 n 是公开密钥,d 是私人密钥。两个素数 p 和 q 不再需要,它们应该被舍弃,但绝不可泄露。

加密消息 m 时,首先将它分成比 n 小的数据分组(采用二进制数,选取小于 n 的 2 的最大次幂),也就是说,p 和 q 为 100 位的素数,那么 n 将有 200 位,每个消息分组应小于 200 位长。加密后的密文 c,将由相同长度的分组组成。

加密公式简化为

$$c_i = m_i^e \pmod n$$

解密消息时,取每一个加密后的分组 C_i 并计算

$$c_i^d = (m_i^e)^d = m_i^{ed} = m_i^{k(p-1)\times(q-1)+1} = m_i \times m_i^{k(p-1)\times(q-1)} = m_i \times 1 = m_i$$

公开密钥:n:两素数 p 和 q 的乘积(p 和 q 必须保密)

e:与 $(p-1)(q-1)$ 互素

私人密钥:$d = e^{-1} \bmod ((p-1)(q-1))$

加密:$c = m^e \bmod n$

解密:$m = c^d \bmod n$

(3)公开密钥数字签名算法(签名)

①概述

DSA(Digital Signature Algorithm,数字签名算法,用作数字签名标准的一部分),它是另一种公开密钥算法,它不能用作加密,只用作数字签名。DSA 使用公开密钥,为接收者验证数据的完整性和数据发送者的身份。它也可用于由第三方去确定签名和所签数据的真实性。DSA 算法的安全性基于解离散对数的困难性,这类签字标准具有较大的兼容性和适用性,成为网络安全体系的基本构件之一。

算法公式为
$$g = h^{(y-1)/q} \bmod p$$

其中,h 是小于 $p-1$ 并且大于 1 的任意数;p 是 L 位长的素数,其中 L 从 512 到 1024 且是 64 的倍数;q 是 160 位长且与 $p-1$ 互素的因子。

算法另一公式为
$$y = g^x \bmod p$$

其中,x 是小于 q 的数。另外,算法使用一个单向散列函数 $H(m)$,标准指定了安全散列算法(Secure Hash Standard,SHA)。3 个参数 p,q 和 g 是公开的,且可以被网络中所有的用户共有。私人密钥是 x,公开密钥是 y。

对消息 m 签名时,发送者产生一个小于 q 的随机数 k,则发送者产生以下署名
$$r = (g^k \bmod p) \bmod q$$
$$s = (k^{-1}(H(m) + xr)) \bmod q$$

r 和 s 就是发送者的签名,发送者将它们发送给接收者。

接收者通过计算来验证签名,公式如下
$$w = s^{-1} \bmod q$$
$$u_1 = (H(m) \times w) \bmod q$$
$$u_2 = (r \times w) \bmod q$$
$$v = ((g^{u_1} \times y^{u_2}) \bmod p) \bmod q$$

如果 $v = r$,则签名有效。

②DSA 签名步骤

a. 公开密钥
$$g = h^{(p-1)/q} \bmod p ,$$
$$y = g^x \bmod p$$

其中,p 为 512 位到 1024 位的素数。

q 为 60 位长,并与 $p-1$ 互素的因子。

h 是小于 $p-1$ 并且满足大于 1 的任意数。

b. 私人密钥

x 小于 q。

c. 签名

k 选取小于 q 的随机数。
$$r = (g^k \bmod p) \bmod q$$
$$s = (k^{-1}(H(m) + xr)) \bmod q$$

d. 验证

$$w = s^{-1} \bmod q$$
$$u_1 = (H(m) \times w) \bmod q$$
$$u_2 = (r \times w) \bmod q$$
$$v = ((g^{u_1} \times y^{u_2}) \bmod p) \bmod q$$

如果 $v = r$，则签名被验证。

③数字签名和数字信封

公钥加密体制在实际应用中包含数字签名和数字信封两种方式。

数字签名是指用户用自己的私钥对原始数据的哈希摘要进行加密所得的数据。信息接收者使用信息发送者的公钥对附在原始信息后的数字签名进行解密后获得哈希摘要，并通过与收到的原始数据产生的哈希摘要对照，便可确定原始信息是否被篡改。这样就保证了数据传输的不可否认性。

哈希算法是一类符合特殊要求的散列函数，这些特殊要求如下。

一是接收的输入报文数据没有长度限制。

二是对任何输入报文数据生成固定长度的摘要（"数字指纹"）输出。

三是由报文能方便地算出摘要。

四是难以对指定的摘要生成一个报文，由该报文可以得出指定的摘要。

五是难以生成两个不同的报文具有相同的摘要。

数字信封的功能类似于普通信封。普通信封在法律的约束下保证只有收信人才能阅读信的内容，数字信封则采用密码技术保证了只有规定的接收人才能阅读信息的内容。

数字信封中采用了单钥密码体制和公钥密码体制。信息发送者首先利用随机产生的对称密码加密信息，再利用接收方的公钥加密对称密码，被公钥加密后的对称密码被称为数字信封。在传递信息时，如果信息接收方要解密信息，必须先用自己的私钥解密数字信封，得到对称密码，然后利用对称密码解密所得到的信息。这样就保证了数据传输的真实性和完整性。

3. 关于公开密钥的安全策略

关于公开密钥的安全策略，如 SSL 或 SET，前文已有说明，此处就不再赘述。

4. 认证中心 CA

认证中心 CA 是 PKI 的核心执行机构，是一个权威的、可信赖的、公正的第三方机构。CA 负责管理 PKI 结构下所有用户（包括各种应用程序）的证书，利用注册审核体系把用户的公钥和用户的其他信息捆绑在一起，在网上验证用户的身份，CA 还要负责用户证书的黑名单登记和黑名单发布。

参加交易的各方通过验证数字证书的签名及其他证书信息来确定对方的身份，并对传递的信息进行加密和签名。如果认证机构不安全或发放的数字证书不具有权威性、公正性和可信赖性，网上交易的安全性就得不到根本保证。而认证机构的权威公正性的一个重要条件就是第三方性，即认证机构应该独立于交易中的任何一方。

在互联网这种开放的、不设防的、复杂的信息交互环境中，第三方认证机构为信息交互双方承担了网上信息安全的部分责任，对交易双方起到规避风险的作用。例如在出现网银交易纠纷时,第三方认证机构可以为当事人双方提供相应的具有法律效力的证明,其中包括:签发此张客户证书的 CA 证书;在交易发生时,该客户证书在或不在 CA 的证书废止列表内的证明;对证书、数字签名、时间戳的真实性、有效性进行的技术确认等。目前,境内许多网络银行都已经采用第三方安全认证机构发放的数字证书。

建立网络交易的信任环境,其核心在于 CA 系统,CA 系统构建于 PKI 系统之上,并对每个最终实体进行定义。作为权威的、可信赖的、公正的第三方机构,CA 中心的主要任务如下。

一是受理数字证书的申请。

二是签发数字证书。

三是管理数字证书。

采用 SSL 协议后,服务器端只需持有 CA 的公开密钥,就可实现对所有访问者的身份确认。因此,SSL 相当于信用中介。只要保证认证中心公开密钥的安全性就能保证网络中众多参与者的公开密钥的安全性。

而为了保证认证中心公开密钥的安全性,需要建立认证中心的安全机制。其中,低一级认证中心的公开密钥的安全性由高一级认证中心来保证。这样,就需要建立认证中心的层次结构,最高一级的认证中心为根认证中心(root CA,根 CA),需要具有绝对的社会信用和权威性。此外,也可以建立分布式的认证机构,各认证机构之间可相互交叉认证,由此,将安全的风险分散到各个认证机构中,以灵活地满足市场需要。

(三) PKI 系统的组成

PKI 系统主要由以下部分组成。

1. 认证机构 CA

CA 是一个实体,它有权签发和废除证书,并对证书的真实性负责。

2. 根 CA

根 CA,是 PKI 系统中单独的、可信任的 CA。从根 CA 中可以获得 PKI 系统中所有 CA 的认证证明,这样,在用户使用已经架构好的 PKI 时,可以通过根 CA 来获得此 PKI 中的其他有关 CA 的可靠性证明。

3. 注册机构 RA

为了安全起见,一般把证书的申请、核查和分发等过程和证书的签署分开。证书的签署钥使用 CA 的私钥,而 CA 私钥只有在离线状态下才能安全使用,但证书的分发过程却需要在线进行。为保证 CA 的安全,由 RA(Registration Authority,数字证书注册中心)负责办理证书的申请、核查和分发,而 CA 只负责证书的签署。

4. 证书目录

证书目录是用来存放用户证书的地方。用户可把证书存放在共享目录而不是本地硬盘中,如果目录被破坏,可以通过使用 CA 的证书链功能,恢复其有效性。

5. 管理协议

管理协议用于管理证书的注册、生效、发布和注销。

6.操作协议

操作协议允许用户找回并修改证书,对目录或其他用户的证书撤回目录进行修改。在大多数情况下,操作协议和现有协议共同工作。

7.个人安全环境(PSE)

用户的私人信息应妥善保存,限制客户软件对个人安全环境的访问,以保证私钥的保密性。

(四)CA 证书的安全机制

作为可信任的第三方,CA 通过如下安全机制来确保所颁布证书的可靠性。

1.确认手续

核查申请证书的手续和步骤。一般证书的申请需要如下流程。

(1)申请者提供名字列表。
(2)RA 验证企业申请者身份。
(3)RA 服务器向 CA 服务器发出请求。
(4)CA 服务器验证请求。
(5)初始化用户信息。
(6)RA 生成两种证书(分别用于浏览器和服务器)。

2.限定证书范围

证书颁发的范围受限,只能颁发给经过验证的用户。

3.授权

大部分证书只说明持有人的公开密钥。

4.确定证书周期

证书设有有效期,有效期越长,密钥被破译的概率就越大,证书的安全性就越差。因此,需要通过特定环节来识别证书的有效性,确定证书的有效周期。具体可采用如下途径。

①证书撤回目录 CRL

CRL 也称为证书废止列表。通常,系统会将已经失效和过期的证书放入 CRL,这样,通过查询 CRL,就能识别证书的有效性。

②CRL 的发布点

CA 可通过公开发送程序来分析 CRL,以此来发现证书失效的原因。

③在线证书状态协议 OSCP

OSCP 允许终端用户在线检查证书的有效性,从而使得 CRL 具有实时查证和辨别证书的功能。

5.交叉认证

每个 PKI 都有其根 CA,在同一 PKI 下,由于根 CA 相同,彼此之间很容易取得信任,而如果在不同的 PKI 下,则需要经过根 CA 的交叉认证,才能取得彼此的信任。

6.保护绝密材料

CA 私钥的安全性至关重要,因此,很多 CA 都会用安全设备来存储私钥,以此来保证对用户证书进行签名的安全性。

7. 支持不同的钥匙

CA 产品通常支持两种密钥,分别用于加密、解密和签名、身份识别。

(五)用户验证

用户验证的具体过程如下。
(1)用户访问网络平台,系统通过 SSL 进行加密连接。
(2)WEB 服务器读取浏览器端证书,验证证书签发机构、有效期和其他扩展信息。
(3)读取证书序列号。
(4)读取扩展信息和用户基本数据,确定用户的交易范围。
(5)在所有关键交易中都实行以上同一过程。

(六)Timestamp 服务器

Timestamp 服务器是新一代 PKI 系统的组成部分,用以证实一个合同的签署时间,是电子商务系统中的重要环节。通过网络接收参与交易各方的请求并返回时间标识,来证实交易发生的时间。

(七)系统安全性

系统安全性的主要措施如下。
(1)对提交的数据数字签名。
(2)对数据打印时间戳。
(3)信息传输中使用 SSL 协议加密。
(4)对特别重要的信息提供加密存放。

第三节　中国的金融 CA 建设和体系结构

CA 为电子商务环境中各个实体颁发数字证书,以证明各实体身份的真实性,并负责在交易中验证和管理证书;它是电子商务和网上银行交易中具备权威性、可信赖性及公正性的第三方机构。

目前,我国的 CA 可分为金融 CA 和非金融 CA,其中非金融 CA 是由电信部门负责建设的,而金融 CA,又称作 CFCA(China Financial Certification Authority,中国金融认证中心),是由中国人民银行牵头,联合工商银行、农业银行、中国银行、建设银行、交通银行、中信银行、光大银行、招商银行、华夏银行、广东发展银行、深圳发展银行、民生银行、福建兴业银行、上海浦东发展银行等 14 家全国性商业银行共同建立,并由银行卡信息交换总中心承建的国家级权威金融认证机构。中国金融认证中心专门负责为电子商务的各种认证需求提供数字证书服务,为参与网上交易的各方提供信息安全保证,建立彼此信任的机制,实现互联网上电子交易的保密性、真实性、完整性和不可否认性。同时,中心也参与制定有关网上安全交易规则,确立相应技术规范和运作规范,提供网上支付,特别是网上跨行支付的相互认证等服务。目前,境内绝大部分银行(100多家)已经采用了CFCA提供的第三方安全认证。此外CFCA的产品还应用于银行等金融机构、税务等政府机关、大企业集团等,得到了客户的广泛好评。

CFCA采用PKI技术体系,建立了SET CA(用于B2C业务的身份认证)和Non-SET CA(同时支持B2B和B2C)两套系统。

CFCA证书发放前须经过金融机构审批以规避交易中可能发生的支付风险,证书申请者必须具备合格的金融资信和支付能力才能获得CFCA证书。此外CFCA证书还实现了不同银行之间、银行与客户之间信任关系的连接与传递,为全面解决网上安全支付问题提供了有力的支持。目前,CFCA证书已实现了网上银行业务的跨行身份认证,用户只需持有一张CFCA证书,即可在多个银行的网银系统中进行身份鉴别。

一、CFCA的系统结构

CFCA系统体系结构如图6-11所示,采用国际领先的PKI技术,总体为三层CA结构,如图6-12所示。其中第一层为根CA,在整个可信证书链条中处于最上层的地位,负责签发和验证CA证书;第二层为政策CA,可向不同行业、领域扩展信用范围;第三层为运营CA,根据证书运作规范(Certification Practices Statement,CPS)发放证书。运营CA由CA系统和RA系统两大部分组成。

CA系统:承担证书签发、审批、废止、查询、数字签名、证书/黑名单发布、密钥恢复与管理、证书认定和政策制定,CA系统设在CFCA本部,不直接面向用户。

RA系统:RA为证书注册审批机构,直接面向用户,负责对用户身份申请审核,并向CA申请为用户转发证书;一般设置在商业银行的总行、证券公司和保险公司总部及其他应用证书的机构总部,受理点(Local Registration Authority,LRA)设置在商业银行的分/支行、证券和保险营业部及其他应用证书机构的分支机构,RA系统可方便集成到其业务应用系统。

以商业银行为例,RA系统分为CA本地RA、CA远程RA和受理点RA。本地RA审批有关CA一级的证书、接受远程RA提交的已审批的资料。远程RA根据商业银行的体系架构分为三级结构,即总行、分行、受理点。受理点RA接受客户申请,核实客户资料的真实性。RA系统架构如图6-13所示。

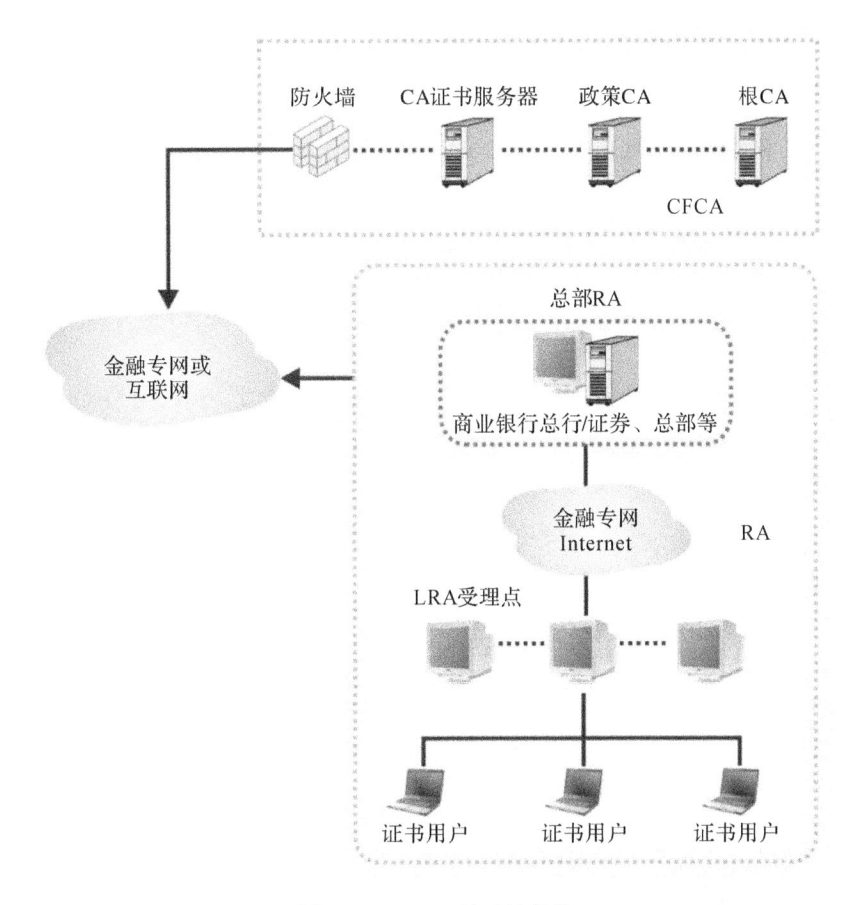

图 6-11　CFCA 的系统结构

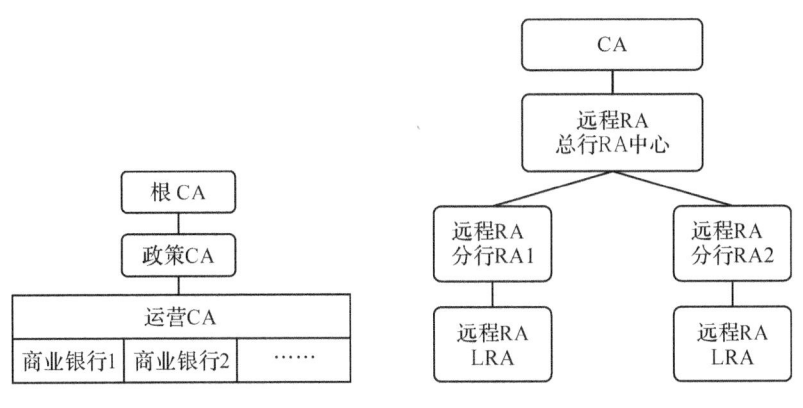

图 6-12　CFCA 的三层 CA 结构

图 6-13　CFCA 的 RA 系统结构

此外,还有注册服务器(Registar Server,RS)和证书处理服务器(Certification Policy,CP)。RS 的主要功能如下:通过 Web 站点提供 24 小时服务、提供 CA 说明、公布验证证书的 Root Hash 值、链接证书处理服务器(便于用户申请和查询证书)。证书处理服务器处于安全区,用于签发用户证书,并负责证书和密钥的管理及为用户提供查询服务。

CFCA 认证系统在满足高安全性、开放性、实用性、高扩展性、交叉认证等需求的同时,在物理安全、环境安全、网络安全、CA 产品安全及密钥管理和操作运营管理等方面均按国际标准制定了相应的安全策略、专业化的技术队伍和完善的运营服务体系,确保系统 7×24 小时安全高效、稳定运行。

二、SET CA 的结构和功能

(一)SET CA 的结构

SET CA 的结构分为 3 层,分别如下。

1. 根 CA

根 CA 设在中国人民银行总行,负责制定和审批总体政策,确定每层 CA 的功能和职责,签发自己及第二层证书并进行管理,与其他根 CA 交叉认证。

2. 品牌 CA

品牌 CA 根据根 CA 的政策,负责制定具体的管理制度和运作规范,签发和管理第三层 CA 证书,管理 CRL。

3. 地方 CA

地方 CA 分为持卡人 CA、商户 CA、支付网关 CA。根据证书运作规范分别发放持卡人证书、商户证书和支付网关证书。

(二)SET CA 的功能

SET CA 的功能可以简单表示如下。

(1)向所有参与网上交易的实体发放数字证书。

(2)发布、管理数字证书和废止列表。

(3)提供数字证书历史记录的查询。

(三)持卡人网上申请 SET 证书过程

持卡人网上申请 SET 证书过程如图 6-14 所示。

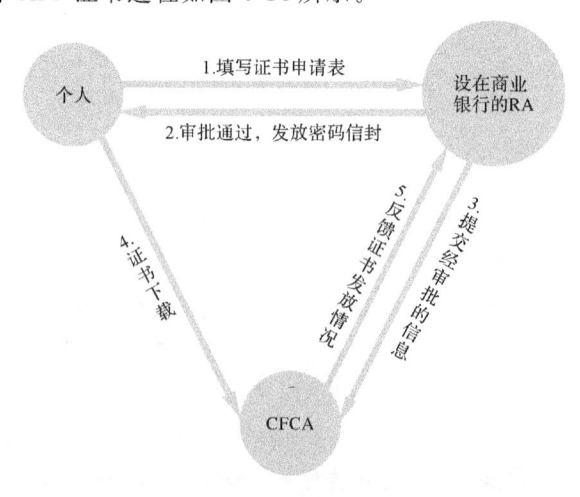

图 6-14　持卡人网上申请 SET 证书过程

(四)SET CA 证书的管理

对各级 CA 证书(根 CA、品牌 CA、持卡人 CA、商户 CA、支付网关 CA 等)的管理内容如下。

1. 用户证书的申请、审批、发放、撤销、更新

证书注册申请机构设在各商业银行,流程由各银行自定,可网上申请也可面对面申请。

2. 证书的撤销

私钥泄漏、信息改变或证书被禁止使用,必须注销,生成废止列表(Certification Revocation List,CRL)。只产生和维护各级 CA 和支付网关的证书 CRL,不产生和维护持卡人和商户的 CRL。

3. 证书的更新

有效期到期的证书,必须更新。持卡人和商户的证书更新过程和重新申请过程类似。

三、Non-SET CA

Non-SET CA 对于业务应用的范围没有严格的定义,结合电子商务具体的、实际的应用,根据每个应用的风险程度不同可分为低风险值和高风险值两类证书(即个人/普通证书和高级/企业级证书)。

Non-SET CA 系统同样采用 3 层 CA 结构:第一层为根 CA,第二层为政策 CA,第三层为运营 CA。对于用户认证的要求与 SET CA 系统相比更低一些,也更灵活一些。

(一)CFCA 的 Non-SET 证书功能

(1)权威性电子文档。
(2)证明持有者的身份及其公开密钥的合法性。
(3)使用时间服务器,保证电子文档不被重复使用。

(二)CFCA 的 Non-SET 证书类型

(1)个人普通证书(针对 B2C 的个人用户、安全级别低,适用于小额交易)。
(2)个人高级证书(个人、大额)。
(3)企业高级证书(针对 B2B 的企业用户,适用于金额较大的交易,实现 CRL 的自动验证,确保证书的有效性)。
(4)服务器站点证书(针对 B2C 交易的网站服务器),适用于小额交易。

(三)CFCA 的 Non-SET 证书发放过程

CFCA 的 Non-SET 证书发放过程如图 6-15 所示,以个人用户为例。

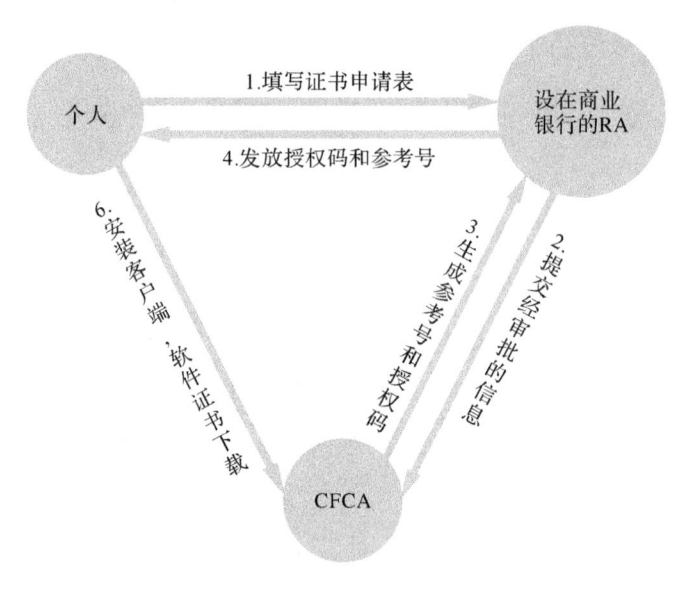

图 6-15　CFCA 的 Non-SET 证书发放过程

(四)证书管理

1. 管理密钥历史记录

由于密钥对和证书都具有有效期,在有效期满之前需要更新,此时,必须将以前的密钥加密数据进行归档保存,以保证对历史数据的有效查询。

2. 备份及恢复私钥机制

若用户丢失私钥,就无法解密秘文,为此,需建立备份及恢复私钥的机制,来安全保存用户私钥,当用户私钥丢失时,可申请恢复。

3. 自动更换密钥,自动颁发新证

当证书和密钥对过期时,必须更新证书和密钥对;当用户私钥泄露时,其密钥对和证书也必须更新;此外,当密钥的长度不足以保证通信安全时,也涉及证书和密钥对的更新。针对这些需求,系统能自动更新密钥对,自动颁发新证书。

第四节　个人隐私保护

随着技术的发展,信息处理功能和数据分析功能不断增强,隐私问题已被证明是用户使用网上支付手段最为关心的问题之一。研究表明,用户希望保护个人信息,限制个人信息的使用。银行和政府都已经认识到这点,无论在线上还是在线下都要注重保护用户的隐私。但有些行业相信他们交换用户的信息可以获得更好的经济利益。目前许多报道表明,网上的不法分子正在不断地获取用户的信息,包括地址、口令、证件号码、电子邮件地址、医疗保险记录及其他对他们有用的信息。一旦他们收集了足够的信息,就以用户的身份办理一张信用卡,这样,不法分子就可以用此信用卡进行消费(透支消费),用户将陷入负债累累的境地。目前,商家可以运用新型的用户关系管理系统,通过用户登录时的口令进行身份识别,分析与之相关的所有信息。然而这些资料如果出售给其他商家,就会对用户造成潜在的危险。

一、个人隐私

几乎所有的消费者都会关心个人隐私,因此,在网上交易过程中,商家、银行、第三方平台等有关机构应该让用户自己决定是否愿意为了使用相关服务和功能而向机构提供自己的个人信息和隐私,包括性别、年龄、电话、生日、身份证明、证件号码、上网行为等,机构应让用户了解,他们收集的这些信息是否准确,以及信息会被如何采集和使用,并让客户知晓他们有可能为了其商业利益而转让上述个人信息和隐私。

与个人隐私相关的问题如下。

(1)盗用。

(2)利益交换。

(3)不法雇员出卖。

(4)交叉行业的并购和联合。

(5)设备(计算机)的更新。

二、个人隐私保护的相关措施

健全相关法律法规关乎互联网的健康运行发展。目前,世界上已经有超过50个国家(地区)制定了个人信息保护法律,通过限制公权力的途径来保护个人信息已经是通用做法,如《欧盟隐私保护指令》《互联网保护个人隐私的政策》。这些政策的主要内容包括:禁止提供客户账号和编号给第三方、金融机构每年必须将个人隐私政策告知用户、防止信息丢失、防止被非法组织获取或暴露、严格限制用户信息被转让、对可能的受害者进行补偿等。

我国互联网发展迅猛,2020年9月29日,中国互联网络信息中心在北京发布第46次《中国互联网络发展状况统计报告》(以下简称《报告》),《报告》显示,截至2020年6月,我国网民规模达9.40亿人,互联网普及率达67.0%。如此庞大的互联网规模急需完善的法律规范。从实践发展看,我国目前尚未形成一部系统、全面的保护隐私权的法律,存在一些保护个人信息的法律条款,但数量较为有限、适用范围相对狭窄。早先隐私权保护相关的内容多散见于其他各种法律法规,许多条款仅仅规定了对个人信息的保密义务,而没有规定违背该义务的后果。自2003年起,我国就开始起草《中华人民共和国个人信息保护法》(以下简称《个人信息保护法》),但由于种种原因至今尚未出台,但随着我国网络安全法律体系的不断完善,党和国家对网络安全问题的高度重视,2017年6月1日《中华人民共和国网络安全法》(以下简称《网络安全法》)正式施行,这是我国第一部网络安全的专门性、综合性立法,提出了应对网络安全挑战这一全球性问题的中国方案,网络安全变得有法可依。此外,2020年10月13日,十三届全国人大常委会委员长会议提出了关于提请审议个人信息保护法草案的议案,其中明确指出对敏感信息使用的限制将更为严格,对侵犯个人信息的处罚力度超过规定"最严"的欧盟,由此可见,《个人信息保护法》的最终发布指日可待。今后势必将出台更加详细、严格的法律法规来建设互联网秩序。

第五节　安全管理

一、个人安全管理

对于个人用户来说,在网上交易并进行支付的过程中,需要具备一些基本的安全知识。以下就是关于个人安全管理的基本建议。

(一)安全的使用

使用安全支持个人交易的浏览器,并且在使用网上银行服务或第三方支付平台进行支付后,为了确保安全,一定要退出登录并关闭浏览器。因为有些网站可以检测出用户的上网记录,只有在退出登录并关闭先前使用的网站页面,才能保证安全的使用。

(二)确保业务银行和相关平台的信用

这包括确保用户所使用的网络银行和软件平台是安全可靠的,并确保其确实存在。大量的网上欺诈案件的发生主要原因在于客户对网络银行和平台的识别产生了失误。如在本章最前面提到的虚假客服、虚假交易平台的案件,大多是利用虚假电邮或网站欺骗客户使其透露其网络银行账号及密码等私人资料。因此,客户要确保自己链接的网站为可信机构的正式网站,不要以附于邮件上的超链接方式链接至网络银行网站;要定期搜寻互联网,以检查是否有第三方网站的域名可能会被误以为是属于认可机构的,或是否有网站设有链接至认可机构网站的超链接等;定期更新杀毒软件。为了保护计算机不受病毒的侵害,要定期对计算机进行杀毒,同时要定期更新所使用的杀毒软件。

(三)坚持网上最基本的安全措施

如保护身份证号、口令,限制打开附件和邮件等,在公开区域发布信息时要有个人信息保护意识。

二、设置口令

有效地设置口令,能够避免不安全的因素。设置口令有一些基本原则,以下是不宜作为口令设置的方式(避免黑客穷举法破译)。

(1)名字、生日、识别号、个人信息。
(2)单词、地名、名字的外语表示。
(3)行话、俚语、字母首字、电影名或庆典名。
(4)与名字、地址、信用卡号、电话号码相连的信息。
(5)宠物名称、家庭成员名称。
(6)一组词的首字,如"IWG"代表"I will go"。

安全性较高的密码一般由数字、大小写字母、特殊符号组合而成,针对不同的服务平台使用不同的密码,更多安全性较高的密码设置可以参见 http://www.diceware.com,这是一个介绍随机产生口令方法的网站,它介绍了一种通过掷骰子的方式来随机产生口令的方法,并且有相应的软件可以下载。

三、金融机构的安全管理

(一)金融机构安全管理措施

公共网络系统的安全性依靠用户和商家的认证、数据的加密、交易请求的合法验证等多方面措施来保证。

电子交易的过程必须确认用户、商家及所进行的交易本身是否合法可靠。一般要求建立专门的电子认证中心(CA),以核实用户和商家的真实身份及交易请求的合法性。认证中心将给用户、商家、银行等进行网络商务活动的个人和集团颁发电子证书。

电子商务中,网络银行的建立及 CA 的发展是关键,只有建立一个较好的 CA 体系,才能较好地发展网络银行,并真正实现网上支付和电子购物。

那么,CA 机构建立应以哪种模式进行呢?如果 CA 机构是多方并进,各建各的,则以后会出现多个 CA 之间的矛盾和客户的多重认证等,给管理带来很大的不便。所以,应有一家公认的、权威的机构来建立认证机构。目前,国内绝大部分银行已经采用了 CFCA 提供的第三方安全认证,CFCA 是经中国人民银行和国家信息安全管理机构批准成立的国家级权威安全认证机构,历经了 20 多年的发展,已经成为境内最大的电子认证服务机构。CFCA 认证系统采用国际领先的 PKI 技术,总体为 3 层 CA 结构,满足了高安全性、开放性、实用性、高扩展性、交叉认证的需求。

金融服务的电子化将促进电子商务社会的发展,其中电子货币支付将是电子商务的核心。网上金融服务包括了人们的各种需要,如网上消费、家庭银行、个人理财、网上投资交易、网上保险等。这些金融服务是通过电子货币在网上即时进行电子支付与结算的。

支付的安全性如下。

(1)完整认证(知道谁与谁交流)。

(2)信息完整。

(3)无拒绝支付行为。

(4)有效的查账机制。

(5)隐私权。

(二)需解决的问题

金融机构在安全方面需要解决如下问题。

1. 防止数据被窃听

由于网络是一个开放的社会,上面有许多重要数据如信用卡号码、用户密码、交易信息等,这些信息在传输过程中有可能被窃听。采用数据加密,如使用公认的加密算法工具(如数据加密标准 DES、RSA)等可以有效地防止数据被窃听。

2. 专用数据的保护

公司数据库系统在以 www 方式连接到公共网络后,网络上的数据很容易被攻击。防火墙技术是防范非法攻击的有效措施,数据库加密和保密技术也有利于防范恶意攻击。

3. 验证用户

为了防止伪造、假冒的行为,金融机构需要确保进行电子订货或电子现金转移的个人和商家确实合法有效。为此,需要建立可信的验证机制。

4. 数据完整性检验

为保证接收的数据在传输过程中未被人篡改过,可以通过数据加密变换、数字签名和校验方式进行识别。

5. 安全访问能力

在开放的公共网络环境下,为各类用户建立灵活、安全的访问途径是电子商务的基本要求。应该提供大量个人用户访问交流的条件。公共网络环境中的电子商务系统必须是安全的并且易于维护和扩展配置的系统。

6. 系统可靠性

金融机构的服务是不能停顿的,相应的计算机网络系统必须进行 7×24 小时的连续运行而不能出现故障。要求电子商务设备具有高度的可靠性,可通过双机、容错计算机系统来保证可靠性。

7. 系统灵活性

网络和应用系统应该可以改革和扩充,各种新兴业务将会得到发展,家庭银行、在线理财等新兴方式将会越来越多地出现。电子商务系统需要能够扩展运行各种应用系统。

8. 标准化支持

在公共环境下,网上支付必须具有标准化的模式才能相互通用并保证安全。但智能卡的迅速发展,使得市场上充斥着各种基于不同支付协议的网上支付工具,其运行空间无国界限的限制,因此,电子商务的标准化十分重要。尽管有一些开放规范已经实施,如用于智能卡的 EMV96(Europay、Mondexcard 和 Visa 这 3 种卡的缩写)、用于信用卡的 SET、用于电子对账的 E-check,以及用于小额现金的 CyberCash Coin 系统等,但现在互联网上还没有一种真正统一的标准和协议,绝大部分应用系统只支持一种协议,而不能支持多种支付协议。电子商务需要建立综合的安全支付协议。

四、计算机病毒及防治

计算机病毒的概念,在 20 世纪 70 年代由美国计算机安全研究专家弗雷德·纪恩提出。计算机病毒是一种软件入侵,是编制者在计算机程序中插入的破坏计算机功能或者数据的代码,通过网络或磁盘进入系统,修改其他程序使之感染,威胁网络和系统的安全。

而计算机网络病毒专指在计算机网络上传播,同时破坏某些网络组件(服务器、客户端、交换和路由设备)的病毒。

(一)计算机病毒的特征

计算机病毒具有如下基本特性。

1. 隐蔽性

病毒往往以隐含文件或程序代码的方式存在,伪装成正常程序,在普通的病毒扫描中难以发现。

2. 破坏性

病毒会攻击文件,破坏网络硬盘分区。

3. 传播扩散性

病毒具有很强的繁殖再生能力,在入侵之后,通过病毒扩散感染未感染的计算机,进而造成大面积的计算机瘫痪。

4. 可激发性

一旦达到激发条件,成熟病毒就会被激活。

5. 针对性

病毒会攻击特定的目标。

(二)计算机病毒的类型

计算机病毒的类型如下。

1. 寄生病毒

将自己添加到一个可执行的文件中。

2. 驻留内存病毒

作为驻留的系统内存的一部分,寄居在内存里。

3. 引导型病毒

感染主引导记录和引导记录。

4. 隐身病毒

为逃避反病毒软件的检测而设计的一种病毒。

5. 变形病毒

每次感染时,会发生变形,以此躲过根据病毒特征码扫描病毒程序的检测。

6. 宏病毒

以感染文档和文档模板为主,利用自动执行运行。

近年来,使用网络勒索病毒破坏计算机信息系统从而实施网络敲诈勒索的案件频频发生,此类病毒通过网络入侵电脑运行后,会加密用户文件,加密文件中要求用户通过扫描微信或支付宝二维码支付赎金,或通过邮箱联系支付比特币,黑客收到赎金后才会进行解密。

新型网络病毒层出不穷,要求消费者必须养成良好的安全文明上网习惯和在线支付习惯。同时,要建立多层的病毒防卫体系。病毒往往通过4个环节进入系统:可移动介质(软盘、光盘、U盘)、文件、应用服务器的资源共享和互联网。因此,有必要建立多层防护体系,在企业每台客户机上设防、在文件和应用服务器上设防、在互联网网关上设防。而在每个层级上通常采用3种防范病毒的方法:软件防治、硬件防治和实施中央监控。另外,也可以利用网络操作系统提供的保密措施,比如入网保密、代管权限保密、目录保密、文件和目录属性的保密实施更严格的病毒防控。

五、 支付工具的安全管理

安全的网络支付工具和支付方式是网上交易的重要环节,正确管理和使用支付安全工具能够大大降低网络支付风险,目前,市场上主流的网络支付安全工具有以下 3 类。

(一)U-key

1. 概述

U-Key 全称 USB Key,也就是我们常说的 U 盾或优盾,是一种内置单片机或智能卡芯片的 USB 接口硬件设备,其上一般储存着用户私钥和数字证书。它主要用于网络认证,目前在我国被广泛用于网上银行领域,以工商银行、招商银行为代表的众多银行都采用了 U-Key 形式来提升网上支付的安全性。

U-Key 的发展可以分为两个阶段:一代 U-Key 解决了数字证书的安全存储问题,但对于黑客的非法远程调用不能提供足够的保护;二代 U-Key 则增加了 HIP(Human Interactive Proof,人机交互)的解决方案,通过按键确认、语音提示或屏幕显示复核等方式切断了黑客攻击的物理渠道。

2. U-Key 的优势

U-Key 在网上支付的安全工具中具有不可替代的优势,主要表现为以下 3 点。

(1)提高了网上支付安全性,不再担心黑客攻击、钓鱼网站等的威胁,即使银行卡密码不慎泄露,只要 U-Key 在手,同样可以保证网上交易的资金安全。

(2)网上支付更加便捷,不再受网上交易的资金额度限制。

(3)提供的服务更加多样化,通过 U-Key 可以更便捷地享受银行提供的理财服务。

(二)基于手机银行的安全工具

手机银行,也称移动银行,是由手机、GSM 短信中心和银行系统构成的。在手机银行的操作过程中,用户通过 SIM 卡上的菜单对银行发出指令后,SIM 卡根据用户指令生成规定格式的短信并加密,然后指示手机向 GSM 网络发出短信,GSM 短信系统收到短信后,按相应的应用或地址传给相应的银行系统,银行对短信进行预处理,再把指令转换成主机系统格式,银行主机处理用户的请求,并把结果返回给银行接口系统,接口系统将处理的结果转换成短信格式,短信中心将短信发给用户。

手机银行主要采用的实现方式包括较为传统的 STK、SMS、WAP 以及近年来逐步兴起的手机银行 APP,目前国内已开通手机银行业务的银行多采用 STK、SMS 和 APP 实现。

STK 卡区别于 SIM 卡之处在于,普遍使用的 SIM 卡只能完成用户身份鉴定、储存手机号码等简单功能,但 STK 卡可以提供更加丰富的功能,如手机银行中的账单余额查询、转账、代缴费业务和手机炒股等。

SMS 即短信息服务,是一种存储和转发服务,银行短信服务正是通过 SMS 服务实现的。这种业务的方便之处主要体现在它的即时通知功能,用户只要通过网站、呼叫中心申请开通手续,建立起账户与手机号的对应关系,就可以实现对账户的掌控服务。短信发送具体项目有银行卡服务、个人贷款、代收代付、个人理财和检验免疫海关系统短信等。

手机银行 APP 是指银行根据自身需要,以手机银行系统为业务基础,基于手机平台研制开发的客户端软件,主要业务范围包括生活缴费、信用卡、外汇业务、存贷款业务、转账业务等。手机银行 APP 作为手机银行的一种实现方式之一,其便快捷的特性迎合了现代人们快节奏的生活步伐,提高了银行的服务效率。用户只需安装好手机银行 APP 并且开通手机银行,就可以自己在手机上完成缴费、支付、理财、汇款等业务,不受时间和空间上的限制。同时,大数据、云计算、区块链、人工智能等新兴前沿技术的发展,也为手机银行 APP 的使用和支付安全提供了技术保障。

那么手机银行是如何进行安全管理和风险防范呢？首先,部分专家认为移动银行可能比使用网络银行更加安全,因为现在的许多恶意软件比如木马病毒、蠕虫病毒隐藏在浏览器中,当用户登录到自己的网络银行账户时,该恶意软件就可以自动窃取用户的账户信息和密码。但在移动设备上,只要你的装置没有"越狱"或获得根权限,运行在普通模式下的手机只开放了少数系统接口,黑客难以对系统进行修改并进行后台操作。另外,手机银行业务将账户信息与手机号码建立了唯一的绑定,拿不到客户的手机号,就无法使用相应的身份登录手机银行,提高了手机银行的安全性。手机银行 APP 对用户的数据全程高强度加密,其提高手机银行安全性的措施包括:将手机银行登录密码与支付密码分离,为交易设立两道安全防护网;使用手机银行在转账时,除了密码还需动态口令卡等。手机银行 APP 用户还可以设置面容模式、手势模式、指纹等安全模式来提高账户安全性。

随着移动互联网与手机终端技术的加速发展,手机银行也推出了二维码版本、小程序版本,客户只需扫一扫,或从微信中打开小程序界面,就可以进行相关操作。

(三)基于第三方平台的安全工具

第三方支付是指由具备一定实力和信誉保障的独立机构,通过与银联或网联对接而促成交易双方进行交易的网络支付模式。第三方支付在网上支付中扮演着日益重要的角色,而支付宝则是我国第三方支付平台中的典型代表。接下来,以支付宝为例来阐述此类网上支付的安全工具。支付宝最初是淘宝网解决网络交易安全所设的一个功能,该功能首先使用第三方担保交易模式。在该模式下,买家将货款打到支付宝账户,由支付宝通知卖家发货,买家收到商品并完成确认收货指令后,支付宝将货款发放给卖家,至此完成一笔网络交易。

在安全方面,支付宝安全支付提供了身份认证(实名认证)、定制验证方式、安全传输机制(128 位 SSL 加密技术)、识别码对应机制、密钥更新等业内领先的安全措施与机制。支付宝用户可以通过设置账户安全保护问题、绑定手机短信、申请认证和数字证书等操作来保障自己的账户和资金安全。

目前,支付宝支持的支付方式包括支付宝余额、支付宝卡通(快捷支付)、网上银行、国际卡支付、消费卡支付、网点支付、货到付款、花呗支付等,为用户提供了非常大的选择空间,此外,扫码支付、声波支付、网络电视支付、刷脸支付、指纹支付、NFC 支付等也在各个领域有所应用。但支付宝所代表的第三方支付平台也存在着一定的弊端,第三方平台作为支付中介参与电子交易活动过程中,其处于怎样的法律地位、应当承担怎样的法律责任是法律需要明确规范的问题,不法分子利用第三方支付平台转移赃款、制作钓鱼链接盗取消费者信息、利用平台漏洞欺诈消费者,这些问题需要平台的运营方进一步完善系统,加强安全风险防范,也需要国家加强对第三方支付平台的监管,个人也应增强对网上支付的安全认知。

本章小结

1. 网络安全问题是金融机构和客户关心的焦点。通常,银行会从以下几个方面来保障用户使用网络银行进行支付时的安全:用户登录保护、传输安全、服务器安全和数据可靠性。

2. 加密技术一般指数据的加密和密钥。这两种技术被用来对通过网络传输的敏感数据进行保护,将信息数据进行不规则的编码,使其在传输中,发送端和接收端都能保持隐密。

3. 防火墙实质上是提供互联网和内部网隔离带的计算机系统。通常,防火墙具有如下功能:识别用户并进行登录管理,对进出行为进行访问控制,保护那些易受攻击的服务,控制对特殊站点的访问,对网络访问进行记录、统计和控制,对进出的保密信息进行加密和解密。

4. 常见支付工具主要包括网络银行、手机银行和第三方支付平台,其安全性的提升不仅取决于技术层面的进步,如U盾的升级换代,也取决于各方面安全意识的养成,用户应在网上支付过程中提高警惕。

关键词汇总

1. 防火墙:是提供互联网和内部网隔离带的计算机系统。
2. 加密技术:数据的加密和密钥。
3. CA:认证中心,为电子商务环境中各个实体颁发数字证书,以证明各实体身份的真实性,并负责在交易中检验和管理证书,是电子商务和网上银行交易中具有权威性、可信赖性及公正性的第三方机构。
4. PKI:公钥基础设施,是一个包括硬件、软件、人员、策略和规程的集合,用来实现基于公钥密码体制的密钥和证书的产生、管理、存储、分发和撤销等功能。
5. U-Key:全称 USB Key,是一种内置单片机或智能卡芯片的 USB 接口硬件设备,其上一般储存着用户私钥和数字证书,主要用于网络认证。

本章习题

1. 简述银行的自我保护措施。
2. 简述客户的自我保护措施。
3. 简析金融机构在安全管理方面应注意的主要问题。
4. 简析几种主要支付工具的安全管理措施。

第七章

网络金融

第一节 网络金融业的发展

从整体来看,中国互联网金融(Internet Finance)的发展大致分为 3 个阶段[1]:第一阶段是 20 世纪 90 年代至 21 世纪初,这期间互联网技术的初步应用,为传统金融业的服务提供了新视角,具有代表性的现象是传统金融业务的网络延伸。第二阶段是 21 世纪初至 2011 年前后,建立在电子商务基础上的第三方支付平台的蓬勃发展,带来了网上支付工具的应用,并由此推动网络金融的发展。第三阶段就是 2011 年前后至今,互联网金融开始基于大数据进行实质性的金融创新,尝试新的商业模式,在金融服务可及性和普惠性上实现了重大突破,这个时期具有代表性的是诸如余额宝、相互宝等新的产品形式及 P2P 融资模式的发展。

互联网金融整体上呈现金融资源可获得性强、交易信息相对对称、资源配置去中介化的特点[2]。互联网基础设施的不断完善,使得互联网金融提供商可以接触到的受众大大增加,突破了原有传统金融中介的地域限制、降低了金融机构的尽职调查成本,促进了金融资源更加有效、合理的配置,从而提高了金融资源的可获得性。而且,在互联网上,可以充分发挥信息搜集的优势,了解彼此的财力和信用状况。此外,互联网金融提供商提供了资金融通平台的作用,自有资金用于贷款的比例较低。

一、电子商务驱动网络银行

20 世纪 90 年代初,随着互联网的迅速发展,电子商务(Electronic Commerce)应运而生。实践表明,电子商务不是单纯的技术或商务的概念,而是现代信息技术和商业运作方式的结合与运用。电子商务利用 EDI、EFT(Electronic Funds Transfer,电子资金转账系统)、互联网技术,对文本、声音、图像等方面的数据进行处理和传输,并通过网络开展相应的商业活动。电子商务通过信息技术将企业、用户、供应商及商贸活动涉及的其他相关机构联结起来。与传统商务相比,电子商务在降低企业运行成本、减少交易环节等方面具有明显的优

---

[1] 郑联盛.中国互联网金融:模式、影响、本质与风险[J].国际经济评论,2014(5):103-118.
[2] 宫晓林.互联网金融模式及对传统银行业的影响[J].南方金融,2013(5):86-88.

势,因而成为现代企业经营的重要手段。

电子商务的发展并非一帆风顺。在发展初期,以企业为中心的商业信用体系并不能完全消除消费者对经济安全的担忧,交易成本居高不下,对以便捷和低成本为主要优势的网上交易提出了严峻的挑战,导致这期间电子商务发展缓慢。因此,解决支付环节的电子化成了电子商务发展进程中的迫切需要解决的重要问题。这一切随着被交易双方所信赖的信用中介(如银行、第三方支付中介等)的介入迎刃而解。支付手段的电子化,打破了以银行为中心的金融信用体系与以企业为中心的商业信用体系之间的重重屏障,将"线下"信用与"线上"信用有机整合,开创出一种多方共赢的金融信用与网络信用相结合的商业模式,从而大大提升了消费者对网上交易的信心,极大地降低了交易成本,促进了电子商务的发展。可以说,银行信用的介入是电子商务成熟的标志。

在常见的 B2C 交易中,客户在网上选好商品后,向商家发出购物请求并发出支付指令;商家将持卡人的支付指令通过支付网关发给银行卡的电子支付系统;银行接着通过银行卡网络从发卡行获得批准,并将支付信息再从支付网关返回给商家;商家取得支付确认后,向持卡人发出购物完成信息并通过物流发货;客户验收商品后,对商品进行线上评价。至此,一笔典型的 B2C 交易成功完成。在这个过程中,电子商务的顺利进行,必须要做到资金流、信息流和物流的协调运转。资金流是条件,交易成败的关键在于顾客支付的款项能否安全、及时、方便地到达商家,因此,在线支付不论对顾客,还是对商家,都具有非常重要的意义,在线支付的关键就是资金流平台的建设;信息流是手段,能使物流平台、资金流平台得以良好运转,信息流平台具有基础性和导向性的作用;物流是过程,资金流和信息流产生后,必须有一个物流的过程,否则资金流和信息流都没有意义。资金流、信息流、物流互为存在,密不可分,相互作用,既是独立存在的单一系列,又是一个组合体。

电子商务的发展,推动了支付的电子化,促进了银行从传统的柜台交易向网络银行发展。目前,各大银行都开通了网上银行,能以电子化方式为客户提供全天候、全方位、高品质的服务,这大大地提高了支付效率,加快了资金的流转速率,并促进了国民经济的发展。在网络时代,全球经济一体化和金融一体化的进程明显加快,这也使金融业面临着严峻的挑战。除了银行之外,在金融市场上,其他有关的金融服务,由于出现了信息中介,买卖双方原来建立的联系正在悄悄发生变化。新的信息中介正在逐步渗入传统的交易模式,有些甚至已经开始以崭新的姿态进入市场,并愈来愈受到客户的推崇。

二、其他网络金融服务

电子商务的发展,不仅让银行从线下走向线上,也改变了其他一些金融服务,其中最典型的就是证券交易和保险交易。

(一)网络证券交易

网络证券交易是指投资者通过互联网进行证券买卖交易。相比于传统交易方式,网络证券交易具有以下特点:无时空限制、交易成本低、客户容量大、服务质量高、依赖于银行资金清算网络。

(二)网上保险

网上保险是指保险公司或保险中介机构以互联网和电子商务技术为工具来支持保险经营管理活动的经济行为。网上保险具有以下优点:容易扩大知名度、手续简单、成本低、时间自由、促进保险公司和客户的相互了解。

三、网络金融服务发展趋势

过去10年,金融服务行业经历了跨越式发展。互联网的出现带来了前所未有的机遇,金融应用和金融服务借助互联网平台不仅无限贴近用户,同时也使交易成本大大降低,金融服务正经历着新的变革:货币由传统的实物形态向电子货币形态演变;服务模式由人与人面对面的服务形态向人机交互自助式服务形态发展;资金流由银行实物凭证向数字凭证发展。网络金融服务突破了空间界限、时间界限和行业界限,为客户提供了全天候、全方位的个性化服务,由此衍生出了网络银行、网络理财、网络投资、网上证券、网上保险等多种网络金融服务。

近年来,随着智能手机和移动网络的迅速发展,网上消费的途径又延伸到移动端,使得移动支付成为一种重要的网上支付方式。目前主流银行都已经推出了手机银行,在手机银行上,不仅可以进行基本的转账等操作,还可以进行大宗商品、石油期货、贵金属等投资活动,大大拓展了电子支付的适用面。根据央行发布的《2019年支付体系运行总体情况》,2019年银行共处理电子支付业务2233.88亿笔,金额2607.04万亿元。其中,网上支付业务781.85亿笔,金额2134.84万亿元;移动支付业务1014.31亿笔,金额347.11万亿元。同网上支付业务相比,移动支付业务呈现出明显的数量多、额度小等特点。

移动支付的迅速发展创造了众多的消费数据,这些数据为银行和互联网支付平台后续提供金融服务和授信管理提供了新的思路。互联网金融平台利用自有的客户消费信息和客户社交数据,实现了个人画像的精准绘制、个人消费能力的准确预判。根据《中国电子商务报告2019》,中国的网民数量已经超过9亿,网络购物用户规模已经达到7.1亿人,重点网络零售平台(含服务类平台)店铺数量1946.9万家。基于用户和市场主体之间的交易数据,可以描绘出用户的消费倾向、消费能力和潜在消费需求。消费能力数据可以帮助互联网金融提供商进行尽职调查,对授信额度进行管理,使得原有的人工审查变为算法审查,而且贷款申请、风险审核、贷款审批、贷款发放和贷款回收等过程均在线上进行,有效地降低了服务成本,使得小额信用贷款变为现实。目前,"蚂蚁花呗"和"京东白条"等服务均是基于此演进而来。另外还衍生了各种新的网络筹资模式,网络筹资是指第三方公司运用金融科技、数据和模型,以线上运作、自动审批和模型风控为主要方式为客户办理的融资业务,出现了3种类型的融资渠道:P2P借贷平台、众筹融资及网络供应链融资。由于P2P借贷平台等的安全性一直存在较大的风险,2019年9月4日,互联网金融风险专项整治工作领导小组、网贷风险专项整治工作领导小组联合发布《关于加强P2P网贷领域征信体系建设的通知》。2020年11月中旬,全国实际运营的P2P网贷机构完全归零。

除了在消费金融方面互联网金融平台与传统银行形成了竞争,互联网金融平台目前也在进军供应链金融。网商银行正是在这种背景下成立的,基于供应链的现金流信息,有效地降低了信息不对称问题和逆向选择问题。

第二节　网上证券交易

网上证券交易是证券电子商务的一大应用。证券电子商务是指电子商务在证券领域的应用,是证券业以网络为平台,向投资者提供的全新证券业务。狭义上,可以把证券电子商务理解为以互联网为基础平台的网上证券交易。但从广义上来说,证券电子商务是利用先进的信息技术,依托互联网等数字媒介,以在线方式开展和拓展传统证券市场上的各种商业服务,例如传统的证券经纪、证券发行、资产管理、风险投资、咨询顾问等业务。图 7-1 显示了证券电子商务的基本内容。

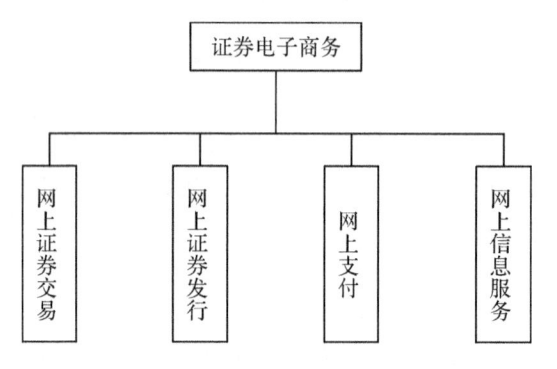

图 7-1　证券电子商务的基本内容

通常来说,证券业务包括一级市场业务、二级市场业务及其他派生业务。所谓一级市场业务,主要是指证券公司帮助拟上市的公司进行公司设立、股票发行、上市及上市后增发新股或配股等业务。二级市场业务主要是指代理证券投资者买卖在交易所上市的证券。此外,投资银行、证券公司、投资顾问公司为上市公司开展资产重组和资产并购业务,为证券投资者进行投资咨询、理财业务等,也都属于证券业务。从业务形式上来比较,证券电子商务与传统证券业务有着明显的区别。表 7-1 对此进行了简单的描述。

表 7-1　证券电子商务与传统证券业务的比较

业务类型	传统证券业务	证券电子商务
经纪业务	柜台委托、自助委托	网上证券交易
发行业务	认购证方式、储蓄存单方式、全额预缴比例配售方式,在交易所内部采用网上定价、竞价方式	网上证券发行
推介方式	现场推介会	网上路演
支付方式	银行存取款、现金支付	网上支付、银证转账
信息服务方式	传真、电话咨询、股评报告会、报纸	网上信息服务

以下,我们将着重介绍网上证券交易的基本情况。

一、网上证券交易的含义

网上证券交易是建立在计算机和网络技术基础上的业务手段创新,它既可以看成是证券市场传统业务方式的延伸,也可以说是对传统业务方式的变革。网上证券交易顺应了知识经济的发展趋势,具有传统方式所不可比拟的优越性,代表了证券业的发展方向。从具体过程看,网上证券交易是指投资者通过互联网进行证券买卖的交易,数字化手段渗透到了证券活动的各个环节,如信息采集、加工处理、信息发布、信息检索、交易、货币支付、清算、交割等,如图7-2所示。一般认为,与传统证券业务相比,网上证券交易可以减少投资者进行证券交易的中间环节,从而使交易更加方便快捷地进行,同时也能降低证券交易的成本,加速资金的利用和信息的传递。

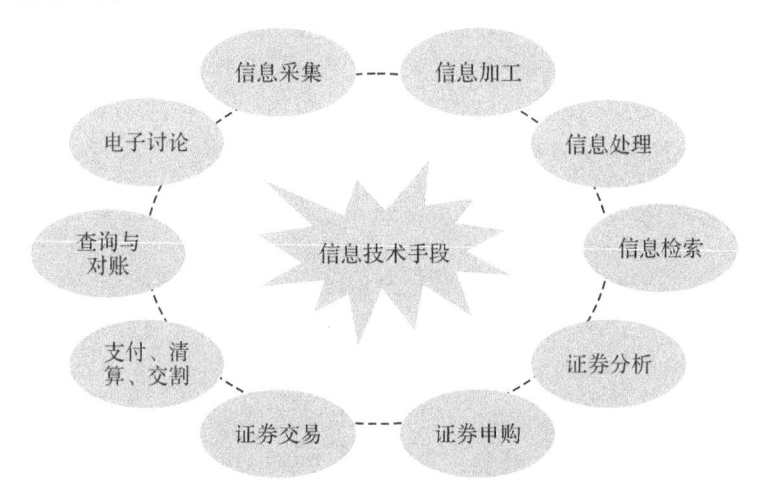

图 7-2 网上证券交易的具体过程

二、网上证券交易的优势

从操作层面来看,网上证券交易相比传统的交易方式具有很大的优势,主要体现在"实时更新信息"和"委托下单"上。表 7-2 比较了网上委托、柜台委托、大户室自助终端和电话委托的操作便捷性。

表 7-2 网上委托、柜台委托、大户室自助终端和电话委托的比较

委托方式	网上委托	柜台委托	大户室自助终端	电话委托
股价更新间隔时间	8 秒	约 15 秒	约 15 秒	约 20 秒
股价走势图	有	有	有	无
盘中分析	有	无	有	无
历史数据	有	无	有	无
操作地点	全国任意位置	证券部内	证券部内	全国任意位置
直接下单	能	能	能	能
现金存取款地点	网络银行	证券部内	证券部内	证券部内

从市场效果来看,网上证券交易也有着很大的优势。

(一)降低交易成本

从券商的角度出发,在传统模式下,一般券商开设新营业部的一次性投资(包括场地租金、装修等投资)在500万~2000万元,日常月营业费用为25万~80万元。在支持同等客户的条件下,网上交易的投资是传统营业部的1/3到1/2,日常月营运费用是传统营业部的1/5到1/4。由此可以看出网上交易帮助券商降低了日常营运成本,为提高券商利润提供了很大的空间。有形营业部中的各种证券活动,如信息传送、交易、清算、交割由于网上交易可全面解决,因此可以减少对交易环节的有形投入,如房租、电子通信设备、装修和人工费用。而且,网上交易服务对象的广泛性和咨询信息的全面性是营业部无法做到的。作为大券商,面对成本与收益的权衡,与其将80%的成本花在营业大厅的选址、装修和设备的投入维护上,还不如降低这些成本,将节约的资金投入到网上交易及软件服务水准的升级上。而从投资者的角度来看,网上证券交易不仅节约了投资者前往营业厅的时间成本,而且证券公司经营成本的降低,最终可以给投资者更多的让利,从而降低投资者的交易成本。

(二)提高市场效率

在证券市场中,信息是非常重要的,尤其对信息的及时性和准确性要求特别高。与传统的证券业务相比,网上证券交易具有速度快、信息量大、功能完备等优势,并且信息的流动不受时空限制,这能够有效地提高证券市场效率,节省投资者获取信息的时间,并降低信息不对称程度,提高决策的有效性。

(三)提升券商服务质量

采用信息技术后,券商的业务自动化程度大大提高,使其可以抽出更多的人力物力去提高服务水平,进一步改善服务质量,例如为客户提供更完善的信息服务、投资咨询或券商研究报告等。网络证券交易中,全面、专业、个性化的所有服务都可以精确地按照每个客户的需求进行定制,服务方式也可以是主动服务,或者是被动服务,这使得券商有可能通过丰富的信息资源、个性化的服务来满足客户的多层次需求。同时,还能降低营业部的经营风险。现有营业部存在的风险主要有因交易人员失误给营业部造成的损失,如下单数量过多或过少、买卖证券错误等;以及因经营管理制度失控而造成的损失,如违规透支、越权自营等。而由于网上交易的特点,证券交易中间环节减少,投资者直接下单,可以使交易人员失误造成的损失得到控制;通过计算机的管理规则,也能够大大地降低交易差错率,减少手工操作失误,减少人为违规等。

(四)突破空间地域限制

网上交易是无形的交易方式,它不需要有形的交易场所,可以利用四通八达的通信网络,把各地的投资者联系在这个无形的交易市场之中。网上证券交易的开展,将使证券业务突破空间地域的限制,投资者可以在任何时间、任何地点通过网络进行交易,这极大地方便了那些有投资欲望但因无暇或不便前往证券营业部进行交易的投资者进行投资,并且投资者不再受到恶劣天气的影响,使成为券商潜在客户的区域得到扩大。这从根本上改变了现行以营业厅为主导的证券经营模式。这样的交易方式,也使得每个投资者拥有平等的投资机会。以往影响投资者选择券商的一些主要因素,如地理位置、环境等在网络条件下变得无足轻重,而券商的品牌、信誉及其所提供的信息服务和交易的成本,会成为投资者选择券商时主要考虑的因素。

(五)改变传统的券商经营格局和竞争手段

在开展网上证券交易以后,券商之间的差别将主要体现在技术支持及投资咨询服务上。在券商之间的竞争中,券商所提供的证券信息的全面准确度、对客户投资指导的及时性与完善程度,以及在此基础上长期积累形成的证券投资咨询品牌,将成为券商在竞争中取胜的重要手段。

三、发展网上证券交易的基本条件

尽管相比于传统证券业务,网上证券交易有种种优势,但我国开展网上证券交易仍存在诸多制约因素,发展现状不尽如人意。其中最主要的问题是证券行业的进入壁垒限制了网上交易的直接竞争。作为金融行业的一部分,证券业也是政府重点监控发展的行业,因此,券商行业有较大的行业壁垒,需要持牌照经营。但是在政策设施等条件上,网上证券交易目前已经具有以下几个基本条件的保证。

(一)完善的基础设施

网上证券交易基础设施建设主要包括互联网建设和网上交易平台建设两个方面。早期互联网的接入方式以 ADSL(Asymmetric Digital Subscriber Line,非对称数字用户线路)接入、光纤宽带接入和无线网络为主。随着我国互联网基础建设的完善,逐渐实现了光纤到户/到办公室的资源配备。根据中国互联网络信息中心发布的第 46 次《中国互联网络发展状况调查统计报告》,截至 2020 年 6 月,光纤接入的用户规模达 4.34 亿户,占固定互联网宽带接入用户总数的 93.2%,且平均网络可用下载速率为 37.69Mbit/s(兆比特/秒),网络设施更加完善、速度更快、使用更便捷。另外,各种智能化移动终端已经成为民众生活的一部分,民众可以通过智能手机、Pad 等移动终端随时随地完成证券交易的委托、撤单、转账等全部手续,更方便地实现信息的传输和共享,全方位的无线网络覆盖无疑会促进网上证券交易的发展。此外,建设高水平的网上交易平台,为客户提供可用性高、安全可靠的网上证券服务平台是基础设施建设的另一个重要方面。

(二)网民的数量和素质

网上证券交易的客户数量和互联网用户的数量有很大的关系。根据第 46 次《中国互联网络发展状况调查统计报告》中的数据,截至 2020 年 6 月,我国网民规模达 9.40 亿人,较 2020 年 3 月新增网民 3625 万人,互联网普及率达 67.0%。手机网民规模达 9.32 亿人,较 2020 年 3 月增加 3546 万人,网民中使用手机上网的人群占比提升至 99.2%。从以上数据可以看出,目前我国网络普及率已达到较高的水平,网民已经从精英群体过渡到普通人群体。并且在《2019 年网络扶贫工作要点》的要求下,我国网络覆盖工程深化拓展,网络扶贫与数字乡村建设持续推进,数字鸿沟不断缩小,广大人民群众逐步跟上互联网时代的步伐,同步享受信息社会的便利,也更加有利于利用互联网技术促进普惠金融的发展。

(三)完善的法律保障

网上证券交易是一种比较新的交易方式,其中涉及复杂的利益关系,必须对各参与方的行为进行规范化管理。管理层除了需要完善证券法本身,也需要结合网上交易的特点,出台与之相配套的网上证券交易法规。目前证监会已经出台了《网上证券委托暂行管理办法》《证券公司网上委托业务核准程序》《关于鼓励利用互联网进行交易条例》《证券账户非现场开户实施暂行办法》等法规,但从其内容来看,并未能解决网上交易所涉及的众多复杂问题。因此,应该尽快出台操作性更强、更具体的法律法规条文,完善各项制度和技术规范,保证网上证券交易有法可依,为发展我国网上证券交易创造良好的外部环境。

四、网上证券交易的发展现状

(一)美国的网上证券交易

1. 美国网上证券交易现状

美国是全球网络证券发展最早,也是最发达的国家,美国网络证券的发展对世界其他各国都有很大的借鉴意义。

互联网起源于美国,以网上证券交易为主要标志的证券电子商务也于20世纪90年代初期在美国出现,它为美国证券业带来了革命性的变化。1995年,客户首次通过互联网完成交易委托,1998年只有11%的投资者通过互联网进行证券投资,而到了1999年,这个比例已经上升到18%。美国证监会2000年的一项研究表明,当时美国大约有160家经纪商提供网上证券交易服务,网上证券交易量每天超过50万笔,网上证券交易的客户超过730万人,网上经纪的资产超过10000亿美元。2002年,利用互联网进行证券交易的人数达到美国所有投资者的半数以上。到2010年,绝大部分投资者都通过网上交易进行投资。目前,美国证券市场发展较为成熟,并且以机构投资者为主,线上交易规模的增长速度逐渐趋于缓慢,2018年,美国证券市场线上交易额为11.6万亿美元,预计未来将以5.0%的年均复合增长率稳定增长。表7-3显示了美国网上证券的发展阶段。

表7-3 美国网上证券业务发展阶段

阶段	第一阶段	第二阶段	第三阶段	第四阶段	第五阶段	第六阶段
时间	20世纪70年代初期	20世纪80年代初期	1996年开始	1998年开始	1999年开始	2012年开始
表现	电子交易及电子通信网络兴起	基于个人计算机,通过专有数据库交易	折扣经纪商和基金管理公司提供网上交易	IT背景的纯网络经纪商开创基于互联网的交易	传统证券公司全面进入	大数据、人工智能时代开启,智能投资顾问初露头角

续　表

阶段	第一阶段	第二阶段	第三阶段	第四阶段	第五阶段	第六阶段
代表	美国纳斯达克证券交易所	嘉信理财、富达投资	嘉信理财、富达投资	富达投资	美林证券	财富前沿、贝达投资
经营方式	开创了及时交易和高流动性的买卖方式	开创了一种营业厅之外的交易方式	开创了基于互联网的交易模式	以低佣金、大折扣吸引客户	传统业务的全面转型	将人工智能和投资咨询相结合,节省交易成本
特点	1975年5月美国放弃固定佣金制度,促进了这一市场的发展	证券公司营业网点的分布不再成为成功的关键	交易量和交易账户迅速增加	重品牌和战略联盟	争取成为金融门户的中枢,以提供全面、个性化、一揽子金融服务为目标	结合大数据和人工智能等高科技,提升金融服务质量

资料来源:整理自林丹明,熊辉.证券电子商务[M].北京:中国金融出版社,2001.

2.美国网上证券交易的特点

(1)交易模式被拓宽

随着社交交易和跟随交易的发展,投资者在传统的咨询券商经纪人之外寻求新的信息接收通道,在社交网络普及的互联网时代,越来越多的年轻投资者倾向于通过跟随优秀投资者或者是投资领袖的意见来进行投资。Stocktwits就是一个线上讨论上市公司的交流平台,并通过论坛讨论的热点随时更新公司热度榜单、关注度和情绪指标等行为金融数据,为个人投资者提供了市场上所不能体现的信息。

(2)零佣金时代到来

伴随着美国互联网证券市场竞争的白热化,佣金也一路走低,2015年后逐渐进入零佣金时代。2015年,交易软件Robin Hood率先推出零佣金服务,自此对美国券商的经纪业务造成冲击,盈透证券和嘉信理财也陆续跟进实现零佣金,零佣金的时代随之到来。

(3)基金业迅速发展,头部效应明显

由于好公司的股价高企,普通人难以支付一手股票的价格,在这种情况下推动了基金业的迅速发展。根据《美国基金业年鉴2020版》,美国的公募基金规模已经达到25.7万亿美元,约有45.5%的个人或家庭持有共同基金。这一机制虽然促进了普通投资者参与金融市场,但是也可能会导致在流动性危机出现时的踩踏性下跌。

(4)网络咨询业务发展迅速

随着零佣金时代的到来,券商的经纪业务利润在一路下降,新的利润增长点在于个人理财业务的个性化,以及为客户提供丰富的、有针对性的建议。但这一途径目前面临第三方软件公司和券商公司的竞争,以彭博财经为代表的老牌财经资讯公司和利用计算机网络技术进行股票推送的咨询公司形成了对峙格局。

(二)日本的网上证券交易

日本证券业最早引进网上证券交易的是大和证券,于1996年4月开始实施网上证券交易。到1998年底,日本进入网上证券交易的券商有19家。此时日本还没有放开交易手续费,各券商进入网上证券交易的最主要目标是尽早从网上争取到更多客户。因此在这种固定佣金制度下,价格还未成为各券商的竞争焦点,而广告宣传、树立品牌是当时券商在网上证券交易较为重视的策略。网上证券交易的运营体制也尚未形成,运作系统大部分是依靠公司或企业集团的内部系统。网上证券交易集中于股票交易,差别化竞争战略处于萌芽阶段。

1998年,日本颁布了《金融体制改革法案》,该法案促进了证券市场的良性竞争,提高了金融市场对投资者和融资者的效用,券商经营资格管理制度和券商经纪佣金制度是其中两项重要的改革内容。自此,从官方角度开启了佣金自由化的改革。1999年10月,监管层出台股票交易佣金自由化政策,此后撤销了对银行的证券子公司业务范围的限制。至此,日本政府基本扫清了银行业务与证券业务之间的壁垒,进入了混业经营的时代[①]。随后,日本最大证券经纪公司日兴证券新建的网上经纪公司在互联网上以较低的价格为网民提供经纪服务,包括投资、外币兑换和人寿保险等。一些美国证券公司闻风而至,也加入了价格竞争的行列中。这标志着日本开始实行证券交易佣金自由化,自由竞争机制取代了以往的政府保护政策,自由竞争的市场环境很快在日本形成。一系列市场环境的改变给日本证券二级市场带来了冲击性的影响,网上交易因其成本优势很快成为日本证券公司在二级市场战略调整的重点方向之一。成本优势吸引了诸多对证券交易有需求的投资者进行网上证券交易,从而推动了网上交易的发展。日本网上证券交易的发展可以说是互联网券商和传统券商的融合过程,详细的路径如下。

首先,传统大型券商最早开始尝试互联网证券。这些体量较大的传统券商在一些互联网券商低佣金的冲击下,选择降低佣金为客户提供互联网交易服务。后来随着网上证券交易逐渐普及,像野村证券这样的大型券商成立了专门的网络交易公司,专注于开展高效且高质量的网上交易业务。但是另一方面,他们维持着投资银行、资产管理等传统核心业务,确保稳定的盈利。

其次,传统中小型券商逐渐向互联网券商转变。这些券商既不能像互联网券商因为经营成本较低而收取低佣金,也不能像大型券商提供高质量全方位的服务而维持核心竞争力。因此,中小型券商在互联网券商的低佣金冲击下只能选择转型或者破产。以松井证券为代表的券商选择服务创新来增强业务水平以吸引客户,例如提供信用交易、期权交易等,借助互联网技术,开发更加高效、准确、高质量的服务,提升自身的核心竞争力,为客户赚取更多的收益,形成独特的优势。

接下来,纯互联网券商逐渐和传统券商业务融合并融入生态化金融平台。纯互联网券商在线上争取客户资源方面有一定优势,它们重视客户体验,更关注交易的便捷性和可操作性,然而纯互联网券商的发展瓶颈是没有关联平台持续导入新客户,因此纯互联网券商需要稳定的现金流支持证券贷款业务。在此背景下,出现了一些金融业务公司,它们依托集团资本在金融领域的综合实力,将证券业务从交易服务延伸至资产管理和理财类服务,吸引集团更多的会员,在一站式金融综合服务中成为忠实客户。

进入21世纪后,日本的互联网券商数量激增,根据日本证券业协会的数据,截至目前已经有263家互联网券商,而1998年仅有11家。在这些券商的竞争中,呈现出明显的头部优

[①] 陈莉.日本互联网证券发展特点及路径研究[J].现代日本经济,2016(3):37-49.

势,大型券商凭借其丰富的投资指导和研究报告,取得了先发优势,后来陆续呈现差异化方向的发展趋势,为细分市场提供了精细化的服务。根据日本证券业协会2020年7月发布的《互联网交易调查结果》显示,截至2020年3月,互联网证券交易账户已经达到2958万。

(三)美、日网上证券交易特点比较

通过以上介绍,可以了解到目前网上证券交易主要有两种模式:一种是以美国为代表的网上折扣券商模式,即所谓自由佣金制度下的美国模式;一种是以日本为代表的固定手续费制度下的网上交易模式,即所谓固定佣金交易制度下的日本模式。美国由于交易手续费的自由化,因此这一阶段各大折扣券商的竞争主要是围绕价格竞争展开,手续费用越低的券商相对越容易积累客户。而当市场竞争白热化之后,各个折扣券商提供的手续费率大致相当,此时第一阶段的价格竞争转向第二阶段的信息竞争,客户除了关注手续费率之外,也重视券商的信誉、服务、营销信息等因素。

而与美国不同的是,日本的网上证券交易是在佣金自由化之前导入市场的。在竞争第一阶段,网上交易成本低的特点并没有充分体现出来,此时各大券商的竞争偏向围绕"信息竞争",以经纪业务为契机,快速发展。经纪佣金制度开放后(即1999年后),券商网上交易竞争进入第二阶段,参与第二阶段竞争的券商只能是第一阶段竞争中的幸存者,此时由于手续费的自由化,"信息竞争"才开始转向"价格竞争"。因此,佣金自由化与否,导致了网上证券行业在不同发展阶段的竞争特点。在佣金自由化全部实现后,服务的质量和业务的创新就成了券商发展核心竞争力的关键。随着券商在信息技术领域的投入稳步增长,日本展开了支付清算服务、信托租赁、"电商+金融"等业务模式,而美国的券商则最先将大数据、人工智能等技术应用到财富管理、零售经纪业务和风险管理等业务,使得经营效率大幅提升,业务格局得以创新拓展,并以低信息传播和客户转换成本吸引了"长尾客户",发展了境外市场,在一定程度上推动了证券交易的整体发展进程。

(四)中国网上证券交易的发展阶段

中国证券业在发展初期,即采用了超前、创新的电脑网络交易模式。上海证券交易所1989年底成立时,就已实现了全电子化网络交易,在交易、结算、交割、成交回报、信息发布、登记托管等几乎所有业务中完全通过电脑与网络运作。中国证券业在电脑网络交易方面的超常发挥,为证券电子商务的发展奠定了扎实的基础。

回顾我国网上证券交易的发展历程,有以下4个阶段。

第一,利用互联网进行委托下单的阶段。1997年3月,华融信托投资公司湛江营业部视聆通多媒体公众信息网网上交易系统开通,这是国内首次推出的"证券网上交易"概念。此后,少数券商与一些IT厂商合作,推出了基于互联网的新的委托下单手段。这个时期的"网上交易"都是以营业部为中心,以IT厂商的软件产品为依托,网上交易软件也是以实时行情和委托交易为主,没有服务的概念,纯粹是一种新型通道服务的尝试。

第二,以大规模建立网站为表现形式的电子商务平台提供多方位信息服务的阶段。1999—2000年,证券网站如雨后春笋般涌现,传统的以营业部为中心的网上交易软件得到了进一步的发展,出现了总部集中式的网上交易系统,能够实现客户资料的集中管理,业务委托转发和业务功能进一步完善。券商更对以网站为表现形式的电子商务平台寄予了厚

望,希望通过这个窗口建立以客户服务为中心的体系,以服务促交易,一方面依靠技术进步降低渠道成本,另一方面引进新的服务内容,如信息服务、在线咨询服务等。本时期是"证券电子商务"概念形成的时期,客户对系统的要求不高。

第三,以电子商务平台为依托,逐步开展咨询服务、个性化服务、注重不同客户的不同服务诉求的阶段。从 2001 年开始,整个行业都在对曾经风光一时的电子商务进行反省,并试图探索进入经纪业务转型时期的合理商务模式。本阶段的证券网站有了一些根本的改变,如将电子商务的平台与客户关系管理系统结合起来,在平台中引入经纪人、客户经理、投资顾问业务,力争做到了解客户需求,对不同的客户提供不同级别、不同内容的服务,从原来简单地将大量信息无目的地塞给客户到提倡服务的个性化,甚至通过论坛、即时聊天等技术手段提供一对一的服务等。

第四,传统券商互联网程度加深,聚焦垂直细分领域的新兴互联网券商蓬勃发展。随着移动时代的到来,以及中国证券登记结算公司取消"一人一户"的限制,网络开户越来越容易,因而传统券商从原来的一味追求客户数量转变为追求有效客户数量,获客成本的增加迫使券商转变发展思路。2018 年至今,随着券商互联网化程度的加深,互联网券商从原来的粗放型发展逐渐向垂直细分领域方向发展,在这一过程中也产生了很多研究水平极高的券商,比如研究消费电子的天风证券、研究宏观经济的中金公司等。

总的来看,目前我国网上证券行业已经得到了充分的发展,随着互联网技术发展及移动端应用的逐渐普及,网上证券交易规模逐步增长。根据相关材料整理,2018—2020 年,中国证券行业总资产规模持续扩大,截至 2020 年 6 月 30 日,中国 134 家证券公司实现营业收入 8.03 万亿元,受托管理资金本金总额达到 11.83 万亿元。并且中国互联网理财用户规模逐渐扩大,证券类 APP 用户规模稳定增长(见图 7-3),2020 年达 1.29 亿人。线上的券商平台能够简化手续,缩短用户的交易时间,是券商转型发展的主要方向;同时,纯互联网券商和垂直金融证券领域的互联网企业也将继续丰富业务类型,未来网上证券业务覆盖的用户仍有希望进一步提升。

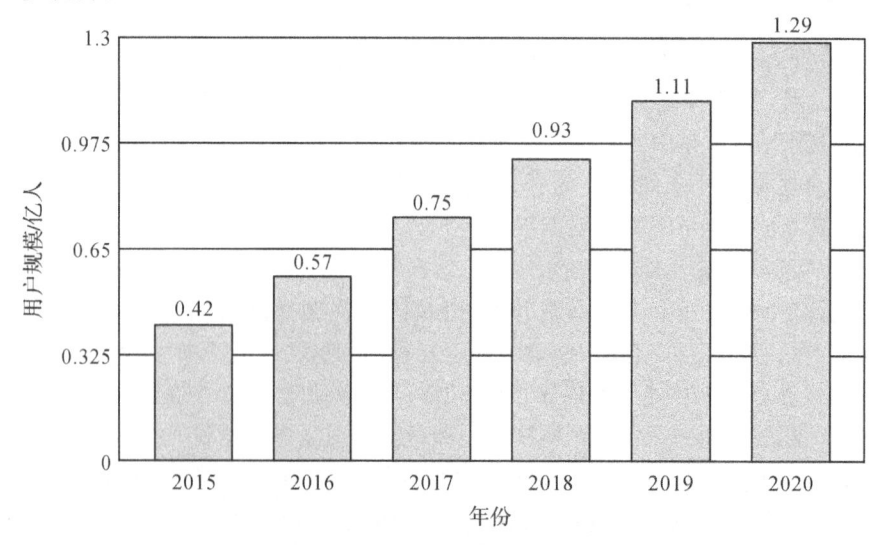

图 7-3　2015—2020 年中国证券类 APP 用户规模

(五)现阶段我国网上证券交易发展存在的挑战

1. 完善相关政策法规、健全监管机构

利用互联网开展证券业务是大势所趋,美国和日本的网上证券交易发展是建立在不断完善的政策法规体系上的,尤其是日本在20世纪90年代后期持续出台支持相关互联网金融发展的法律法规。虽然我国网上证券交易起步较晚,但是在基础设施建设等投入上支持网上证券交易发展已经取得了有效的成果,然而,建立完善的网上业务监管体系,是摆在证券监管层面前的一项重大课题。

随着网上证券交易的不断普及和深化,由此引发的各种纠纷必将逐渐增多。比如数字签名、电子票据的法律地位问题,网上交易产生的国际纠纷的处理问题,管辖权和法律选择问题,网上信息披露的相关法规问题,管理层对网上交易技术标准、技术体制及市场监管的问题等。目前在我国可供控制指引的有《网上证券委托暂行管理办法》《证券公司代销金融产品管理规定》《证券公司代销金融产品管理规定》《场外证券业务备案管理办法》《证券公司客户资产管理业务管理办法》等一系列法规,基本健全了网上证券交易的法规体系。但是对于风险投资的法律法规体系及监管机构的完善依然在进一步地探索中,如2020年10月20日,国家市场监管总局为贯彻落实《中华人民共和国电子商务法》,进一步规范网络交易活动,起草了《网络交易监督管理办法(征求意见稿)》向社会公开征求意见,包括实现线上线下一体化监管的准则,保护用户权益,为数字经济时代的网络证券交易的推行和健康发展提供了保障。

2. 投资者水平有待进一步提升

根据中国互联网络信息中心发布的《第46次中国互联网络发展状况调查统计报告》,截至2020年6月,我国的互联网普及率从2006年的9.4%增长到如今的67.0%,与美国、日本等发达国家80%以上的互联网普及率相比,我国互联网的普及率虽然已经有显著的提高,但是仍有一定的提升空间。网络扶贫工作的实施显著改善了贫困地区的网络基础设施,但中国的证券投资者数目比例与发达国家相比还存在较大差异,投资金额也存在较大的增长空间。

3. 网络安全性问题

由于网上交易系统连接了投资银行、银行等多个电脑系统,中间环节较多,其稳定性可能要弱于一个集中的营业部电脑系统。网上交易的安全,不是"防火墙、加密"这样简单。网络安全方面,攻击者可以采用各种手段寻找证券网上交易体系中的漏洞,监听破解用户信息,直接攻击行情或交易服务器,甚至借助IP转发等技术攻击券商内网,对于安全体系不完善的网上交易系统来说,这些都不是没有可能发生的。然而,我国进行证券交易的网站尚未经历过或应对过黑客攻击,应对网络安全能力还有待检验。另外,系统安全方面,随着互联网用户的增加,行情火爆导致的大量交易涌入更容易让交易平台的服务器崩溃,妨碍用户使用,影响平台口碑。2015年,沪深两市单日交易量超过两万亿元,导致部分数字券商交易系统宕机。2019年2月26日,A股早盘开盘还不足一小时,沪深两市成交量超过4000亿元,导致多家交易系统崩溃。因此,系统和互联网服务器还需要技术上更强的应变能力来保证交易系统在交易高爆发时期正常运转。

就网上交易委托方式而言,由于互联网的开放性及网络安全技术的有限性,它是最容易遭遇股票盗买、盗卖的委托方式。在发达国家,网上电子交易在金融领域的发展已经积累了丰富的经验,而且已经建立了一整套从理论到实践的完全解决方案,特别是近些年来,新技术、新方法(例如安全套接层协议、密钥系统、数字签名、数字证书、数字时间戳、认证机制、防火墙技术等)的引入,使得网络信息必需的保密安全、不可否认、不可修改等要求都得到了较好实现。尽管如此,安全性问题仍是证券网上交易的最大威胁,必须不断对网络安全加大投入,并不断更新技术。

目 网上证券交易的安全性问题案例

五、网上证券交易对我国券商的影响

随着我国计算机普及率和网络普及率的迅速上升,加之网上交易提供的便利性和低成本性,我国证券市场的运作模式正在发生着重大变化。原先以营业部为载体的固定场地交易方式将逐步让位于以网络为载体的交易方式,证券交易环境将逐步实现虚拟化。这将对我国券商产生较大的影响,具体表现如下。

(一)将改变券商的生存空间

互联网在全球各个角落的不断渗透蔓延将使券商的生存空间不断得到拓展,促使全球证券市场走向一体化。这种变化未来对券商而言,可能不仅仅是拓展业务的手段,更是生存之道。

(二)将改变现有券商之间的竞争实力对比

目前我国券商的经营架构还是以地域为基础,网上交易的开展将加剧证券业的竞争,投资者将不再受时空等限制,各券商传统意义上的差别在减小。另一方面,券商也可以选择合适的方式到全国范围内去组织客户,开展虚拟性的全国业务。这对于苦于境内证券市场地域分割限制的券商而言,是打破现有竞争格局的好机会。在竞争中获得优势的券商会因此而获得规模经济效益,竞争结果是强者恒强,弱者愈弱。

(三)将改变券商的经营理念和商业模式

网上证券交易的发展将对证券市场的交易模式和市场结构起到很大的冲击作用。券商的代理地位会因此受到冲击。同时,网上交易要求券商弱化证券营业网点的选择,从而改变券商的经营管理模式。此外,在网络交易的方式下,券商的市场竞争地位将在更大程度上取决于其咨询的准确性和全面性,以及对投资者投资指导的及时性和完善性,这对券商的人才素质、技术、业务拓展和客户服务等都提出了全新的要求。在这样的背景下,证券公司将面临6个转变。一是业务重点的转变。网上交易的大力发展,使得券商的利润来源发生变化,这促使券商致力于提供个性化服务,将业务重点从"代理为主,咨询为辅"转变为"咨询为主,代理为辅"。二是经营方式的转变。在网络交易背景下,券商的经营方式将从专注于营业厅场址、大小、包装转为关注网上交易平台的建设。三是咨询内容的转变。券商将更注重于提供个性化、智能化的投资咨询和信息服务。四是服务方式的转变。会有更多的券商乐意提供网上的股评服务和研究报告。五是证券公司经营结构的转变。由于业务重点、服务方式

等的变化,将导致券商加强其证券研究部门的建设。六是需要与前沿技术相结合,如大数据、人工智能、云计算等,通过结合高科技的业务创新,提升券商在金融服务方面的核心竞争力。

(四)将引发大规模的业务创新

随着电子商务的发展,证券交易必将逐渐走向虚拟化,传统的证券业务会被重新整合,会出现大量的金融创新,如在网上交易的基础上,发行网上电子钱包、个人财务服务,介入传统的商业银行领域等。

总之,在未来的市场中,券商完全有可能因为证券电子商务的发展,而获得巨大的市场份额,并在同其他券商的竞争中取得规模优势和先行优势。赢家通吃的原则是网络经济时代的原则,在证券交易中同样适用,而且会体现得更加明显。

六、网上证券交易的模式和交易平台构建

(一)美国网上证券交易的模式分析

美国在1973年废除证券经纪机构固定费率制度,这导致了佣金的市场化。在这种背景下,各券商都希望通过降低佣金来吸引客户,从而促使券商在交易中转变其经济地位,推行以降低成本为中心、以客户服务为目标的经营理念,这极大地推动了网上证券交易在美国的发展。

美国券商的网上证券交易模式大致可以分为以下3种。[①]

1. 折扣券商的嘉信模式

美国排名前十名的网上券商大都采用了金融门户型的模式,这也是大多数成功的券商都乐于采用的模式。在传统券商转向网上证券经纪业务的过程中,美国最大在线券商嘉信理财公司(Charles Schwab & Co., Inc.)堪称典范。嘉信理财不仅提供传统的证券交易,如店面交易、电话交易等,还在其网站上开通了相关证券业务。在嘉信理财的证券网站上,投资者不仅可以进行网上证券交易,对证券投资账户进行智能化管理,还能根据自己的资产状况和资金需求状况完成投资和负债两方面的管理。投资者可以在网上制订自己的退休金计划、税收管理计划,还可以在网上查询并完成大学贷款和购买房屋、汽车贷款的服务。嘉信理财通过技术不断创新来降低交易成本,进而降低服务价格,但并不会牺牲服务质量。嘉信理财正是凭借良好的服务及低廉的服务价格吸引了大批客户,公司获得了极大的成功。

2. 纯粹网上券商的 E-Trade 模式

E-Trade(电子交易)模式下的交易完全在网上进行,公司并无有形的营业网点存在,营业成本低,由此构成优势,使得其可以尽可能低的折扣吸引对价格在意而对服务要求不高的投资者。该模式下券商的收入来源主要取决于客户的规模和在线交易频率。

3. 传统券商的美银美林模式

该模式是利用公司专业化的经纪队伍和庞大的市场研究力量为客户提供各种理财服

---

① 童娇畅. 中国网络券商的发展及前景研究[D]. 杭州:浙江大学,2017.

务。美银美林集团(Bank of America Merrill Lynch)为世界上著名的证券业跨国集团,拥有专业化的经纪队伍和庞大的客户群,拥有很强的市场研究力量。该公司认为投资领域是一项专业人事从事的行业,因而对 20 世纪 90 年代兴起的网上证券交易反应迟钝,在大量的客户流失后,该公司才匆匆推出网上证券交易,而此时该行业在美国已经成熟。美国的老牌证券公司虽然规模庞大,但都不愿自食已有的业务来发展网上证券交易,故而陷入相当被动的境地,需要进行深刻的业务重组和变革。虽然 2008 年美银美林集团因为次贷危机而被美国银行收购,但是这种全能型服务投资顾问模式依然以侧重服务深度和广度来创造价值而成为一种代表性的美国券商经营模式。

(二)我国网上证券交易的模式

目前,我国券商网上交易模式可以分为两大类。

第一类,证券公司可以与证券类网站开展合作经营,由前者全权委托后者负责搭建互联网上的交易平台并进行管理,为客户提供资讯,形成投资者和券商之间的网上沟通渠道。证券公司则利用后台交易系统及其营业部去处理具体交易事宜,并且向合作网站提供必要的信息内容。这类合作的范围甚至延伸到银行,形成银行＋网站＋券商的资源组合方式,券商和银行建立专线连接,并在银行主机房设立转账服务器,用于交易查询、交易过程中的储蓄账户冻结,以及银行账户和证券账户的资金互转。该模式,可以利用银行营业网点拓宽客户,使合作各方在开展网上交易时发挥各自的优势,最后形成较强的市场竞争力。

第二类,与采取合作方式开展网上交易的券商不同,境内也有不少券商建立自己的网站,营造网上交易平台,进而与公司内部交易系统和营业部连接,其客户委托直接通过公司传送到后台交易系统,再交由营业部实现交易。图 7-4 对上述两种模式的运作流程做了简要描述。

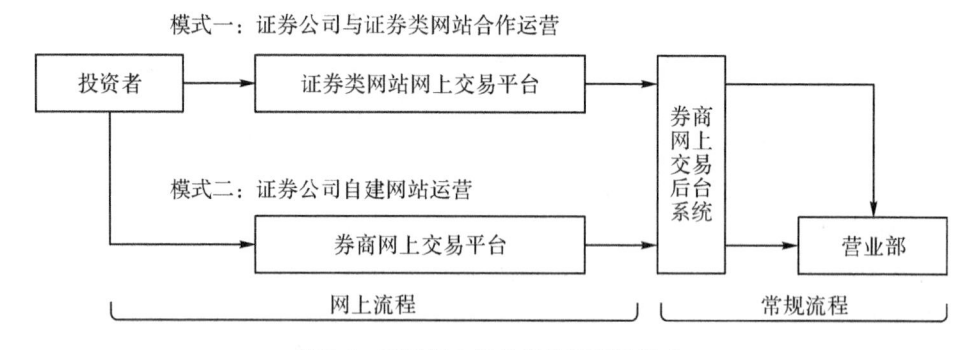

图 7-4 我国网上证券交易的两种模式

对于券商来说,两种模式是各有优劣的。第一种模式具有初期投入成本低,进入网上市场速度较快的优点,此外,合作各方的资源组合有利于构建强大的竞争优势。但是,证券公司无法对网上交易平台实施管理控制,难以将其有效地纳入公司长期的业务发展战略之中,导致券商的网上经营缺乏弹性,不利于进行快速市场反应和调整。而且,在网上交易系统运作的过程中,券商与合作方需要进行大量的沟通,还要定期支付相当大的系统维护费用。第二种模式的缺点是网上平台建设周期较长、开发成本较高,不利于快速进入市场,而且具有较高的经营风险。然而这种模式的优点也很明显,那就是公司掌握自身发展的主动权,可以便捷、快速地对网上交易平台和公司交易系统进行综合维护和升级完善,并根据公司的经营需要,随时开发各种系统功能,提高服务质量,从长期看也有利于降低整体的系统运作成本。

无论采用哪种模式,网上证券交易平台的构建要满足可用性、高效低成本和系统的安全性(防火墙技术、PKI 的安全认证机制、SSL 和 SET 协议),要以为客户提供个性化服务为宗旨,网站的建设要重视人际沟通,要重视信息服务,要有扩展能力。

对投资者而言,实现网上证券交易通常有两种途径:远程下单和网站交易。采用远程下单,投资者需要在客户端安装行情接收、分析软件和嵌套委托分析系统。投资者可远程看盘、下单,其实现方式简单,前期投入少,但电脑需在交易时段连续接收信息以保证数据的完整性和准确性,安全性有所欠缺。目前,这种方式已经较少采用。网站交易是指券商在互联网上开设交易网站,为投资者提供网上行情查询、信息检索、行情分析、交易委托等各类服务,投资者可随时随地通过网络进行交易委托,线路通畅、成本较低,安全性较高。交易的网站,如前文所述,有两种建设方式,一种是由券商自建,另一种则是由券商和专门的金融证券网站合建。目前,常用的网上交易系统有中信证券网上交易系统、华泰证券网上交易系统、中国银河证券"双子星"网上交易软件、中信建投网上交易系统、东方证券网上交易系统、大智慧证券信息平台、同花顺证券行情分析软件、钱龙软件等。以下,我们以同花顺为例,来介绍此类网上证券交易系统的主要功能,如图 7-5 所示。

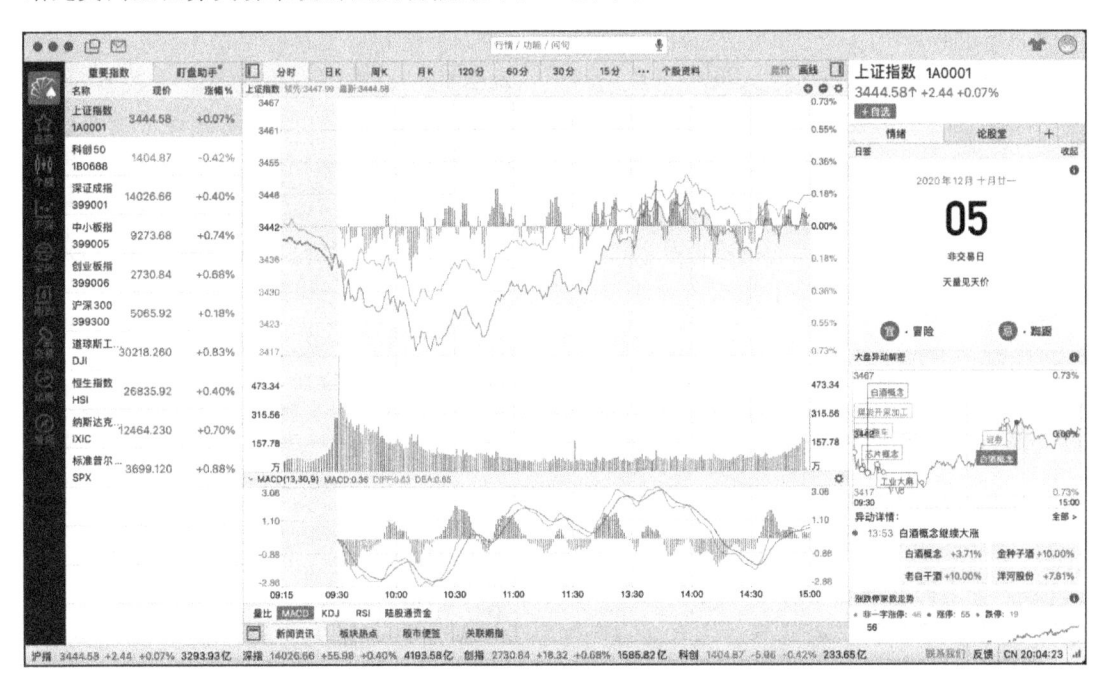

图 7-5 同花顺页面

同花顺是一款功能非常强大的证券决策系统和证券交易分析软件,由境内证券交易方案供应商——浙江核新同花顺网络信息股份有限公司研发。主要业务及产品包括:为境内外的各类机构客户提供软件产品及系统维护服务、金融数据服务,为个人投资者提供金融资讯以及各种投资理财分析工具。

该软件实现了一般网上证券交易系统应该具有的分析功能、行情速度和个性化服务。

具体介绍如下。

(1)能提供高速行情。IFinD金融数据终端,提供全国的金融市场数据,涵盖股票债券、期货资金、新闻研报等,可$7\times24\times365$不间断地提供准确、及时、完整的金融咨询。数据非常精准,实时迅速更新,售后服务完善,行情响应快速。

(2)提供24小时财经视频,直播频道。系统每天为投资者提供专家在线盘中点评、热点分析、财经要闻报道、市场走势分析、专家在线讲座等服务。

(3)能提供大量的特色服务。如机构持股、盘中预警、评星评级、历史回忆、服务器选股、星空图、超级盘口、图像叠加、财务报表分析等,此外,还有股市日记、自选股资讯及时邮件通知、风格定制等全新的个性化服务。

(4)委托下单速度快。可同时对100+各标的完成委托下单;3类智能算法交易,有效降低大额买卖的交易成本,委托服务操作简单,下单速度快;8种风控类型,确保安全稳定。

(5)系统提供免费荐股平台。该平台上汇集了众多的民间股票操盘高手,实现了投资者之间交流和信息分享。

(6)提供多种金融产品。该系统涵盖了网站、实时行情、在线交易、海量资讯、证券分析工具、综合理财等功能,为证券投资者提供网站、软件、交易、理财、社交社区、手机炒股等一站式金融理财服务。除了能向投资者提供基本证券服务外,还提供期货、外汇、港股、基金等多个金融品种。

(7)可自己编写公式、个人设定选股条件。编写公式栏目中设有新建自定义公式,投资者可以根据自己的爱好,设定和修改函数,编写选股条件,使得软件能满足投资者的个性化需求。

(8)良好的客户服务。系统提供软件教程,附有详细的功能解说,可以让投资者在较短时间内学会并且精通股市的基本面和各个层面的信息。同时,系统还提供专业的客服,承诺为投资者提供7×24小时不间断服务。

从总体上看,各种网上证券交易系统大都具有类似的功能,在开发过程中,都会从投资者使用的便利性、安全性、效率性、功能多样性等角度来进行系统设计。

(三)网上交易平台的构建

网上证券交易大幅度降低了交易成本,提高了证券交易的透明度,打破了时间和空间的限制,使投资者摆脱了固定营业场所的束缚,满足了投资者多种形式的需求。从消费者心理来讲,心理上的认同感已成为当前消费者做出购买决策前的先决条件,个性化消费正在成为消费的主流。像其他产品一样,目前证券交易网站不论是在数量上还是在品种上都已比较丰富,加上网络跨越了空间的限制使得可选择的范围更加广泛,在网站功能设置和咨询服务方面强调个性化服务将成为营销创新的焦点。

1.构建网上交易的原则

(1)网上证券交易的核心仍然是经纪业务

网上证券交易是通过互联网进行证券交易的一种手段,券商把电子化手段渗透到证券活动的各个环节,如信息采集、加工处理、信息发布、信息检索、证券分析、申购、交易、货币支付、清算和交割的全过程。本质上,是券商在开展网上证券经纪业务。然而,随着全球互联网发展进程的加快,网上证券交易不仅仅是延续以往的传统模式,更重要的落脚点在于优化资源整合,减少中间环节,创新业务流程和开展方式,为客户提供更完善、更便利和更个性化的服务。就现阶段而言,网络是媒体、是工具,电子商务落脚点仍然是商务,网上经纪业务的重点仍然是经纪业务,网上经纪业务的开展应极大推动整个经纪业务的发展,从发展客户数量,提高交易量,创新服务方式,转向提高综合服务能力与水平。

(2)重视人际沟通

证券经纪业务是服务于投资者进场(证券交易所)交易的一种业务,从某种意义上讲,证券经纪业务是服务业,是提供专门的、特殊的证券投资服务的行业。在很大程度上,服务意识和质量主要是通过人际沟通来进行的。因此,网上经纪业务应当充分重视人际沟通,网上经纪业务扩大了服务范围和地域,但不能以削弱沟通与服务质量为代价。

(3)确保系统的安全性

对于网上交易客户来说,最关心的莫过于网上交易的安全问题。在信息技术应用普及的趋势下,监管部门等有必要进一步采用更加先进可靠的技术对行业加以规范和管理,建立安全论证体系和风险防范机制,同时,网上证券交易平台也应该进行保证系统、数据和应用的安全方面的科技研发投入,在符合证监会有关规定的前提下,保障用户权益和财产安全。

(4)重视信息服务

网上平台能够在一定程度上解决商务网站和顾客之间的信息不对称问题。客户可以根据需要获比较可靠的信息,降低信息搜寻成本,并且有助于更方便、更迅速地选择合适的平台进行交易。券商应充分利用现有的大数据和人工智能技术,提供全方位的信息整合和分析服务。

(5)要有扩展能力

对于绝大多数券商来说,从网站的建设、网上交易平台到呼叫中心的构建,都不可能一步到位,因此,除稳定、可靠等基本性能指标之外,还必须有充分扩展的余地,满足今后业务发展的需要,并在之后逐步完善成为真正的网络经纪商。

2.业务模式

目前,构建网上证券经纪业务的模式主要有以下几种。

(1)网站建设

网站是品牌形象的象征和标志物,是重要的宣传阵地,同时也是交易平台的接入窗口,更为重要的是为股民提供信息服务的平台。前述已经提到信息服务是证券经纪业务重要的组成部分,通过网站提供综合性的和个性化的信息服务,吸引网上股民——争取虚拟客户资源是网站的根本目的。因此,在网站建设中,除技术因素外,最为重要的是对信息的组织。

(2)交易平台

网上证券经纪业务有其自身的特点及模式,选择合适的电子交易方式和手段,有效地开展网上证券经纪业务极为重要。我们很多的券商已推出了网上证券经纪业务,他们在对战略高度的认识、传统商务理念的转变、技术观念的更新,以及人员组织、服务制度和市场运作等方面积累了丰富的经验。他们的成功经验及市场运作的示范效应,将极大地推动网上经纪业务的开展。

(3)呼叫中心

经纪服务的重点是沟通,呼叫中心(Cell Center)因此成为网上经纪业务的核心。呼叫中心应具有三大功能:人际沟通、个性化信息服务、在线咨询服务。它不仅仅是技术手段和系统平台,而且更是服务体系与服务制度的体现,构成网站交易平台与客户联系的纽带,是虚、实结合的有效的网上经纪服务。但呼叫中心的建设要解决大量的技术问题。此外,呼叫中心服务体系构造、人员的观念转变、业务素质的提高、规范化服务的提升,同样也是要下大力气的。

(4)手机应用 APP

移动互联网终端,也就是手机应用 APP 比电脑终端具备私密性、及时性、便捷性等优势,随着手机在人民生活中逐渐成为不可或缺的一部分,这使得网上证券交易券商的开发重点和互联网服务的终端也延伸到手机平台上。同时,社交平台的引入,让手机 APP 用户随时随地相互交流讨论,形成了大量的用户数据,也为平台的客户数据资产的积累、为客户提供定制化服务体系起到了重要的作用。

七、网上证券交易的资金支付

(一)证券交易支付方式的发展

我国的证券交易支付方式经历了从证券经营机构自行办理到银行代理出纳,再到银行代理交收的转变。在最初的证券经营机构自行办理阶段,证券经营机构自行办理对投资者的委托买卖、证券资金账户的核算管理及对客户现金的收付。但是这种方式下,存在券商私自动用客户投资资金的风险。为保障客户资金的安全,银行作为第三方存管机构介入,代为保存客户保证金。在银行代理出纳阶段,证券经营机构管理投资者的委托买卖证券资金账户的存款账户,银行在证券营业厅设柜代理同客户的现金收付业务。此举虽然解决了资金安全问题,却增加了证券的交易成本。此后,银行与券商进一步专业化分工合作,发展到银行代理交收阶段。此时证券经营机构将"委托买卖证券资金账户"存款的账户管理及客户的现金收付全部委托银行代理,自己主要受理委托买卖业务。没有银证转账的资金转账如图 7-6 所示,银证转账的资金转账如图 7-7 所示。

图 7-6 没有银证转账的资金转账

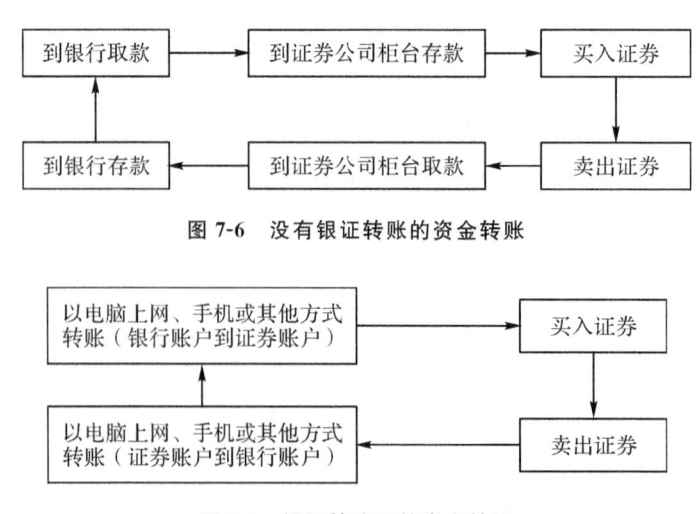

图 7-7 银证转账下的资金转账

(二)银行与券商的合作方式

目前,银行与券商的合作方式主要有以下几种。

1. 通过银行卡进行银证互转

此类银证互转是银行和证券公司通过手机、互联网等方式进行资金互转。

2. 用银行卡直接进行证券交易

即将投资者资金账户和储蓄账户合二为一,投资者只要选择在和券商合作的银行开户,就可以利用银行卡账户通过柜台、电话、手机、互联网等方式,进行股票交易。这种方式的特点是银行管资金,券商管股票。

3. 投资者通过商业银行和证券公司的联名卡直接买卖股票

券商和银行合作发行特定的联名卡,投资者持有此类联名卡,就可以在指定券商开户,进行证券的买卖交易,同时该联名卡还具有一般银行卡的功能。

第三节　网上保险交易

一、网上保险的含义

网上保险是指通过互联网进行网上保险经营活动,也称保险电子商务。保险电子商务有狭义和广义之分:狭义的保险电子商务,是指客户通过互联网完成全部投保流程,包括咨询、报价、出单和付费等;而广义的保险电子商务,则是指利用互联网等电子手段作为保险公司日常经营和管理的后台支持,从而使降低成本和提升效率的营销方式相结合。

值得注意的是,一般的电子商务,涉及资金流、信息流和物流的协调运转。而网上保险作为一种无形商品,只涉及信息流和资金流。

网上保险的具体程序包括以下几步:客户浏览保险公司的网站,咨询相关保险信息,选择适合自己的产品和服务项目,填写投保意向书、确定后提交,通过网络银行转账系统或信用卡方式,保费自动转入公司,保单正式生效。经核保后,保险公司同意承保,并向客户确认,则合同订立;客户则可以利用网上售后服务系统,对整个签订合同、划交保费过程进行查询。

二、网上保险的优势

由于网络所固有的快速、便捷等特点,网上保险与传统保险相比,具有以下优势。

1. 降低经营成本,提升效率,减少承保风险

我国长期以来保险公司的销售都是通过代理人和经纪人的营销来进行的,代理商和经纪人的佣金占到收入的很大比例,因此传统的保险营销成本很高。并且由于客户信息不对称,容易产生道德风险,从而使保险公司和客户双方利益受损。而通过网络销售保单,保险

公司可以省去目前花费在分支机构代理网点上的费用,同时也可以免除支付给传统保险经纪人和保险代理人的佣金。另外,保险险种、公司评价等方面信息电子化后可以节省掉保管费和印刷费等费用。与此同时,由于省去了代理机构,保险效益也得以提高。

2. 提高保险服务质量

保险公司通过互联网进行产品的销售,可以一天 24 小时不间断地提供服务,同时可以向全球各个地方的客户提供这些服务,完全不像传统的展业方式那样要受时空限制。而且客户的需求和问题可以直接通过网络与保险公司联系,顾客借助互联网,可以足不出户方便、快捷地访问保险公司的客户服务系统,可以在线查询诸如公司背景、保险产品及费率的详细情况,通过网络在线互动功能,极大地方便了保险双方的沟通和交流。除此之外,电子商务的出现加剧了保险公司之间的竞争,增加了保险公司竞争的透明度,使得消费者方便及时地了解到各公司保险产品和价格方面的信息,并根据自己可以接受的价格,更有针对性地选择自己需要的产品和服务,同时也提高了客户的满意度。

3. 提高保险企业的管理水平

开展网上保险以后,由于不受时空限制,减少了市场壁垒,为保险公司提供了平等的机会,但同时也加剧了行业竞争。在残酷的竞争下,保险公司会通过提供自己的特色服务来吸引客户,会致力于发掘新险种,同时完善保险服务以留住客户,这样有利于提高整个保险行业的管理水平。

三、网上保险的发展现状

(一)美国的网上保险

与网上证券类似,网上保险也是起源于 IT 服务业领先的美国。与其他金融领域在互联网上的快速发展不同,由于保险产品本身的复杂性,保险公司对于互联网的发展普遍采取了十分谨慎的态度。20 世纪 90 年代以前,美国保险公司通常通过代理商来销售保险产品,代理商尽量满足客户的保险需求,同时提供数据录入和档案存储、有效地处理申请单和购买活动等服务。同时也从卖出的每个产品中收取佣金。20 世纪 90 年代,美国国民第一证券银行最早推出在互联网上销售的保险产品,此后虽然各大保险公司纷纷推出了自己的网站,但大都是在网上发布公司及其产品的信息,在这个时期新进入保险领域的企业,如中立的保险网站,采取了更为积极的态度。成立于 1995 年的 InsWeb 是美国最早的网络保险服务公司之一,它在 1997 年的用户数为 60 余万人,到 1998 年即增加到 800 余万人[①]。据统计,1998 年有 86% 的保险公司在网上发布产品信息,因为保险产品过于复杂,客户很难在线购买,1999 年只有不到 1% 的家庭选择网上购买保险。成立于 1999 年的 eCoverage 是美国第一家所有业务活动均通过互联网进行的公司,改变了在此之前的通过网络销售的保单都需要与代理机构打交道才能完成的局面。

得益于监管当局对互联网保险业的保驾护航,美国网上保险业在进入 2000 年之后迎来了快速的发展。1997 年颁布的《全球电子商务法案》、2000 年颁布的《电子签名法案》、2001

[①] 唐金成,李亚茹,韦红鲜. 美国第三方网络保险平台 Ins Web 的兴衰启示[J]. 河北金融,2015(1):67-69.

年签发的《第五号函件》等法规,为互联网保险业务解决了合法性问题,并且为保险业务提供了操作指南,此后美国的互联网保险业进入了发展的快车道。越来越多的保险公司和投保人认识到了网上保险带来的成本降低等一系列的好处,保险公司开始将更多的资源投入网上保险,投保人对网上保险的接受程度也越来越高。而保险代理机构的数量则持续下降,规模小的代理机构关闭或合并到了大机构中。到2007年,美国所有的保险企业都开展了互联网业务。现在在美国通过网络购买保险已经成为一种常见的方式,出门旅游可以通过旅游APP购买旅游险,乘坐飞机可以在购买飞机票时购买意外险。

车险是网上保险中最主要,同时也是增长最快的一个险种。图7-8是美国领先的保险比价网站The Zebra统计的2011—2018年美国在线销售汽车保险规模情况,根据报告统计数据,美国2018年通过网上保险销售车险的保单比2011年增加了23.12%。可以看出,这期间保单收入的大趋势一直是持续增长的,其中2012—2013年中经历了一次负增长,此后每年汽车保险销售保持着一个较高的增长规模。

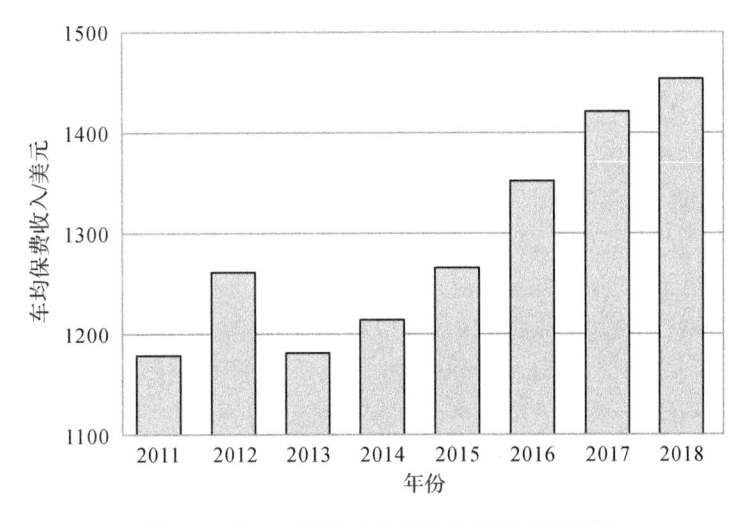

图7-8 2011—2018年美国汽车保险增长趋势

因为汽车保险相对简单,而且每年都会重复购买,整体容量也很大,所以汽车保险的在线销售得到了快速增长。大数据技术发展成熟后,美国保险公司迅速利用大数据和人工智能技术对传统保险产品进行了改良。由于美国的车辆保有量众多,因而车险是美国保险公司利润的重要来源。通过车联网、智能手机等联网设备考评驾驶员的驾驶指标(包括驾驶习惯、驾驶技术、驾驶环境和车辆信息等),并结合大数据所估算出人、车、环境等多维度模型,对不同驾驶员的保险费率进行差异化定价,这一套系统称为UBI(Usage Based Insurance)系统[1]。目前UBI系统用户主要集中在欧洲和美国,该系统推出以后迅速得到了保险公司的欢迎,在提高保险公司利润率的同时,也因为差异化定价给很多消费者节省了成本,受到了消费者的欢迎。Ptolemusubi公司数据显示,2017年全球有约1740万份有效UBI车险保单,同比增长26%,预计UBI车险市场在2026年将达到1150亿美元。

---

[1] 朱仁栋.车联网保险与商业车险改革[J].中国金融,2015(8):63-64.

(二)中国网上保险业务的发展

我国的网上保险始于1997年。1997年11月28日,中国保险学会与北京维信投资顾问有限公司共同发起成立了我国第一家保险网站——中国保险信息网(后改名中国保险网),它以提供保险信息、发布保险新闻、便利保险学术交流和宣传保险业为目的,开辟了保险咨询、保险黄页、险种浏览、投保意向和网上投诉等服务性内容。当天,新华人寿保险公司收到了客户的投保意向书,从而产生了我国第一张通过网络促成的保险单,这是我国保险业尝试网上保险迈出的第一步。

2000年3月9日,境内推出了首家电子商务保险网站"网险",真正实现了"网上投保",该网站先后推出了包括网上个人保险和网上企业保险两大类30余个险种。运营第一个月便收到99万元的保金。即便随着时代的发展,"网险"网已经消失在历史的洪流中,但是它的出现在推动中国电子商务发展的进程中起到了不可缺少的作用,预示着我国保险电子商务时代的到来。

与此同时,境内多家知名保险公司也相继开通了自己的网站,并陆续推出网上投保服务。2000年8月1日境内首家集证券、保险、银行及个人理财于一体的个人综合理财服务网站——平安公司的PA18推出,开创了境内先河。2000年8月15日,中国太平洋保险公司网站正式开通,也拉开了保险业建设电子商务的序幕。这类网站以公司为背景,有实体支撑。保险公司通过这个平台宣传保险产品与服务,提供险种信息与报价并拓展公司销售渠道,还可以通过网上门店开展各种客户服务、受理投诉,有些保险公司还运用网站调查市场需求、管理客户资料、设计保险方案等。

2013年,众安在线首次拿到互联网保险牌照;2015年前后,泰康在线、安心保险、易安财险3家公司也分别拿到了互联网保险牌照,标志着我国互联网保险的发展迈上新台阶。但是后来随着互联网金融监管的逐步严格,不再有新的牌照发放。

从市场数据上来看,我国互联网保险市场规模已经趋于成熟。根据中国保险行业协会统计的数据(见图7-9、图7-10),2012—2018年,互联网保险保费规模在2016年之前,一直处于爬升阶段,2014、2015年每年渗透率涨幅达到了4.9%。然而从2017年开始,互联网保费收入开始负增长,到2018年持续的疲软状态导致2018年末,互联网保险的渗透率降低到与2014年差不多的水平,行业发展由高增长态势陷入瓶颈。

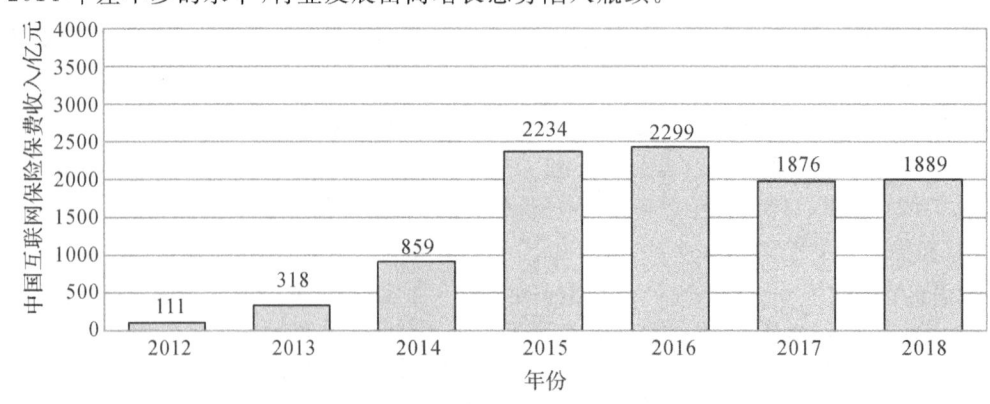

图7-9 2012—2018年中国互联网保险保费收入规模

资料来源:根据中国保险行业协会(http://www.iachina.cn)相关数据整理,以艾瑞咨询公司统计模型核算。

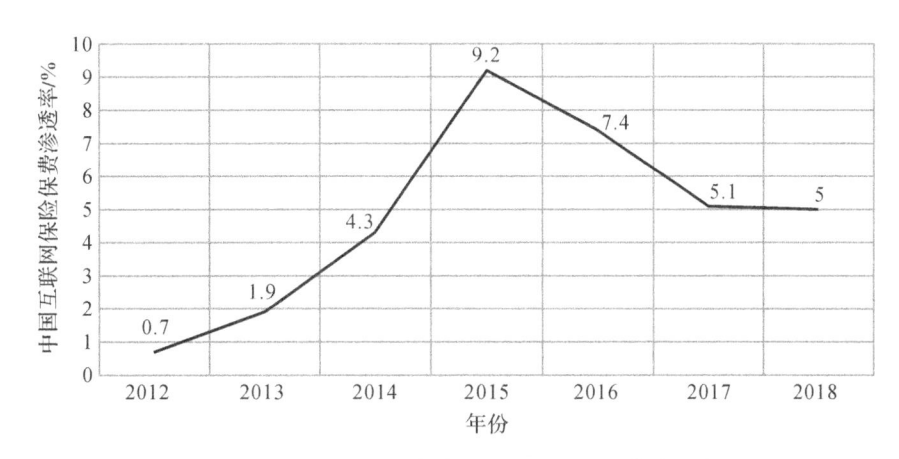

图 7-10 2012—2018 年中国互联网保险保费渗透率

资料来源:根据中国保险行业协会(http://www.iachina.cn)相关数据整理,以艾瑞咨询公司统计模型核算。

2020 年 6 月,银保监会出台《关于规范互联网保险销售行为可回溯管理的通知》,就互联网保险的销售行为进行了规范,有效地维护了被投保人的权益。

在网上保险的发展过程中,还出现过网络互助组织投身线上保险的例子发生。2018 年 10 月 16 日,蚂蚁金服、芝麻信用和信美人寿联合推出了"相互保",以蚂蚁金服为投保人,向信美人寿投保团体重疾险,部分支付宝用户可以加入蚂蚁金服的投保团。该模式的亮点在于"先赔付、后分担",因而吸引了不少用户的参加。但 2019 年 4 月 12 日,银保监会向信美人寿下达处罚决定,给予了这一保险创新的定性结果。随后,"相互保"改名"相互宝",完全脱下团体保险的外衣,变身为医疗互助平台。

除了相互宝这一互助平台,还有诸如水滴筹、轻松筹等线上医疗互助平台,这类平台借助社交媒体进行信息的传播,从而扩大自己的影响力。但是近年来随着此类市场的扩大,也出现了部分不正当竞争和违反社会公序良俗的事情发生。此类平台在医疗互助基础上,充分利用渠道优势开拓保险的销售,目前此类渠道已经成为网上保险的重要销售媒介。

经过多年的发展,目前我国互联网保险业整体呈现出以下特点:保险市场潜力巨大,互联网保险产业仍大有可为;专业化趋势加强,市场业务及产品不断丰富;销售渠道更加丰富,产品服务场景多样性;监管力度加大,业务合规性审查趋于严格等。

四、网上保险的经营

(一)网上保险的经营模式

从境内外网上保险的发展状况来看,网上保险有两种经营模式。

1. 完全基于网络的全新的保险企业

这类网站是指经营保险业务的电子商务企业,它没有可依托的传统意义上的保险公司,所有业务的开展都通过网络来进行,是一种较为纯粹的网上保险公司,也称为虚拟保险公司。虚拟保险公司能够提供个性化的服务,具有很高的灵活性。1998 年成立的美国 eCoverage 就是一家通过互联网提供从报价到赔偿全套保险服务的企业,仅凭数年的发展就已与美国的其他大公司一道跻身于保险产业巨人之列。在相关政策完善和我国互联网技术发展的支持下,于 2013 年成立了我国第一家该模式的互联网保险公司,众安在线。其总部位于上海,不设任何分支机构,完全通过互联网开展保险业务,由保险+科技双引擎驱动,是提供个性化、定制化、智能化的新型保险公司,截至 2019 年,其服务的人数超过 4.8 亿人,总保单突破 80 亿张。

2. 传统保险公司通过网络开展业务

按照这类模式开展网上保险业务的公司,可以通过公司自建网站,也可以通过第三方平台来开展相关业务。

保险公司网站是目前比较常见的保险电子商务模式,传统保险公司建立自己独立的网站,能够旨在宣传公司产品和服务,销售保险产品,提供咨询、索赔等保险服务,其作用可以概括如下。

(1)宣传公司及产品,树立公司及产品形象,提高公司知名度。

(2)扩展产品销售渠道,允许客户在网上购买保险。

(3)保险公司通过电子商务对客户资料进行管理,有利于保险公司同客户进行及时、有效、明确的沟通,赢得更多忠实的客户,同时也有利于保险公司经常检查保险标的的风险状况,督促投保人改善防灾条件,降低赔付风险。

(4)提供增值服务。如一些境外的保险公司的网站提供投资基金的情况,利于客户综合理财。

此类网站往往拥有明确的业务和顾客资源,有母公司强有力的支持。这种模式为传统保险公司提高管理水平、整合内部和外部资源、实现跨越式发展提供了前所未有的机遇。前述提到的 PA18、泰康在线均属于这种模式。

传统保险公司也可通过第三方保险商务平台来销售保险。这类网站既不是网上保险公司,也不是网上保险经纪人,它们的定位是保险行业的技术服务提供者,是一个开放性保险商务专业平台。它们通过在互联网上建立交易平台、内容平台等,介绍行业内的信息和资讯,进行不同保险公司行业的比较,并给出建议和投资组合分析,让广大的投保人可以在保险公司中"货比三家"。这类大型保险中介网站的出现,将有效避免中国网上保险启动初期网站重复建设的弊病,实现集约化。"易保""中民保险网"均属于专业的第三方网站。

(二)网上保险的内容

无论采用哪种经营模式,网上保险的内容是相似的。通常,保险公司开展网上保险的主要内容有:在线宣传、在线销售、在线客户服务和在线合作。

1. 在线宣传

保险公司可以在线宣传自己产品的种类、特点、费率、投保说明等。利用网络进行在线宣传,对于保险公司而言,不仅成本低廉,而且可以有效地针对客户需求进行互动宣传。同时,通过与一些重要的保险中介机构、保险监管机构、相关学术机构建立链接,能够有效地将公司服务和经营理念等予以宣传,有利于拓宽销售渠道,新保险机构可以通过互联网平台将服务快速延展到全国市场。

2. 在线销售

适合在网上销售的保险产品一般是那些只用少量参数就可以描述和定价的保险,如汽车、私人责任、房屋业主、家庭财产及定期人寿保险等。投保人可以直接在网上投保,保险公司根据投保人提供的信息会给出产品的报价。有的公司还会针对客户的需求,由专家提供各种适宜的保障计划,供客户自由选择,提升服务品质,实现精细销售。客户选择好产品后,按要求详细填写投保单和其他表格,通过网络传给保险公司,公司通过电脑核保后(要做身体检查、财产或生存调查的除外),客户就可以通过网上银行缴纳保费,保险公司出具保单。

3. 在线客户服务

客户服务是保单售后的一项重要工作。在传统的代理人营销机制下,代理人队伍不稳定往往造成很多"孤儿保单"的出现,从而损害投保人的利益。而在网上保险的开展过程中,保险公司可以通过网络、APP 推送消息、人工智能客服等方式维持与客户的关系,来了解客户的需求和意见,从而可以更好地做好售后客户维护工作。

4. 在线合作

保险公司的网站可以通过与保险代理机构网站、保险经纪网站、银行网站、汽车销售公司网站、房地产销售商网站、证券公司网站、旅游公司网站等相互合作,提供一揽子的在线销售服务来延伸保险公司的业务触角,同时又可以与有关机构形成资源共享。

(三)网上保险过程

通常,投保人的网上保险过程包括:浏览网站、选择产品和服务、填写投保意向书、核保及承保、订立合同、交纳现金和保单生效。

(1)明确客户想要购买的险种,了解保险各险种的分类。

(2)在网络上浏览、咨询、比较保险公司并选择符合自身需求的产品和服务。

(3)客户根据要求填写投保意向书,完成后等待保险公司核保。

(4)保险公司核准是否允许投保。核保有实时核保和延时核保之分。延时核保与实时核保的区别是,当客户递交保单后,可以离线等待,在方便的时候,再来网站查询核保结果。保险公司核保无误后,将信息反馈给投保人。

(5)投保人确认并正式电子签名,订立保险合同。

(6)投保人通过网上支付方式缴纳保费。

(7)保险公司在收到保费后,投保人出具电子保单,或者通过邮寄方式,将保单递交到客户手中,至此,网上保险过程即宣告完成。

目前,各大保险公司都推出了手机端的保险服务应用,用户可以非常方便地在手机客户端或者是微信客户端完成险种查询、保险购买、网上支付、保单查询、出险理赔等各种业务环节。

五、网上保险的运行方式

(一)网上保险的基本运行方式

网上保险以电子商务的基本运行环境为支撑框架,以保险公司的实质经营内容为核心,利用电子商务的特性来优化保险公司的经营管理。它并不是改变保险公司的展业、承保、核保、理赔等基本的业务流程,而是利用信息技术的支持,通过开放性环境,与其他相关部门的网络组成电子商务运行环境,提升保险服务的效率,以及利用互联网的高度互联化的特点,提供投保后的配套服务,形成服务生态圈。如前所述,一个完整的网上保险销售流程包括浏览网站、选择产品和服务、填写投保意向书、核保及承保、订立合同、支付和生成保单。不难看出,参与网上保险的实体有 4 类:投保人、保险公司、银行及认证中心。图 7-11 反映了这 4 类实体在网上保险销售过程中的相互关系。

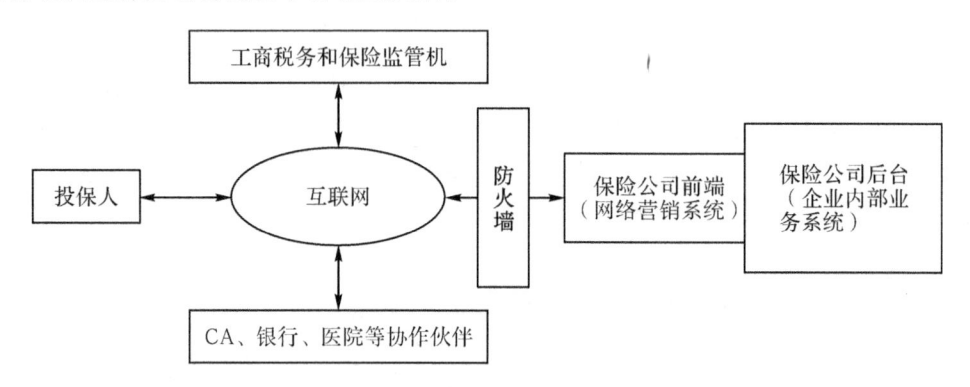

图 7-11 网上保险的基本运行方式

图中,CA 为从事保险电子商务的投保人和合作伙伴发放数字证书和提供认证服务,银行为其客户提供网上保险的支付服务。要实现完整的网上保险会牵扯很多方面,比如发卡机构、支付网关、医院等相关机构验证、核实等环节。这几类实体机构相互协作,保证了网上保险业务的流畅顺利进行。

(二)网上保险的流程再造

1. 业务流程改造

网上保险销售的业务流程中,速度就是竞争优势。组织架构的灵活程度和外部的随机应变能力是决定销售速度的重要因素。在网上营销的过程中,不仅要求保险公司和消费者进行即时的交流互动,同时也要求公司各个职能部门之间能够以更快的速度交流业务信息,以提供更高效、更高质量的保险服务。这要求保险企业进行流程再造,即在发展互联网技术和引进高素质人力资源的基础上,调整冗余的组织构成,按流程和业务任务重新组合,从而形成为完成管理或业务任务的跨功能团队,并为跨功能团队赋予足以胜任工作的权力,同时也让其承担相应的责任。

网上保险并不改变保险公司的展业、承保、核保、理赔等基本业务内容,而是依靠信息技术改变这些基本业务的处理方式。从信息技术层面来看,网上保险系统是保险公司网站和其内联网的基础,它发挥着保险公司业务流程的传导载体的作用。

对业务流程中的每一个环节,都要想清楚两个问题:一是该环节由谁来做、做什么、与其他环节的接口如何实现、需要什么样的信息和多少时间等;二是需要始终强调的原则是,设计出来的新业务流程应能更充分满足消费者的需求,进一步降低保险公司的经营管理成本。

2. 管理流程再造

随着互联网的发展,促使保险公司重新设计业务流程,而业务流程的有效运转还必须依靠相应的组织结构去计划、组织、协调和实施。

传统保险公司的组织结构是金字塔形,存在很多弊端,诸如管理机构臃肿、管理层级多造成管理成本上升,信息传递不畅导致管理效率低下,一线员工自主性小、没有系统培养等问题。

网上保险业务的发展,给传统的保险公司组织结构带来了诸多改变。首先,互联网和局域网技术的应用,代替了公司许多基层人员(特别是其底层庞大的代理人)的工作,减少了中层管理幅度;其次,大量信息能够借助局域网及时、快速地处理和传递,可缩减公司中间管理人员的层次和数量;最后,随着网络通信技术的进一步发展,甚至还可能缩减分公司数量。网上保险的发展使保险公司组织结构由传统的层级冗余的"金字塔形"转变为"钻石形"。"钻石形"组织结构缩减了管理层次和幅度,更有效地把公司的内部资源利用起来,使组织内部信息流通更加顺畅,同时使得组织架构配合业务模式的改造,在高效运转的同时也缩减了管理成本。

六、在线销售方式与特点

(一)在线销售方式

保险行业的发展,保险主体日益增多,市场竞争愈演愈烈,渠道建设已成为保险公司的核心工作内容。

目前在线销售的方式主要以保险公司自建的网上保险商城(如平安保险、人民财产保险、太平洋保险、阳光保险等公司)为主,自建网站的保险公司往往拥有明确的业务和顾客资源,有线下强有力的支持。这种模式为传统保险公司提高管理水平、整合内部和外部资源、实现跨越式发展提供了前所未有的机遇。

(二)网上保险销售的特点

近年来,随着移动端应用的广泛使用和普及,各大保险公司都在自建网站的基础上,尝试开发各自的专属移动应用,以实现随时随地的移动端品牌推广、销售、投保和理赔,网上保险销售越来越呈现出以下特点。

1. 场景化、高频化、碎片化

大多数产品属于基于互联网平台的相关服务设计和销售的保险产品,大多具有场景化、高频化和碎片化的特点,比如退货运费险、快递延误险等,这些保险产品具有条款简单、价格低廉、交易便捷和在线理赔等特点。

2. 平台多元化

互联网保险平台逐渐多元化,从纯互联网保险公司和传统保险公司逐渐发展到线上平台模式。此外,还存在开展保险销售业务的电商平台及第三方保险中介平台。

3. 目标市场非常明确

退货运费险、账户安全险、外卖延误险等保险产品层出不穷,充分结合了互联网消费的各个环节和场景,与经济发展及消费投资热点紧密联系,这些险种交易成本低,高效便捷,也填补了传统保险险种的空白,并且很受消费者的欢迎。

4. 服务便利

消费者可通过网络咨询产品信息、投保并理赔；同时，互联网保险平台也可以利用平台收集客户使用行为数据，可以不受时空限制进行售后服务，推荐产品并及时了解用户需求。

七、我国发展网上保险的机遇与挑战

(一)机遇

互联网的出现，给金融服务行业带来了革命性的变化。网上保险投保手续简便快捷，支付方式日益丰富，产品种类越来越丰富，服务体系越来越完善，价格也越来越实惠，这些因素使得网上保险在全球范围内迅猛发展。

2001年中国加入 WTO 后，我国的保险市场加速对全球开放，外资及合资保险公司大量涌入，冲击着境内传统的保险企业。境内大型保险公司，如人民保险及中国人寿保险所拥有的原有市场业务量逐年下降。在上海这座国际化大都市，友邦、金盛、信诚、中宏等外资和合资保险公司凭借其优秀的品牌知名度和客户信任度，不断追赶本土传统保险公司，中国保险市场面临着激烈的行业竞争。

面对外来保险公司的激烈竞争，网上保险或是我国保险业也有着极好的发展机会。一方面，我国保险市场庞大。国际上通常用总保费收入、保险深度（保险费总收入与国内生产总值之比）和保险密度（保险费总收入与国民总人数之比）这3个指标来衡量一国保险市场的发达程度。根据国家统计局公布的《2019年国民经济和社会发展统计公报》，2019年我国保险密度为3046.07元，保险深度为4.3%，与主要发达国家相比还存在差距。另一方面，由于网上保险是一个新兴的产业，各保险公司几乎处于同一起跑线，机会均等，能够抓住机遇的保险公司便可脱颖而出。我国目前监管层只发放了少量互联网保险牌照，其他保险公司可以充分准备，等待后续的机会。

(二)挑战

然而，要想我国网上保险行业取得长足发展，还有许多制约因素需要改善。

1. 观念及意识的调整

我国保险业起步较晚，1980年才恢复保险业务，1995年才颁布《中华人民共和国保险法》，1997年网上保险才起步，1998年才成立保监会，2018年银监会和保监会合并成为银保监会。受行业发展和社会结构、文化背景、生活习惯的影响，居民的保险观念和意识有待于进一步提高。从整体上看，相对落后的保险消费观念在一定程度上影响了当前保险行业的发展，尤其是居民对寿险产品的需求；另一方面，保险产品本身的专业性和复杂性，使得在当前的保险销售中，尤其是寿险产品的销售中，主要还是依赖销售人员面对面的介绍和解释。因此，转变境内居民的保险观念，一方面要让居民了解保险行业，树立通过投保防范风险的意识；另一方面，还要通过各种方式提升居民对保险产品的理解和认识，使居民从传统的代理保险模式转变到网上保险上来。

2. 互联网硬件环境与网络安全的进一步改善

21世纪以来，我国的信息网络系统发展很快，但从电子商务的要求看，网上保险涉及银

行、CA认证机构等多个行业,技术、资费、服务水平和质量等方面都还存在提升空间。此外安全性仍存在问题,保险公司和投保人的身份识别、投保过程的保密、个人隐私保护、黑客的入侵、客户记录的保存和管理等环节均存在风险。我国在第十三届全国人大常委会第二十次会议上对《中华人民共和国数据安全法(草案)》进行审议发布,进一步确立了数据分级分类管理及风险评估、监测预警和应急处置等数据安全管理各项基本制度,大幅度提升了国家层面上的数据安全管理和监控。但是在网上保险公司等层面,要想进一步发展网上保险,仍有待进一步改善互联网硬件与网络安全环境,提升用户的信任和满意度。

3. 法律与标准的完善

当前,我国关于保险业的法律法规还存在一些漏洞,客户在保险消费方面得不到全面的法律保障。可以看到近几年政府、银保监会等出台了一系列标准和法规,在一定程度上防范和化解了互联网保险业务的风险隐患,但是互联网是一个日新月异的行业,而且法律本身存在一定的滞后性,还需要进一步完善互联网保险行业的标准与法律,深刻认识到没有完善的法律规范的市场是不会有长久发展的。

4. 产品的丰富和服务的提升

在客户需求多样化的今天,单一的保险品种已经远远不能满足需求。保险公司应当推进险种创新,积极开拓有特色、技术含量高、满足客户个性需求的新险种,以应对产品竞争。此外,推进服务手段的创新,切实抓好对客户售前、售中、售后服务和综合理财服务也格外重要。保险公司要采用多种服务手段,如开设门店、设立呼叫中心、组织金融保险超市、发展银行代理业务等,多元、便捷地服务客户,真正建立一支真诚而稳定的客户群,为企业永续经营打下基础。

5. 保险公司现有经营能力和经营模式的改进

我国保险企业在产品设计、承保技术、管理方式、人才素质等方面均与保险业发达国家存在较大的差距。这种差距一是体现在信息化建设上,二是体现在从业人员的素质上。

网上保险公开透明的特点,使得客户信息、产品设计及内部管理信息的数字化成为保险公司新时期的核心竞争力。保险公司加快内部信息化建设步伐,需要从经营战略的高度出发,提高业务员在线处理客户需求的能力。只有保险企业内部信息化步伐加快和管理水平提高,才能为外部的电子商务提供有效的支持。

提高从业人员素质,努力培养专门人才。面对不断发展的环境变化,以及未来混业经营的挑战,保险企业员工必须全面提升自身能力和素质,保险公司也应下大力气在年轻一代中培养跨领域专门人才,以储备未来保险企业的领导型人才。

第四节 区块链简介

互联网时代也被称为信息互联网时代,日常工作生活中利用互联网获得和交换信息已经成为当前社会一个非常重要的特征。但在此过程中,也存在网络入侵、信息泄露等信息安全问题,导致互联网作为信息交换的中介在提供信息交换的过程中及在价值交换中存在许多安全隐患。

2008年,一名自称中本聪(Satoshi Nakamoto)的人在P2P基金会(P2P Foundation)网站发表了一篇题为《比特币:一种点对点的电子信息系统》的文章。这篇文章介绍了比特币的概念:它是一种完全通过点对点技术实现的电子现金系统,通过随机数列——哈希散列对全部交易加上时间戳(Time Stamps),一旦盖好时间戳,任何人就无法破解和更改任一交易的历史信息。

比特币交易需要的所有数据信息会全部记录到区块上并以时间戳签名来作为认证,其本质是一个数据块,该数据块通过签名来进行身份验证,并与其他区块连接起来形成"区块链"。作为新兴数字货币"比特币"的核心,区块链技术的实质是分布式的去中心化的数字账本。系统中的所有节点都记录了每笔交易,并验证生成区块、再协调和同步。区块链技术的应用,创新性地实现了利用密码学代替信任机制,让区块之间进行点对点传输,进而形成了不容篡改的分布式结构数据库,既保证了隐私安全又确保了信息的真实性和完整性。区块链技术的应用,有可能让互联网金融脱离第三方机构的信任担保,直接在单独的节点之间建立起点对点的信任关系,以解决现有的依赖第三方信任机制可能产生的问题。在互联网金融领域,区块链技术正因其去中心化的结构和高容错性,逐渐展现出巨大的影响力,并促使"互联网+金融"进入新的时代。

国际知名技术咨询公司高德纳(Gartner)在《2019年区块链技术成熟度曲线》中指出,分布式账本将在两年内达到生产成熟期,区块链、共识机制、智能合约等还需2~5年,零知识证明、区块链互操作性等还要5~10年。当前,在大量实践探索的基础上,部分对区块链技术使用条件的要求逐渐清晰(见图7-12)。

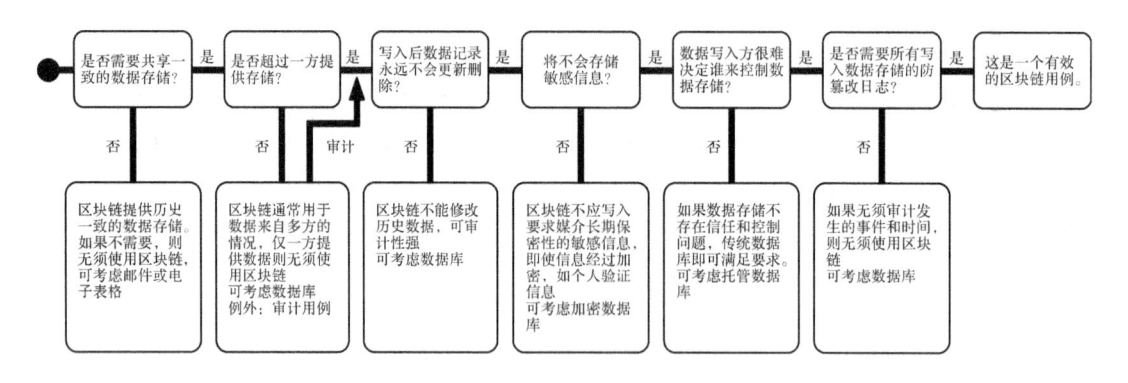

图7-12 区块链适用性分析流程

资料来源:美国国家标准与技术研究室《区块链技术概览》,https://www.weiyangx.com/345481.html。

一、起源:区块链来源的4种认识

(一)账本演变论:分布式共享的账本

人类记账方式从依靠自己的记忆,到原始社会的结绳记事,再到现在的单式或复式记账,记账方式发生了巨大的改变。但是经由人工的记账本往往都存在信息不对称及信任的问题,企业所有者对企业经营者提供的信息并不完全可以确保信息的真实性,因此,能够保证信息真实和信息完整的分布式共享账本可以解决信任问题。区块链的本质就是一个分布式共享账本。

(二)价值转移论:从信息转移到价值转移

互联网可以让信息高速且低成本传输,却无法传递货币价值。因为在互联网中信息是可以分享的,复制粘贴是有效的,但是货币价值的复制却是无效的,一个用户钱增加,另一个就要减少。像货币这种只能转移不能分析的有价值信息通常需要第三方信用背书。目前的互联网协议(TCP/IP)是不支持价值转移的,所以目前价值转移是通过一个中心化的第三方来做背书(如支付宝/银行)的。

然而这种通过第三方进行价值转移的潜在问题在于第三方处理一定会有人的参与,人具备的"有限理性"和"机会主义行为"等属性让整个第三方系统变得不可信,区块链的出现让价值转移中对于第三方信任的问题迎刃而解,它可以在没有第三方信用背书的情况下,在一个开放式的平台上进行点对点的远距离安全支付。

(三)信用成本论:数字化公信力

相信一个系统或者平台意味着付出精力和资源,在能力和资源有限的情况下,要降低信用成本就会促使他们寻求公信力强的对象。公信力意味着群体信任,区块链可以用算法证明机制来保障数字化公信力,其特点在于:①分布式的,每个节点都有备份信息。如果改一个,其他也会改,会被发现,丧失公信力。②在区块链公信力模型中,区块链不制定政策,只是一个公证人的角色,是政府建立和执行政策的工具。③区块链是用基于共识的数学方法,在机器之间建立信任并完成信用创造。

(四)技术创新论:比特币需求驱动技术创新

区块链是未来满足比特币独特需求而创造的。区块链的产生是伴随着比特币的出现而出现的,区块链体现了比特币的可供性,这种载体提供了一种更为广阔的交互可能性。

二、区块链技术的形成过程和特性

(一)区块链的形成过程

区块是由包含数据的区块头和包含交易数据的区块主题共同组成的,其中区块头数据的构成部分主要包括:用于连接前面区块或者索引自父区块哈希值的数据、挖矿难度、Nonce(随机数,用于工作量证明算法的计数器)、时间戳及能够总结并快速归纳校验区块中所有交易数据的默克尔(Merkle)树根数据。将区块链接起来就是区块链。具体说明如下。

1.区块链通过哈希算法对交易信息加密

哈希算法是区块链中保证交易信息不被篡改的单项密码机制。哈希算法接收一段明文后,以一种不可逆的方式将其转化为一段长度较短、位数固定的散列数据。哈希值的不可逆和一一对应的特点能保证唯一准确标识一个区块,哈希值没变说明区块中的信息没有被篡改。交易信息加密后生成交易 ID(Transaction ID,TXID)。

2.时间戳对应的是每一次交易记录的认证,证明交易记录的真实性

时间戳服务器是一款基于 PKI 技术的系统,生成之后不可以篡改。在需要验证时间戳时,首先验证时间戳中的数据是不是用户哈希值计算得到的结果,其次验证时间是否为签发时间。如果两项中任何一个不通过,就证明用户的数据经过了篡改。

3.区块链利用 Merkle 树的数据结构存放所有叶子节点的值,并生成一个哈希值

叶子节点存储的是数据信息的哈希值,非叶子节点存储的是对其下面所有叶子节点的组合进行哈希计算后的哈希值。区块中任何一笔交易信息的改变都会使 Merkle 树发生改变。

图 7-13 展示了区块链的形成过程和组成要素。

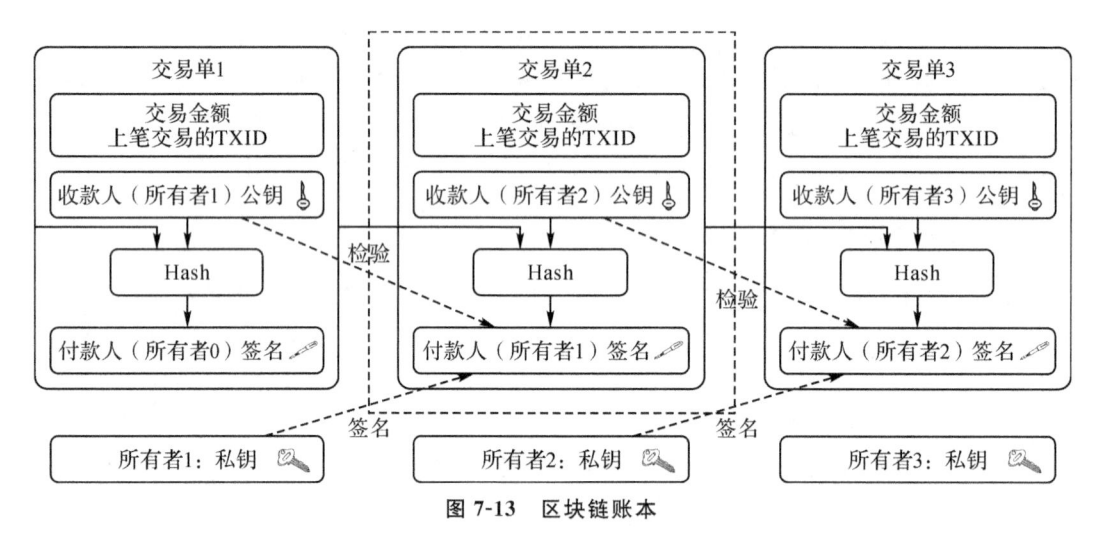

图 7-13 区块链账本

资料来源:董宁,朱轩彤.区块链技术演进及产业应用展望[J].信息安全研究,2017,3(3):200-210.

(二)区块链的特性

区块链技术的特性可以总结为以下几点。

1.去中心化

在分布式基础上进行去中心化,就是将原有的核心分散到各个节点上,实现了信息自我验证、传递和管理,强调每个点的独立性。

2.透明性

区块链上任一节点的信息,都是共享在其他节点上的,确保信息的真实性、一致性和完整性。

3.安全性

区块链的特殊加密算法决定了它的安全特性,因此区块链上的任何节点都不会被外部篡改。

4.开放性

区块链的技术是开源的,任何具备实力的人都可以参与到区块链技术的研究中,整个系统信息高度透明。

三、区块链技术的进化

从对区块链技术的应用及对未来世界应用的展望来看,区块链的进化主要分为3个阶段:区块链技术1.0时代、区块链技术2.0时代及区块链技术3.0时代。

(一)区块链技术1.0时代:数字货币

比特币是构成数字货币生态系统基础的概念和技术的集合。它的产生应用了区块链的技术,是一种用计算机的数据实现"钱"的表现方式,可以用来支付、交换和交易。比特币具有货币的属性,但相比于国家发行的信用货币,比特币的特点表现在不与实物或团体挂钩,只有拥有数字货币对应密钥的用户才有权操作,用户对比特币拥有完全的控制权,且比特币总量固定,不存在通货膨胀的问题。

1. 挖矿活动的具体过程

比特币的生产被称为"挖矿"(mining),通过寻找一个数学谜题的解来获得比特币,这些数学问题必须要用计算机来完成,用户需要运行完整的比特币协议的客户端,作为"矿工"来参与挖矿。算力越大的计算机越有可能解出越多和越困难的问题,全球每天都有许多比特币"矿工"参与挖矿,直到达到协议中约定的上限2100万为止。挖矿活动的具体过程如下。

(1)每个节点以本地区块链中最后一个区块的内容为输入,计算其哈希值(见图7-14)。

(2)比特币的挖掘者们将接收其他节点发布或转发的交易单,进行筛选与检测,剔除掉已经被包含在区块链中的旧交易单、余额不足的或是有其他错误的交易单。

(3)根据比特币协议要求,创建新区块交易单时,随机选取一个数字(Nonce),通过将这个数字与前面得到的哈希值、合法的交易单内容一起作为输入内容,得到一个新的哈希值。

(4)检测这个新的哈希值是否小于当前的难度阈值,如果是,则挖矿成功,生成一个新的区块并向全网广播,如果哈希值不符合条件(大于阈值),则从第二步重新开始。

(5)其他节点接收这个新计算出来的区块,并验证其是否符合规则。若有足够多的节点验证了该节点的区块是唯一有效的,其他节点将接受该区块并附加到其区块链上。完成这一过程的矿工将获得相应的比特币,每十分钟网络就会形成一个新的区块。

(6)如果在挖矿的过程中,收到了其他节点传来的新合法区块,则将这个区块加到本地区块链的末尾,从第一步开始重新挖矿。

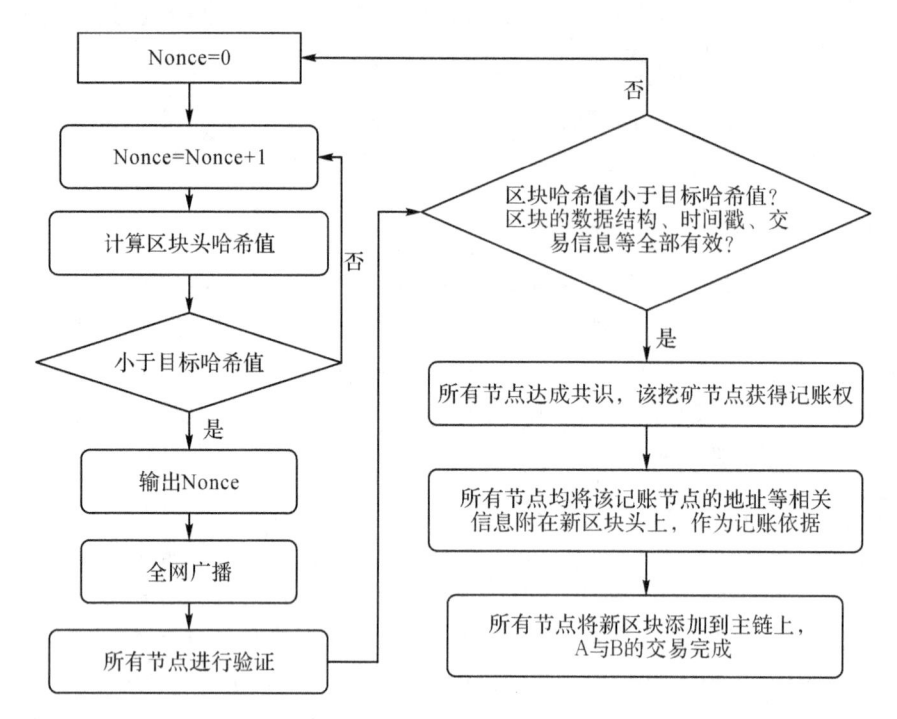

图 7-14 挖矿记账流程

2.区块链技术1.0的特征

具体而言,区块链技术1.0具有以下特征。

(1)分布式账本

网络节点(成员)之间共享、同步和协调的数据库,记录着整个系统参与者们之间的交易。

(2)块链式数据

采用带有时间戳的链式区块结构进行数据存储,从而为数据增加时间维度,使其具有可验证性和可追溯性。

(3)Merkle 树

Merkle 树是区块链的重要数据结构,可以快速归纳和校验区块数据的真实性和完整性。

(4)工作量证明

引入分布式节点的算力竞争,能够通过工作量证明系统有效地认证节点在生成新区块的时候完成了相应的工作量,保证了数据的一致性和安全性。

(二)区块链技术2.0时代:智能合约时代

1.概述

区块链技术1.0是在金钱交易上实现脱离第三方信任机构的去中心化的点对点交易技术,区块链2.0进入可编程区块链阶段,在这一阶段实现行业中的去中心化。区块链将进一步深入经济、金融和资本市场,运用在各种协议中,形成股票、期货、众筹、养老金、公证、贷款合同、抵押、产权、智能财产的智能合约。除了构建货币体系外,区块链在泛金融领域也得到了广泛应用。

智能合约概念是1994年尼克·萨博提出的,其定义是一套以数字形式定义的承诺,包括合约参与方可以在上面执行这些承诺的协议。因此智能合约是可以在没有法律条约及纸质签名合约的情况下,通过编程的方式,编码可以自动运行的业务逻辑强制约束建立合约的双方。智能合约一旦设立完成后,能够无须中介的参与自动执行,并且没有人可以阻止它的运行。

2. 区块链技术2.0的功能

具体而言,区块链技术2.0具有如下功能[1]。

(1) 智能合约

智能合约是一种旨在以信息化方式传播、验证或执行合同的计算机协议,能够在没有第三方机构的情况下进行可信任交易。

(2) 虚拟机

虚拟机是指通过软件模拟运行在一个完全隔离环境中的完整计算机系统。在区块链技术中,虚拟机用于执行智能合约编译后的代码。

(3) 去中心化应用

在分布式网络上,参与者的信息被安全保护,通过网络节点去中心化地加以应用。如以太坊(Ethereum)的去中心化区块链(其架构如图7-15所示)及原生数字货币以太币(Ether)。

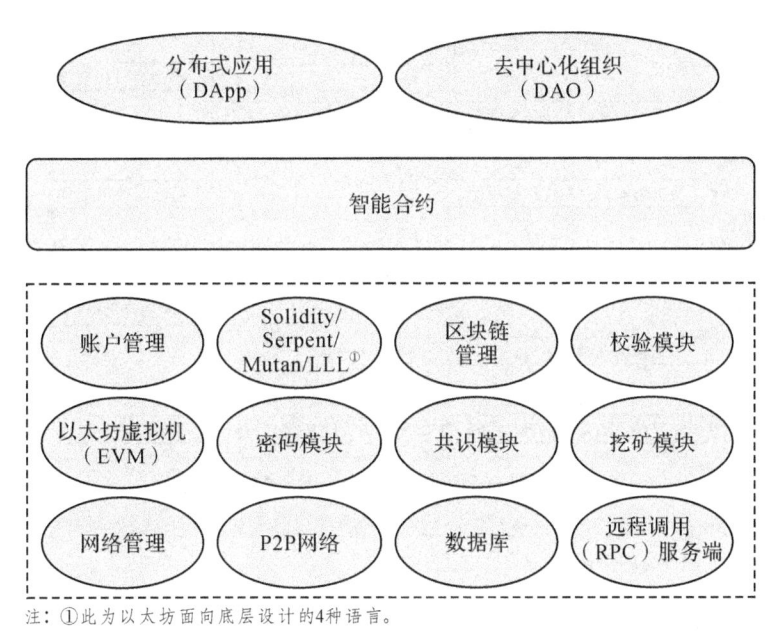

注:①此为以太坊面向底层设计的4种语言。

图 7-15 以太坊架构

---

① 陈晓红,任剑,余绍黔. 区块链技术及应用发展[M]. 北京:清华大学出版社,2020.

(三)区块链技术 3.0 时代:区块链治理时代

区块链技术 2.0 时代实现以智能合约为代表的可编程金融,而区块链 3.0 会超越金融领域,可以理解为是可编程社会,走向社会治理、智能化领域。主要将区块链应用在政府、健康、科学、文化和艺术的管理上,为各行各业提出去中心化解决方案,在人类的社会活动中产生巨大的影响。在社会活动中,不再依靠某个第三人或机构获取或建立信任关系,就能实现信息共享。

赛迪发布的《2020 年中国区块链发展现状与展望(上半年)》报告中,区块链逐渐在政务服务、司法领域、医疗健康、产品溯源、公益慈善、社区服务、智慧城市等众多领域展开应用尝试并落地实施。

四、区块链技术在金融服务中的应用

区块链技术在支付与结算、贸易金融、证券交易等金融场景的应用日渐增多,部分应用项目已开始从概念验证迈向生产实践。部分金融场景环节的区块链应用逻辑如图 7-16 所示。图中可以看到在金融领域大部分业务都存在着信息不透明、信任缺乏、中间环节复杂、成本高、数据安全等问题,区块链技术对于解决这些复杂的难题起到了非常重要的作用。

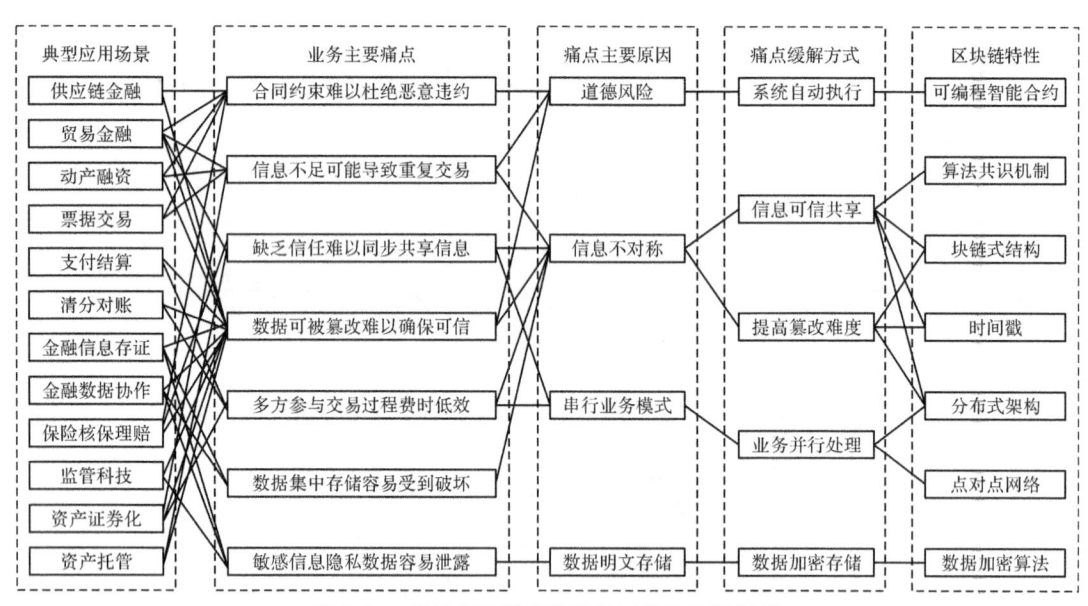

图 7-16 部分金融场景环节的区块链应用逻辑

资料来源:根据中国互联网金融协会区块链研究工作组专题《区块链技术在金融领域应用调查研究——专注金融科技与创新》绘制,https://www.weiyangx.com/345481.html。

商业贸易和金融贸易的支付结算大多需要借助银行系统进行,而传统的银行交易则需要通过对外开放的合作来完成,具体包括开户银行、代理银行、清算机构乃至中央银行,经历复杂漫长的过程和高难度的交易处理,其中,每家银行都有独立的专属会计制度,每笔交易需要通过很长的操作流程记录在各自的银行系统中,相比传统银行,区块链技术可以为参与的所有机构带来便利,跨越第三方中介,提高交易速度,节约人工和时间成本。

在实践方面,目前已经有许多成功尝试区块链应用于金融服务的例子,如贸易的支付清算服务领域,利用区块链应用的智能合约特征,加速和保障交易进行。传统的金融服务存在交易流程复杂、时间长、费用高等问题,而基于区块链技术的结算过程让汇款收款双方直接交易,减少了交易成本,增加了结算速度,成功的例子有 IBM、Ripple 推出了基于区块链技术的跨境支付服务;巴克莱银行借助一家以色列公司的区块链平台实现了基于区块链的定制技术下的贸易文件转移,实现了更加快捷高效的信息共享[①];澳大利亚证券交易所利用区块链实现了与银行账户的连接,使得买卖证券双方的资金可以即时到账。

另外,在证券发行与交易领域,传统的证券交易中可能出现用户的账号密码泄露,遭受恶意攻击等券商管理中的安全隐患,去中心化的区块链技术应用的特征可以省去冗杂的中间环节,缩短交易期限。信息公开透明也会减少信息不对称性,例如,IBM 与多国银行合作开发了区块链贸易融资平台 Batavia;美国纳斯达克证券交易所基于区块链的证券交易系统,并提供私募股权发行交易服务;日本交易所集团正推进区块链技术在资本市场基础设施领域的概念验证测试[②]。

在保险领域,我国也开始了区块链应用落地。2020 年初,上海保险交易所举行了"保险行业区块链应用技术标准制定工作启动暨区块链保险应用白皮书发布仪式",会上发布了由中国信息通信研究院和上海保险交易所领头并且有十家业内外机构共同编写的《区块链保险应用白皮书》。保险业最重要的基础就是信任,而区块链技术具有的数据安全性和去中心化等特征有助于解决保险行业里一直存在的信任问题,如保险欺诈、骗保、索赔难等一系列问题。2019 年底,银保监会发布《中国银保监会关于推动银行业和保险业高质量发展的指导意见》,指出银行保险机构要增强金融产品创新的科技支撑,充分运用区块链、人工智能等新兴技术,改进服务质量,降低服务成本。

有理由相信,随着实践的不断推进,会有更多的区块链技术在金融领域及金融领域之外的领域成功应用。

五、区块链技术的挑战

从发展的角度来看,区块链技术的广泛应用还面临如下的挑战。

(一)技术层面尚难以兼顾部分金融场景对安全、功能和性能的综合要求

第一,区块链技术将大量的共识算法加入以提升安全可信水平,金融业务需求的大量增加将导致系统处理工作量增加。目前发生的一笔比特币交易需要 10 分钟时间的延迟来更新区块链系统里所有节点上的数据,而金融市场上即时、大量交易的产生将导致系统性能和运行效率下降,无法满足金融市场应用的需求。

第二,技术不成熟可能导致搭载智能合约会带来新的风险,尤其是将其用于实现复杂业务功能时,需要深入业务逻辑理解,否则可能导致执行错误或代码漏洞,造成难以挽回的风险。

第三,如何将区块链底层技术架构与现有的业务和技术体系融合也是区块链技术应用

---

① 刘振友. 区块链金融:未来金融的核心竞争力[M]. 北京:文化发展出版社,2018.
② 叶蓁蓁,罗华. 中国区块链金融应用与发展研究报告(2019)[M]. 北京:社会科学文献出版社,2019.

在金融业务情境下将要面临的挑战。

(二)治理层面需要进一步完善监管、政策制定等措施

基于区块链技术的智能合约不具有法律效力,因此在出现纠纷时难以寻求法律救济,并且分布式体系的去中心化特征进一步增加了责任主体认定的风险。区块链是单独的系统,是高度自治且数据加密的,在缺少必要权限的条件下,有违规开展金融业务行为的潜在风险,会有不法分子利用区块链本身的封闭性进行诈骗、洗钱等犯罪行为。

本章小结

1. 银行信用的介入是电子商务成熟的标志。
2. 网上证券交易是指投资者通过互联网进行证券买卖的交易。它具有无时间限制、交易成本低、客户容量大、服务质量高、依赖于银行资金清算网络等特点。
3. 网上保险有利于保险公司扩大知名度,能够简化手续、降低成本、便于保险宣传,同时能促进保险公司和客户相互间的了解。
4. 网络金融服务包括:网络银行、网络理财、网络投资、网上证券、网上保险等。随着金融电子商务的发展,将会有更多的网络业务创新。
5. 区块链技术的发展及其在金融领域的应用是网络金融服务和价值交换过程的重大创新,其安全性、去中心化和智能合约等特征让网络金融服务未来的发展拥有更多的可能。

关键词汇总

1. 网上证券交易:投资者通过互联网进行证券买卖的交易。
2. 网上保险:是指保险公司或保险中介机构以互联网和电子商务技术为工具来支持保险经营管理活动的经济行为。
3. 区块链技术的特性:去中心化、透明性、安全性、开放性。

本章习题

1. 熟悉网上保险业务系统,思考未来保险渗透率可以通过怎样的业务模式创新回转。
2. 熟悉网上证券交易系统,并思考区块链的特点可以为网上证券交易带来怎样的变化。

参考文献

GARY C，KESSLER N，PRITSKY T. Internet payment systems：status and update on SSL/TLS，SET and IOTP［EB/OL］.［2020-05-15］. http://www.infosecuritymag.com.

KIM C，MIRUSMONOV M，LEE I. An empirical examination of factors influencing the intention to use mobile payment[J]. Computers in human behavior，2009，26(3)：20-25.

YU H C，HSI K H，KUO P J. Electronic payment systems：an analysis and comparison of types[J]. Technology in society，2002(24)：31-33.

STOBORN K，HEITMANN A，LEIBOLD K，et al. Internet payments in Germany：a classificatory framework and empirical evidence[J]. Journal of business research，2004(57)：18-23.

SWAN M. Blockchain：Blueprint for a new economy[J]. O'Reilly media，2015(9)：45-49.

ALEX V. Internet payment systems：a review on alternate online payment systems［EB/OL］.［2020-06-16］. http://www.indiawebdevelopers.com/articles/internet_payment_systems.asp.

包晓闻,张海堂.电子商务[M].北京:经济科学出版社,1999.

蔡晓红.从公式到公众:电子货币的蹒跚起步[J].数字财富,2003(11):58-61.

陈进,付强,等.网络银行服务[M].北京:清华大学出版社,2002.

陈莉.日本互联网证券发展特点及路径研究[J].现代日本经济,2016(3):37-49.

陈晓红,任剑,余绍黔.区块链技术及应用发展[M].北京:清华大学出版社,2020.

迟永慧.第三方移动支付的风险与监管对策[J].现代管理科学,2016(11):60-62.

戴建兵,等.网络金融[M].石家庄:河北人民出版社,2004.

方美琪.电子商务概论[M].2版.北京:清华大学出版社,2002.

高程,孙为,张明君,等.大数据风控在支付清算领域的应用[J].金融纵横,2020(1):69-76.

高侠.第三方支付价值分析与发展思考[J].技术与市场.2009(6):62.

宫晓林.互联网金融模式及对传统银行业的影响[J].南方金融.2013(5):86-88.

官焕宇.基于大数据的银行信贷风险管理体系研究[J].时代金融,2020(31):92-94.

韩兵.大数据背景下商业银行反洗钱内部审计建模思路探讨[J].金融会计,2019(12):

69-72.

胡霞.后牌照时代第三方支付的发展探析[J].现代营销(学苑版),2011(11):110-111.

黄京华.电子商务教程[M].北京:清华大学出版社,1999.

康超.银行卡产业迈向数字化新阶段[J].中国信用卡,2020(10):50-52.

柯新生.网络支付与结算[M].北京:电子工业出版社,2004.

雷洪斌.基于 NFC 技术的手机支付研究[D].上海:上海交通大学,2007.

李春华,万其刚.国外网络信息立法情况综述[J].中国人大,2012(22):47-49.

李礼辉.中国支付史 C 端的五个第一[J].中国金融,2020(19):110-112.

李文姣.我国支付清算体系发展研究及供给侧改革背景下发展建议[J].金融经济(下半月),2018(10):19-21.

李中全,孟枫.支付清算系统大数据应用简析[N].河南商报,2020-03-25(A06).

林丹明,熊辉.证券电子商务网络经济时代的证券市场透视[M].北京:中国金融出版社,2001.

刘振友.区块链金融:未来金融的核心竞争力[M].北京:文化发展出版社,2018.

邱月烨.美国运通入局[J].21 世纪商业评论,2020(9):24-26.

孙瑞新.金融电子化和网上支付[M].北京:电子工业出版社,2002.

唐金成,李亚茹,韦红鲜.美国第三方网络保险平台 Ins Web 的兴衰启示[J].河北金融,2015(1):67-69.

陶安,殷彬,林宁.电子商务支付模式研究[J].大众科技,2006(7):87-88.

童娇畅.中国网络券商的发展及前景研究[D].杭州:浙江大学,2017.

王月霞.网络化金融[M].北京:中国金融出版社,1999.

薛凌云,杨坚争.国外电子签名立法现状与发展趋势[J].国际贸易问题,2004(6):95-96.

杨坚争,杨立钒,赵雯.电子商务安全与电子支付[M].2 版.北京:机械工业出版社,2011.

叶蓁蓁,罗华.中国区块链金融应用与发展研究报告(2019)[M].北京:社会科学文献出版社,2019.

张楚.美国电子商务法评析[J].法律科学,2000(2):99-106.

张立书.支付清算系统数据治理现状、问题及对策[J].吉林金融研究,2020(1):73-75.

张宇婷.互联网背景下商业银行票据业务发展研究[J].商场现代化,2020(18):179-181.

张卓其,史明坤.网上支付与网上金融服务[M].大连:东北财经大学出版社,2002.

郑联盛.中国互联网金融:模式、影响、本质与风险[J].国际经济评论,2014(5):103-118.

中国人民银行支付与科技司.中国现代化支付系统[M].北京:中国金融出版社,1995.

中国人民银行支付与科技司联合攻关组.中国国家金融网络(CNFN)总体研究[M].北京:中国金融出版社,1996.

朱仁栋.车联网保险与商业车险改革[J].中国金融,2015(8):63-64.

图书在版编目(CIP)数据

网上支付与结算 / 汪蕾主编. — 2版. — 杭州：浙江大学出版社，2020.11

ISBN 978-7-308-20958-8

Ⅰ. ①网… Ⅱ. ①汪… Ⅲ. ①电子银行－支付方式－教材②电子银行－结算方式－教材 Ⅳ. ①F830.49

中国版本图书馆CIP数据核字(2020)第251231号

网上支付与结算(第二版)

WANGSHANG ZHIFU YU JIESUAN (DI-ERBAN)

汪 蕾 主编

策划编辑	曾 熙
责任编辑	曾 熙
责任校对	高士吟
封面设计	春天书装
出版发行	浙江大学出版社
	(杭州市天目山路148号 邮政编码310007)
	(网址：http://www.zjupress.com)
排　版	杭州朝曦图文设计有限公司
印　刷	广东虎彩云印刷有限公司绍兴分公司
开　本	787mm×1092mm 1/16
印　张	15.25
字　数	381千
版印次	2020年11月第2版 2020年11月第1次印刷
书　号	ISBN 978-7-308-20958-8
定　价	49.00元

版权所有　侵权必究　印装差错　负责调换

浙江大学出版社市场运营中心联系方式：0571-88925591；http://zjdxcbs.tmall.com